남한산성
南漢山城

홍
순
석 洪順錫 Hong, Soon-Seuk

지은이는 용인 토박이다. 어려서는 서당을 다니며 한문을 수학하였다. 그것이 성균관대에서 한문학을 전공하게 된 인연이 되었다. 강남대학교에 재직하면서 출판부장, 인문과학연구소장, 인문대학장, 글로벌인재대학장 등을 역임하였으며, 포은학회회장, 용인시사편찬위원회 상임위원을 역임하였다. 현재 한영문화문화콘텐츠학과 명예교수, 해동암각문연구회장으로 있다.
특히 지역문화에 남다른 관심을 갖고 용인·포천·이천·안성 등 경기 지역의 향토문화 연구에 30여 년을 보냈다. 본래 한국한문학 전공자인데 향토사가, 전통문화 연구가로 더 알려져 있다. 연구성과물이 지역과 연관되는 것도 이 때문이다.
그동안 『성현 문학 연구』, 『양사언 문학 연구』, 『박은 시문학 연구』, 『김세필의 생애와 시』, 『한국고전문학의 이해』, 『우리전통문화의 만남』, 『이천의 옛노래』, 『향토사연구의 이론과 실제』, 『용인학』 등 70여 권의 책을 냈다. 번역서로 『읍취헌 문집』, 『봉래 시집』, 『부휴자 담론』, 『허백당집』, 『용재총화』 등 10여 권을 펴냈다. 짬이 나면 글 쓰는 일도 즐긴다. 『탄 자와 걷는 자』는 잡글을 모은 것이다.

역사기행 한시선집

# 南漢山城

홍순석 편역

문예원

일러
두기

1. 이 책은 남한산성 관련 한시를 수집하여 번역한 한시기행역선집이다.

2. 이 책에 수록된 자료는 「한국고전종합DB」, 「한국학종합DB」에서 항목을 검색하여 수집하고, 『중정남한지』를 참고하여 선정하였다.

3. 이 책의 간행을 위해 수집된 자료목록은 「남한산성 관련 한시 목록」에 부록하였다.

4. 한시작품의 편차는 대상 소재별로 구분하고, 작가의 생몰연대를 기준으로 순서를 정하였다. 연대가 확인되지 않은 작품은 필자가 추정하여 임의로 편차하였다.

5. 자료목록에서 누락되었거나 번역상의 오류는 전적으로 필자에게 책임이 있다. 제보시 확인하여 보완할 것이다.(cheinjae@hanmail.net)

남한산성 수어장대 (경기문화재단)

남한산성 행궁 (경기문화재단)

남한산성 동문 (남한산성세계문화센타)

남한산성 서문 (남한산성세계문화센타)

남한산성 남문 (남한산성세계문화센타)

남한산성 북문 (남한산성세계문화센타)

남한산성 수어장대 (경기문화재단)

한남루 (경기문화재단)

▲ 현절사 (경기문화재단)
◀ 옥천정암각문

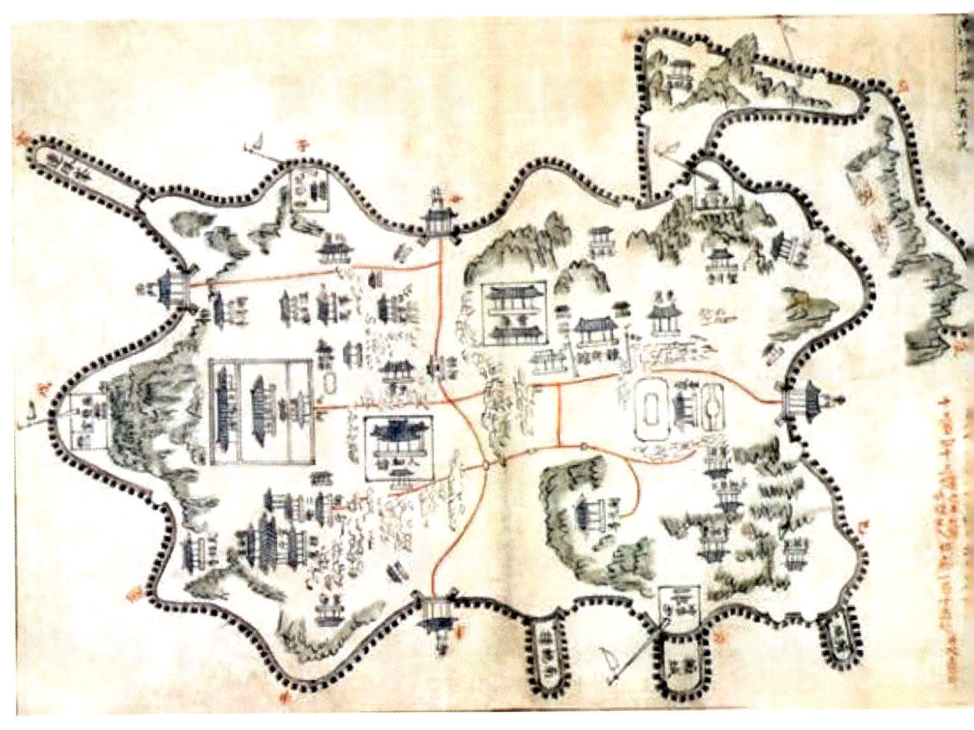

남한산성 고지도 (영남대박물관)

### 책머리에

　남한산성은 한강과 도성 인근에 위치한 중요 요새였다. 삼국시대엔 온조왕의 자취가 있었던 곳이고, 고려시대엔 대몽항쟁의 격전지였다. 구한말에는 의병항쟁의 중심지였다. 일제강점기에는 항일투쟁이 전개된 역사적 현장이었다고 한다. 그럼에도 우리의 기억엔 병자·정축년 겨울의 45일간 있었던 일만 깊이 남아 있다. 병자호란 당시 남한산성에 파천한 인조가 청나라의 공격을 감당하지 못하고 삼전도에서 굴욕적인 항복을 했던 사적이 그것이다.

　남한산성 관련 한시를 2년여에 걸쳐 수집하고 번역하면서 느낀 감회에서도 그 같은 생각을 떨칠 수 없다. 2백 여수의 남한산성 한시 가운데, 병자호란과 무관한 작품은 별반 없다. 병자호란 훨씬 이전에 일장성日長城이란 명칭으로 불렸을 때 지은 작품과 병자호란의 참상을 잊은 조선후기에 창작된 심상규의 옥천정시 등이 고작이다.

　남한산성 한시에서는 병자년 호란에서는 패배하였지만 천만년 이어질 의리와 강상을 지킬 수 있었다는 자긍심이 오히려 높아졌다고 하였다. 금성탕지의 천험天險을 자랑삼고 지령地靈의 가호를 믿었던 남한산성에 가한봉[입마봉]이 남아 있음을 기억해야 한다고 하였다. "항복문서를 찢는 사람도 있어야하고, 찢어진 문서를 주워 붙이는 인물도 있어야 했다."는 세론世論을 소개하기도 하였다.

　현재를 살고 있는 우리 모두는 당대의 세론에 귀를 기울여야 한다. 주화파와 척화파로 양분되어 격론을 벌였던 황윤길黃允吉과 김상헌金尙憲이 당리당략이 아닌, 구국애민을 위한 것이었음을 기억해야 한다.

　지금 남한산성은 어떠한가. 허물어진 성벽이 보수되고, 행궁이 복원되었으며, 유네스코문화유산으로 지정되었다. 외형은 점차 부각되고 있지만, 옛 선조들이 한시에 담은 남한산성의 정신은 오히려 망각되고 있다.

　쾌청한 봄날 남한산성에 올라 서울을 조망하는 흥취와 수어장대의 위엄을 느끼는 일도 좋다. 남한산성이 언제까지나 병자호란에 갇혀야할 이유가 없지 않은가. 3백년이 훨씬 지난 지금, 그때의 일은 역사적 사실일 뿐이다. 실패한 역사가 오히려 미래의 자산일 수 있다는 어느 역사가의 논리를 생각한다.

　병자호란의 치욕을 잊지 말자는 뜻의 무망루無忘樓, 창을 베고 눕는다는 뜻의 침과정枕戈亭, 천문天文·지리地利에 안일安逸하기보다는 인화人和가 최상의 전략임을 시사하는 지화문至和門을 기억하는 한, 남한산성에서 있었던 그때의 일은 실패한 역사가 아닐 것이다.

　필자는 1990년대 초기에 용인향토문화연구회와 '남사모'(남한산성을 사랑하는 모임)와 교류하면서 수차례 남한산성을 탐사하였다. 그것이 인연이 되어 남한산성 한시를 수집하게 되었고, 역사기행 한시선집 『선죽교』『천관산』에 이어 3집으로 갈무리하게 된 셈이다.

　이 책을 마무리하는데 시종일관 김명섭 박사의 노고가 있었음을 밝혀둔다. 김명섭 박사는 용인향토문화연구회에서 20여년간 함께 일했으며, '남사모' 회원들과 교류하는 데 교량 역할을 하였다. 2019년도엔 「남한산성 암각문」을 정리하여 발표하는 기회를 마련해 주었고, 홍경모의 『중정남한지』를 비롯한 남한산성 관련 자료를 꼼꼼히 챙겨주었다.

　끝으로, 이 책을 세상에 내놓게 됨에 여러 분들의 지원과 협조가 있었다. '남사모'의 원로이신 조병로, 전보삼 선생님의 자문이 있었고, 광주문화원과 하남문화원의 협조가 있었다. 충심으로 감사의 예를 올린다. 아울러,

필자의 난삽한 원고를 말끔히 정리하여 책자로 꾸며준 문예원의 홍종화 사장을 비롯해 편집부 여러 분에게 고마움을 표한다.

기해년 가을
처인재에서 삼가 적다

**차례**

화　　보 005
책머리에 011

**해제 남한산성, 한시에 담아내다 · 027**

**1부 남한기사 南漢記事 · 043**

| | | |
|---|---|---|
| 숙종어제 | 가한봉을 바라보며 望可汗峰 | 44 |
| | 기축년 9월 28일 남한산성에서 야간군사훈련을 바라보며<br>己丑九月二十八日 望見南漢山城夜操 | 45 |
| 영조어제 | 행궁에 앉아 감회가 있어 坐行宮有感 | 46 |
| | 서장대에 올라 강개하여 登西將臺慷慨 | 47 |
| 정조어제 | 남한의 성가퀴가 시야에 들어오는 것이 마치 눈앞에 있는 것<br>같으므로 이 시를 지어 성윤에게 주다<br>南漢雉堞入望 如在眼中 唫此寄城尹 | 48 |
| 정조어제 | 응란헌에서 남한산성을 바라보다 凝鑾軒 望南漢 | 49 |
| | 충정공 윤집·문간공 정온, 두 충신의 가묘에 써서 걸다.<br>소서를 아울러 쓰다 書揭尹忠貞集, 鄭文簡蘊兩忠臣家廟 幷小序 | 50 |
| 정조·<br>황경원 | 문충공 김상용의 사당에 내린 유제문<br>諭祭文忠公金尙容祠文 | 53 |

14

| | | |
|---|---|---|
| 김상헌 | 의기를 느껴 [4수] 感意 | 57 |
| | 백주 이판서가 보낸 시를 차운하여 白洲李判書寄詩次韻 | 60 |
| 조희일 | 천조사 부총관 정룡이 [호가 비생이대 병부의 자문을 가져와서 속국을 연계하므로 안도중이 임금에게 말하여 직접 정룡을 접대하였다. 비밀리에 말하길 운운하다. 이에 남한산성의 사찰에 가서 머물렀으며, 매화 한 분을 얻어 감상하며 두루 편지를 보냈다. 모든 조정 문인들의 시구를 찾아 이른다. [갑술년] 天朝副摠管程龍[號飛生] 齎兵部咨 以聯屬國 安島衆爲言上親接程密言云云 仍往寓於南漢山城之佛舍 求一梅盆賞玩 遍送紙牋 索滿朝文翰人詩句云 [甲戌年] | 61 |
| 신 즙 | 병자년 12월 비안에 도착해서 대가가 파천하여 남한산성에 들어갔다는 소식을 들어갔으며, 동궁이 강도에 들어갔다는 소식을 듣고 북쪽을 바라보며 눈물을 지으면서 두보의 시구를 모아 2수의 절구를 지었다 丙子十二月 行到比安 聞大駕播遷入南漢山城 東宮入江都 北望隕涕 集杜句成二絶 | 62 |
| 김 육 | 병술년 관대 후에 승평의 운에 차운하여 丙戌冠帶後 次昇平1韻 | 63 |
| 조상우 | 남한산성이 포위되었다는 소식을 듣고 [병자년] 聞南漢山城被圍 丙子 | 64 |
| | 남한산성의 포위망이 풀렸다는 소식을 듣고 [정축년] 聞南漢山城解圍 丁丑 | 65 |
| 이민구 | 난리를 되새기며 배천 홍경택에게 부치다 追述亂離寄洪白川景澤 | 66 |
| 허 목 | 연곡현에서 감회를 쓰다. [2월 8일, 남한산성의 포위가 풀렸다는 소식을 듣고] 連谷縣感懷作 [二月初八日也 聞南漢解圍] | 70 |
| 정두경 | 난리가 끝난 뒤에 서수부에게 부치다 亂後寄徐秀夫 | 71 |
| | 함경도 안찰사로 나가는 정상서 세규를 전송하며 奉送鄭尙書世規君則出按北道 | 74 |
| 이소한 | 남기로 견책을 입어 평구역에 유배가다가 잠시 상서 남이공의 몽이정을 빌려 머물었는데 정자가 남한산성과 마주하고 있어 감회가 있기에 以濫騎被譴 配平丘驛 借寓南尙書以恭夢烏亭 亭對南漢山城 有感 | 77 |
| 채유후 | 사시록 어은에게 바침 [2수] 四時錄 奉漁隱 | 78 |
| 이유태 | 김창주 중문의 만사 挽金滄洲仲文 | 80 |

| 이현일 | 창 앞의 매화를 읊다[병자년 겨울. 오랑캐가 남한산성으로 밀어닥쳤을 때 이 시를 지어 걱정스러운 마음을 읊었다] | |
| --- | --- | --- |
| | 詠牕前梅 [丙子冬 虜逼南漢 作此以傷] | 81 |
| | 징비록을 읽고 감회를 읊다[기축년] 讀懲毖錄有感 [己丑] | 82 |
| 이하진 | 남한기사 쌍운 50구 南漢記事 雙韻五十句 | 84 |
| 김수항 | 연양부원군 이시백 만사 [경자년] | |
| | 延陽府院君 李公時白挽 [庚子] | 90 |
| 박세채 | 새 집이 남한산성과 정면으로 마주해 감회가 있어 | |
| | 新齋正對南漢山城有感 | 91 |
| 이의현 | 감회를 서술하다 述懷 | 93 |
| 권 만 | 행금인 行琴引 | 95 |
| 황경원 | 북관행 北館行 | 98 |
| | 나대부가 羅大夫歌 | 101 |
| 안정복 | 남문을 나서며 최지천의 그날 일을 생각하며 말 위에서 강개하여 7절을 짓다 出南門 憶崔遲川當日事 馬上慨然成七絶 | 103 |
| 채제공 | 정생원가 鄭生員歌 | 107 |
| 윤 기 | 강도의 남문루에 오르자 감회가 일어 登江都南門樓有感 | 110 |
| 홍직필 | 2월 29일 밤 꿈에 "공연히 용을 부여잡는 애통만 만고에 남아 있고 개에게 절한 치욕 천추에 다 씻을 수 없네."라는 연구를 얻었다. 깨어나 보니 한바탕 꿈이었는데 가슴 속이 평안하지 못함을 스스로 느껴서 율시 한 구를 완성하였다 [계축년] | |
| | 二月二十九日夜 得一聯曰 空餘萬古攀龍痛 不盡千秋拜犬羞 | |
| | 覺則蘧然一塲夢也 胷懷自覺不平 足成一律 [癸丑] | 111 |
| 김정희 | 오수재를 생각하다. [이때 남한산성에 있었음] | |
| | 憶吳秀才 時在南漢 | 113 |
| 신광수 | 삼전도에서 감회가 있어 읊조리다 三田渡感吟 | 115 |
| 홍직필 | 삼전도를 지나는데 나루터에 청한비가 있었다 4수 | |
| | 過三田渡渡上有淸汗碑 [四首] | 116 |

## 2부 남한산성 南漢山城 · 119

| | | |
|---|---|---|
| 송처관 | 서강중에게 보내다 奉寄徐剛中 | 120 |
| 서거정 | 제부촌 별장에서 諸富村墅 | 121 |
| 유성룡 | 남한산성에서 눈을 만나다 2수 南漢山城遇雪 二首 | 122 |
| 이 흘 | 남한산성 南漢山城 | 123 |
| 정 온 | 산성 [남한산성이다 山城 南漢] | 124 |
| 김지수 | 남한산성을 바라보며 [척화 후 정축년 군부의 일을 생각하며 감탄하다] 望南漢 斥和後 憶丁丑君父之事而感歎 | 125 |
| 조임도 | 남한산성이 포위되었다는 말을 듣고 개탄하며 짓다 [2수. 병자년 겨울] 聞南漢受圍慨然有作 [二首 丙子冬] | 126 |
| 장 유 | 남한산성에 호가하며 우윤 김득지의 시에 차운하다 扈駕南漢城 次金右尹得之韻 | 128 |
| 정백창 | 남한산성에 올라 체부종사관으로 순찰하다 登南漢山城 以體府從事巡到 | 129 |
| 하 진 | 남한산성에 숙박하며 동양위 신익성의 시에 차운하다 宿南漢山城 次東陽尉申公翊聖韻 | 130 |
| 조석윤 | 숭정 병자년 10월 체부종사로 영남을 순찰하고자 지나가다가 남한산성에서 숙박하다 崇禎丙子十月 以體府從事 將巡按于嶺南 過宿南漢山城 | 131 |
| 정홍석 | 남한산성이 적군에게 무너졌다는 말을 듣고 聞南漢山城陷於敵鋒 | 132 |
| 구 음 | 남한산성을 지나며 過南漢山城 | 133 |
| 이익상 | 남한산성 南漢山城 | 134 |
| 유세철 | 남한산성 南漢山城 | 135 |
| 남용익 | 여강에서 돌아오는 길에 남한신성에 올라 [이때 윤중린이 유수였다] 驪江歸路 登南漢新城 [時尹仲麟爲留守] | 136 |
| 박세당 | 응교 이민서가 남한산성에서 동료에게 부친 시에 차운하다 次李應敎彛仲敏敍 南漢山城寄僚友詩韻 | 137 |
| 김석주 | 남한산성에서 놀며 옛날 감회가 있어 8수 遊南漢山城感舊 八首 | 138 |

| | | |
|---|---|---|
| 이 선 | 사백 김석주의 〈유남한산성〉을 차운하여 次金斯百錫胄遊南漢山城韻 | 143 |
| 이민서 | 남한에서 호곡의 운을 차운하여 南漢次壺谷韻 | 146 |
| 권성구 | 남한산성 南漢山城 | 147 |
| 홍세태 | 남한산성을 바라보고 감회가 있어 望南漢山城有感 | 148 |
| | 남한산성을 지나 쌍령에 이르러 짓다 歷南漢山城抵雙嶺作 | 149 |
| | 송파를 건너 저녁에 남한산성에 도착하다 渡松坡 夕抵南漢山城 | 150 |
| 최석항 | 남한산성에서 감회가 있어 南漢山城有感 | 151 |
| 김시준 | 남한산성에서 자며 宿南漢山城 | 152 |
| 조유수 | 남한산성에서 옛일을 생각하며 南漢山城感舊 | 153 |
| 정 식 | 남한산성 南漢山城 | 154 |
| 홍중성 | 남한산성 南漢山城 | 155 |
| 김춘택 | 길을 가다가 남한산성을 바라보다 途中 望南漢山城 | 156 |
| 이하곤 | 남한잡시 8수 南漢雜詩 八首 | 157 |
| 이 격 | 남한산성 南漢山城 | 162 |
| 안명하 | 남한산성에 올라서 登南漢山城 | 163 |
| 강 박 | 남한전팔절 南漢前八絶 | 164 |
| | 남한후팔절 南漢後八絶 | 168 |
| 오달운 | 남한산성을 바라보며 望南漢山城 | 172 |
| 이헌경 | 남한산성에서 감회가 일어 우연히 읊조리다 南漢山城有感偶吟 | 173 |
| 김이안 | 남한산성 南漢山城 | 174 |
| 정범조 | 남한산성 南漢山城 | 175 |
| 홍양호 | 기축년 봄에 영릉헌관으로 여주에 부임하며 남한산성에 머물다<br>己丑春 以寧陵獻官 赴驪州 宿南漢 | 176 |
| 위백규 | 남한산성에서 두 번째 노닐며 再遊南漢 | 177 |
| 조 경 | 남한산성 잡영 南城雜詠 | 178 |
| 이약채 | 남한산성에 올라 회포를 읊다 登南漢山城詠懷 | 184 |

| | | |
|---|---|---|
| 박찬영 | 남한산성을 지나며 過南漢山城 | 185 |
| 유석중 | 남한산성에 올라 감회가 있어 登南漢山城有感 | 186 |
| 박준원 | 남한산성을 지나며 過南漢山城 | 187 |
| 유문룡 | 남한산성 南漢山城 | 188 |
| 이동간 | 상무헌의 〈남한산성을 유람하며〉 시운을 추가로 차운하여<br>追次尚武軒遊南漢山城韻 | 189 |
| 서영보 | 남한산성 南漢山城 | 190 |
| 김매순 | 남한산성 南漢山城 | 192 |
| 최상원 | 남한산성의 일을 기억하며 감회가 있어 憶南漢山城事有感 | 193 |
| 성근묵 | 오여선[양묵]과 함께 남한산성에서 놀며 偕吳汝善[養默] 遊南漢 | 194 |
| 신진운 | 남한산성에 올라 登南漢山城 | 195 |
| 손영광 | 남한산성 南漢山城 | 196 |
| 김진수 | 최동현의 〈남한산성을 지나며〉를 본떠 짓다 崔雅東顯 擬過南漢山城 | 197 |
| 유치호 | 가을날 남한산성에 올라 秋日登南漢山城 | 198 |
| 이우상 | 남한산성 회운을 차운하여 次南漢山城會韻 | 199 |
| 조언관 | 남한산성 시에 또 차운하다 又次南漢山城韻 | 200 |
| 권 숙 | 남한산성에 올라 감회가 있어 登南漢山城有感 | 201 |
| 이이두 | 남한산성 南漢山城 | 202 |
| 조상덕 | 남한산성 南漢山城 | 203 |
| 신필영 | 일장성을 바라보며 望日長城 | 204 |
| 남병철 | 상사 정자원이 남한산성을 찾아와서 즐겁게 시를 짓다<br>丁上舍子園 見訪於南漢山城 喜賦一詩 | 205 |
| 김붕해 | 남한산성을 유람하며 遊南漢山城 | 206 |
| 우성규 | 남한산성에 올라 登南漢山城 | 207 |
| 남덕진 | 남한산성을 지나며 南漢山城懷古 | 208 |
| 장석신 | 남한산성에 올라[성이 광릉에 있기 때문에 말구에 언급한 것이다]<br>登南漢山城[城在廣陵 故末句及之] | 209 |

| 차석우 | 광릉 도중에 남한산성을 곰곰이 바라보고 감회가 있어 |   |
|---|---|---|
|   | 廣陵道中寥瞻南漢山城有感 | 210 |
| 박광원 | 남한산성에 올라 登南漢山城 | 211 |
| 권상익 | 남한산성 회고 南漢山城懷古 | 212 |
| 유백년 | 남한산성에 올라 登南漢山城 | 213 |
| 홍경하 | 남한산성 南漢山城 | 214 |
| 이규헌 | 남한산성에 올라 登南漢山城 | 215 |
| 신성규 | 남한산성 南漢山城 | 216 |
| 박형동 | 남한산성[2수] 南漢山城[二首] | 217 |
| 손창수 | 남한산성에 올라 登南漢山城 | 219 |
| 심상석 | 남한산성 南漢山城 | 220 |

# 3부 서장대 西將臺 · 221

| 김만기 | 서장대[다시 앞의 운을 사용하다] 西將臺 復用前韻 | 222 |
|---|---|---|
| 이 여 | 남한산성 장대에 올라 감회가 있어 登南漢山城將臺有感 | 223 |
| 홍세태 | 남한산성 서장대에 올라 감회가 있어 登南漢山城西將臺有感 | 224 |
| 최석항 | 서장대에서 감회를 읊다 |   |
|   | [산성에 있다. 연양 이공이 야전에서 적을 물리친 곳이다.] |   |
|   | 西將臺感吟 在山城. 卽延陽李公夜戰却敵之地 | 225 |
| 신성하 | 남한산성 서장대에 올라 登南漢西將臺 | 226 |
|   | 남한산성 서장대 정보에게 보이다 南漢西將臺 示正甫 | 227 |
| 최창대 | 달밤에 익지와 여럿이 함께 천주사를 방문하였다가 서장대에 오르다 |   |
|   | 月夜攜益之諸君 訪天柱寺 仍登西將臺 | 229 |
| 김춘택 | 서장대 西將臺 | 230 |
| 신정하 | 국청사·천주사로부터 서장대에 올라 自國淸天柱登西將臺 | 231 |
| 조하망 | 서장대 西將臺 | 232 |

| 김진상 | 서장대 西將臺 | 233 |
| | 서장대 西將臺 | 234 |
| | 서장대 西將臺 | 235 |
| | 서장대 西將臺 | 236 |
| 이기진 | 서장대 西將臺 | 237 |
| 신광수 | 부윤 조사장[재준]과 함께 서장대에 올라 판상의 운을 차운하다 同府尹趙士章[載俊] 登西將臺次板上韻 | 239 |
| 강세진 | 남한 서장대에 올라 登南漢西將臺 | 240 |
| 이복원 | 정시회와 함께 서장대에 올라 지은 연구 與鄭時晦登西將臺聯句 | 244 |
| 이민보 | 서장대 시판의 운을 차운하여 西將臺次板上韻 | 245 |
| 김이안 | 서장대에서 유흥지[한정]의 시를 차운하여 西將臺 次兪興之[漢禎韻] | 247 |
| 홍양호 | 남한산성 서장대에 올라 登南漢西將臺 | 249 |
| 위백규 | 남한산성의 서장대에 올라 登南漢西將臺 | 250 |
| 조 경 | 서장대 西將臺 | 251 |
| | 서장대에서 광성의 시운을 차운하여 西將臺 次光城韻 | 252 |
| 김명범 | 경성을 출발하여 남계 길을 취하여 가서 옥정사에서 자고 다음날 서장대에 올라 현판의 운을 차운하다 甲辰秋離發京城取路南溪留宿玉井寺翌日登西將臺次懸板韻 | 253 |
| 범경문 | 서장대 西將臺 | 254 |
| 양종해 | 남한 서장대에 올라 김상국의 판상 운에 차운하다 登南漢西將臺 次金相國板上韻 | 255 |
| 성근묵 | 서장대에 올라 登西將臺 | 256 |
| 홍인모 | 남한산성 서장대[벽에 걸린 제가의 운을 차운하다] 南漢西將臺 謹次壁上諸公韻 | 257 |
| 김희순 | 남한산성 서장대 [광성 김문충공 시판의 운을 차운하다.] 南漢西將臺 謹次光城金文忠公板上韻. | 258 |
| 서영보 | 서장대 西將臺 | 259 |

|  |  |  |
|---|---|---|
|  | 서장대 운을 차운하여 次西將臺韻 | 260 |
| 한이원 | 남한 서장대에 올라 登南漢西將臺 | 261 |
| 최승우 | 서장대에 올라 조망하고 회포를 적다 登西將臺騁眺書懷 | 262 |
| 홍직필 | 중양절 이튿날 남한산성의 서장대에 올라 현판에 적힌 서석 김공의 시에 차운하다<br>重陽之翌上南漢西將臺步板上瑞石金公韻 | 263 |
| 조두순 | 서장대 西將臺 | 265 |
|  | 서장대 西將臺 | 267 |
|  | 임금께서 헌릉·인릉을 배알하고 남한행궁에 행차하였다. 다음날 서장대에 행차하여 대신들을 불러 보고 차를 내려주시고, 어제시를 반포하며 갱제시를 올리라 하였다.<br>上謁獻陵·仁陵 次南漢行宮 明日 幸西將臺 召見大臣賜茶 仍頒御製 命賡進 | 268 |
| 김대진 | 남한산성 서장대 南漢西將臺 | 269 |
| 장심학 | 서장대 西將臺 | 270 |
| 송달수 | 남한산성 서장대에 올라 [삼가 서석 김공의 운을 차운하대<br>登南漢西將臺 敬次瑞石金公韻 | 271 |
| 최일휴 | 서장대에 올라 판상의 시를 차운하여 登西將臺次板上韻 | 272 |
| 서찬규 | 남한 서장대에 올라 登南漢西將臺 | 273 |
| 정오석 | 남한 서장대에 올라 登南漢西將臺 | 274 |
| 한장석 | 서장대에 올라 登西將臺 | 275 |
| 김 우 | 남한 서장대에 올라 登南漢西將臺 | 276 |
| 이종봉 | 광주 서장대에 올라 登廣州西將臺 | 277 |
| 김영한 | 서장대에 올라 登西將臺 | 278 |
| 허 혁 | 4월 8일 여러 벗들과 서장대에 올라 함께 읊다<br>四月八日與諸友登西將臺共吟 | 280 |
| 강예조 | 백제산·정약산·채좌계 등 여러 사람과 함께 서장대에 올라<br>同白濟山鄭藥山蔡左溪諸公登西將臺 | 281 |
| 성환혁 | 전여중·박자명·강자허·상선 이성모와 함께 서장대를 유람하며<br>同全汝中朴子鳴姜子許尙善李聖模遊西將臺 | 282 |

| 정상린 | 남한산성 서대에 올라 서울을 바라보며 登南漢山城西臺望京師 | 283 |
| --- | --- | --- |
| 이덕무 | 남한산성 동장대에서 초부·심계와 함께 지음<br>南漢東將臺 同樵夫心溪賦 | 284 |
| 신광수 | 여강으로부터 돌아와 성문이 술을 동루로 가져와 취한 뒤에<br>시운을 부르다 歸自驪江 聖文攜酒東樓 醉後呼韻 | 285 |

## 4부 현절사 顯節祠 · 287

| 이민보 | 현절사 시를 차운하여 次顯節祠 | 288 |
| --- | --- | --- |
| 조유수 | 현절사 顯節祠 | 289 |
| 홍중성 | 현절사 顯節祠 | 291 |
| 김종후 | 현절사 顯節祠 | 293 |
| 김이안 | 현절사 顯節祠 | 294 |
| | 임금이 현절사에 예관을 보내 치제하였는데 여럿이 동행하여<br>참석하고 돌아온 뒤에 여럿이 시를 지어 차운하였다<br>[다른 사람을 대신해서 짓다]<br>上遣官賜祭于顯節祠 同諸人往參 歸後諸人有詩 次韻 [代人作] | 296 |
| 조 경 | 현절사 顯節祠 | 297 |
| 홍인모 | 현절사 顯節祠 | 298 |
| 김희순 | 현절사 [2수] 顯節祠 [二首] | 299 |
| 심상규 | 처음 남한산성에 도착하여 현절사를 배알하며<br>[삼학사 및 청음 김문정, 동계 정문간을 제향함]<br>初到南城 謁顯節祠 [享三學士及淸陰金文正, 桐溪鄭文簡] | 301 |
| 성근묵 | 현절사에 도착하여 배알하고 삼가 어제시의 운에 차운하다<br>祇拜顯節祠 敬次御製韻 | 303 |
| 조두순 | 현절사 顯節祠 | 304 |
| 김평묵 | 남한산성에서 서장대에 올랐다가 현절사를 배알하다.<br>[때는 산성에서 내려온 후 다섯 번째 정축년 가을이다.]<br>南漢山城登西將臺 謁顯節祠 [時下城後五丁丑季秋也] | 305 |

## 5부 남한정자 南漢亭子 · 307

| 김진상 | 침과정 枕戈亭 | 308 |
| 이만수 | 침과정 枕戈亭 | 309 |
| 임득명 | 침과정 枕戈亭 | 310 |
| 심상규 | 옥천정에서 명여를 송별하며 玉泉亭送命汝 | 312 |
| | 옥천정에서 저녁에 앉아 즉흥으로 짓다 玉泉亭晚坐漫成 | 313 |
| | 한상서 혜보[치응]가 마침 남한산성에 와서 옥천정에서 머물러 술 마시고, 혜보가 북경에 가기에 차운하여 작별하며 주다 韓尙書溪甫[致應]適道南城 留飮玉泉亭 溪甫將赴燕 仍次韻贈別 | 314 |
| | 옥천정 석벽에 부치다 題玉泉亭石壁 | 315 |
| | 옥천정에서 재미삼아 짓다 玉泉亭戲占 | 316 |
| | 옥천정에서의 작은 모임 [2수] 小集玉泉亭 [二首] | 317 |
| 정원용 | 남한 옥천정에서 두실의 오언고시를 차운하여 南漢玉泉亭 次斗室五古韻 | 319 |
| | 남한산성을 지나다 옥천정에 오르다 過南城登玉泉亭 | 321 |
| 최일휴 | 옥천정에서 심상국[상규]의 시를 차운하여 [침과정은 수어문 앞에 있다] 玉泉亭次沈相國[象奎]韻[枕戈亭在留守衙門前] | 322 |
| 김영수 | 옥천정 벽에 있는 시를 차운하여 次玉泉亭壁上韻 | 323 |
| | 옥천정에서 여러 사찰을 향해 가며 自玉泉亭轉向諸寺 | 324 |
| 이건필 | 제옥천정석벽시 題玉泉亭石壁 | 325 |


## 6부 남한산사 南漢山寺 · 327

| 허 적 | 운수암에 부치다 [암자의 주인은 응상사인데 남한산성 동역으로 부임하였다] 題雲水庵 庵主應常師 赴南漢山城董役 | 328 |
| 이정구 | 차운하여 남한산의 승려 계정에게 주다 次贈南漢山僧戒靜 | 329 |

| 장 유 | 초운상인에게 주다 贈楚雲上人 | 330 |
| 정두경 | 남한산으로 가는 중을 전송하다 送南漢僧 | 331 |
| 안중관 | 겨울에 국청사에 머물며 북성에 오르다 冬棲國淸寺登北城 | 332 |
| 황경원 | 장경사에서 묵다 [을묘년] 宿長慶寺 乙卯 | 333 |

## 부록 1 남한산성 기문記文·주련柱聯 · 335

| 장 유 | 남한성기 南漢城記 | 336 |
| 서명응 | 남성신수기 南城新修記 | 340 |
| 김만기 | 등서장대기 登西將臺記 | 343 |
| 이기진 | 무망루기 無忘樓記 | 346 |
| 작자미상 | 행궁 기둥의 연구 楹揭聯句三對 | 349 |
| | 한남루 기둥의 연구 楹聯四對 | 350 |
| | 좌승당 안쪽 기둥의 연구 坐勝堂內楹聯 | 351 |
| | 좌승당 바깥 기둥의 연구 坐勝堂外楹聯 | 352 |
| | 좌승당 바깥 채 기둥의 연구 坐勝堂外軒楹聯 | 353 |
| | 유차산루 기둥의 연구 有此山樓 楹聯 | 354 |

## 부록 2 남한산성 시문詩文 자료일람 · 355

참고문헌 365

해제

# 남한산성,
# 한시에 담아내다

# 남한산성,
# 한시에 담아내다

홍순석

## 1. 개관

　남한산성은 흔히 북한산성北漢山城과 함께 조선의 도성인 한양의 방어를 위하여 쌓은 산성으로 알려져 있다. 그러나 최근의 발굴조사 결과, 8세기 중반에 조성된 성벽과 건물터 등이 확인되어, 신라 주장성晝長城의 옛터였을 것으로 추정되고 있다. 조선시대 남한산성은 주봉인 해발 497.9m의 청량산을 중심으로 북쪽으로는 연주봉(467.6m), 동쪽으로는 망월봉(502m)과 벌봉(515m), 남쪽으로도 여러 봉우리를 연결하여 성벽을 쌓았다. 성벽의 바깥쪽은 경사가 급한데 비해 안쪽은 경사가 완만하여, 방어에 유리하면서도 적의 접근은 어려운 편이다. 봉암성蜂巖城, 한봉성漢峰城, 신남성新南城 등 3개의 외성과 5개의 옹성도 함께 연결되어 견고한 방어망을 구축하였다. 성벽과 성 안에는 많은 시설물과 건물이 있었지만, 지금은 동문루·서문루·남문루와 장대將臺·돈대墩臺·보堡·누壘·암문暗門·우물 등의 방어 시설과 관청, 군사훈련 시설 등이 남아 있다. 남한산성은 외성과 옹성을 갖춘 전형적인 산성이면서, 산성의 변화 과정과 기능을 이해하는 데 가장 중요한 유적으로 평가되고 있다. 2014년 6월 카타르 도하에서 개최된 유네스코 총회에서 세계문화유산으로 신규 등재되었다.
　남한산성은 산성으로서의 위상 외에 문화사적으로 여러 면에서 주목 받는다. 한양을 조망할 수 있는 경승지로서도 높이 평가 되었다. 여러 기록을 통해 전하는 병자호란 당시의 실상은 다양한 콘텐츠로 구축되었다. 그리고 남한산성을 다양한 시각에서 조명하는 작업이 이루어지고 있다. 필자가 남한산성 경내의 금석문에 관심을 기울인 것도 그 성과물의 하나이다.[1]

이 책은 남한산성에 관련한 한시를 정선하여 번역한 것으로 총 200여 편에 달한다.[2] 구체적으로 남한기사南漢記事 30편, 남한산성南漢山城 79편, 서장대西將臺 52편, 현절사顯節祠 13편, 침과정枕戈亭 3편, 옥천정玉泉亭 13편, 남한산사南漢山寺 7편 등이다. 이밖에 동장대東將臺 2편, 유차산루有此山樓 1편, 삼전도三田渡 2편도 함께 다루었다. 부록으로 『중정남한지重訂南漢誌』에 수록된 기문記文과 주련柱聯도 번역하여 수록하였다.


## 2. 한시에 나타난 남한산성의 형상

한시에 나타난 남한산성은 병자호란(1636.12~1637.1)을 시점으로 이전과 이후의 양상이 전혀 다르게 나타난다. 우선, 창작 시기를 구분해서 정리해 보인다.[3]

〈표 1〉에서 보듯이 남한산성 관련 한시의 작가는 149명이며, 대부분 병자호란 이후의 인물이다. 이 가운데 숙종·영조·정조 등 군주가 3명이나 된다.

---

1 홍순석, 「남한산성 암각문에 대하여」(2019년 남한산성기념사업회 학술대회)/(「남한산성 암각문」, 『경기도암각문』, 문예원, 2019).
2 자료의 선정은 ① 한국고전종합DB, ② 한국학종합DB를 이용하여 남한산성과 관련된 항목을 검색하여 정리한 것으로, 단순히 원문에 남한산성 명칭만 사용된 작품은 제외하였다.
3 창작 시기에서 '병자호란 당시'의 시점은 작가의 생몰연대를 감안하여 추정한 것이다. 또한 여기서 분석하는 작품 외에 일부 자료가 누락되었을 것이다. 따라서 〈표 1〉의 수치는 절대적 수치가 아니다. 전반적인 양상을 가늠하기 위해 수치화 했을 뿐임을 밝혀둔다.

〈표 1〉 남한산성 한시작품 현황

| | | 소계 | 병자호란 이전 | 병자호란 당시 | 병자호란 이후 |
|---|---|---|---|---|---|
| 作家 | | 149 | 4 | 33 | 112 |
| 漢詩 | 南漢記事 | 32 | 0 | 20 | 12 |
| | 南漢山城(日長城) | 77 | 2 | 18 | 57 |
| | 西將臺/東將臺 | 54 | 0 | 0 | 54 |
| | 顯節祠 | 13 | 0 | 0 | 13 |
| | 南漢亭子 | 18 | 0 | 0 | 18 |
| | 南漢山寺 | 7 | 1 | 3 | 3 |
| | 소계 | 201 | 2 | 42 | 157 |

병자호란 이전의 작가는 송처관宋處寬・서거정徐居正・유성룡柳成龍・이흘李忔 등 4명이 있다. 서거정의 〈제부촌서諸富村墅〉에서 보듯이 조선전기에는 남한산성이 일장성으로 불렸으며, 산성으로서의 기능은 중시되지 않았고, 경사京師를 조망할 수 있는 경승지로 관료층의 별장이 조성되었음을 알 수 있다.

병자호란 직전의 인물로 유성룡柳成龍(1542~1607)・이흘李忔(1568~1630)이 있는데, 이들은 임진왜란을 겪은 인물이라는 점에서 남한산성에서 지은 한시를 주목할 필요가 있다.

병자호란 당시의 인물은 다음 33명이다. 이 가운데 김상헌金尙憲・이소한李昭漢・정온鄭蘊은 병자호란을 직접 겪은 주요 인물이다.

구음具崟・김상헌金尙憲・김석주金錫冑・김수항金壽恒・김육金堉・김지수金地粹・남용익南龍翼・유세철柳世哲・이민구李敏求・이민서李敏敍・이선李選・이소한李昭漢・이유태李惟泰・이익상李翊相・이정구李廷龜・이하진李夏鎭・이현일李玄逸・박세당朴世堂・박세채朴世采・신즙申楫・장유張維・정두경鄭斗卿・정백창鄭百昌・정온鄭蘊・정홍석鄭弘錫・조상우趙相禹・조석윤趙錫胤・조임도趙任道・조희일趙希逸・채유후蔡裕後・하진河溍・허목許穆・허적許積

가장 많은 한시를 남긴 이는 심상규沈象奎이다. 그의 한시는 옥천정 6편, 유차산루 1편 등 7편이나 된다. 그가 광주부의 유수留守로 부임하여 옥천정을 건립한 장본인이라는 사실에 기인한다.

가장 장편의 한시를 남긴 이는 이하진李夏鎭(1628~1682)으로 〈남한기사쌍운50구南漢記事雙韻五十句〉를 지었다. 강박姜樸(1690~1742)은 〈남한전팔절南漢前八絶〉〈남한후팔절南漢後八絶〉을 지었다.

다음으로 남한산성 관련 한시의 양상을 살피면 다음과 같다.

1) 어제시御製詩

남한산성 관련 한시에서 어제시御製詩가 숙종 2편, 영조 2편, 정조 3편 등 7편이나 된다는 사실은 주목할 만하다. 병자호란에서의 패배로 인조가 삼전도에서 청태종에게 고두오배叩頭五拜하였다는 역사적 사실은 군주로서 씻을 수 없는 치욕이다. 숙종은 〈가한봉을 바라보며望可汗峰〉라는 시에서 "험준하고 견고한 금성탕지에/ 이 봉우리 있음을 그 누가 알았으리百二山河地誰知有此峰"라고 하여, 병자호란 전투의 실책을 안타까워하였다. 영조는 〈행궁에 앉아 감회가 있어坐行宮有感〉에서 "지난 세월 돌이키니 미욱한 마음 간절하고/ 사물을 감상하며 배회하니 더욱 슬퍼지네追惟往歲微心切 玩物徘徊益感傷"라 하였다. 정조는 〈응란헌에서 남한산성을 바라보다凝鑾軒望南漢〉에서 "한산성의 부윤에게 애써 당부하노니/ 만 번 꺾이어도 입마봉을 잊지 말게나辛勤寄語南城尹 萬折毋忘立馬峯"하였다.

이처럼 어제시는 지난날 병자호란의 실책을 되뇌이며, 군주로써 가한봉[입마봉]을 바라보는 마음을 토로하고 있다.

2) 남한기사南漢記事

남한기사南漢記事는 병자호란 당시의 실상을 술회한 한시를 모아 놓은 것이다. 이 책에는 삼전도三田渡 2편을 뒤에 편차하였는데, 당시의 정황을 이해하는데 참고하기 위한 것이다.[4]

병자호란을 직접 겪으며, 갖은 고초를 당했던 문인들이 지은 한시가 18편이 된다. 해당 작가로는 김상헌金尙憲(1570~1652), 조희일趙希逸(1575~1638), 신즙申楫(1580~1639), 김육金堉(1580~1658), 조상우趙相禹(1582~1657), 이민구李敏求(1589~1670), 허목許穆(1596~1682), 정두경鄭斗卿(1597~1673), 이소한李昭漢(1598~1645), 채유후蔡裕後(1599~1660), 이유태李惟泰(1607~1684) 등이다.

병자호란 당시 척화파의 대표적 인물인 김상헌은 〈백주 이판서가 보낸 시를 차운하여白洲李判書寄詩次韻〉에서 "한남에서 고생한 걸 어찌 족히 말하리오/ 고향에는 구천에 간 사람들이 많다 하네辛苦漢南何足道 故鄕多少九原人"라고 술회하였다. 신즙은 〈병자년 12월 비안에 도착하여 어가가 파천하여 남한산성에 들어갔으며 동궁을 강도로 들어갔다는 소식을 듣고, 북쪽을 바라보며 눈물 뿌리며 두보의 시구를 모아 절구 2편을 지었다.〉고 시제를 붙인 작품에서 당시의 정황을 다음과 같이 표현하였다.

| | |
|---|---|
| 亂離心不展 | 난리 때문에 마음을 펼칠 수 없고 |
| 仰看天色改 | 우러러 보니 하늘빛은 달라졌네 |
| 至尊尙蒙塵 | 임금께선 아직도 몽진 중이며 |
| 揮涕戀行在 | 눈물 뿌리며 행재소를 생각한다네 |
| 四海干戈裏 | 사해는 병기 속에 묻혔고 |
| 三營鼓角聲 | 삼영의 고각소리만 드날리니 |
| 書生肝膽激 | 서생의 간담을 격렬케 하고 |
| 雄劍匣中鳴 | 웅검은 갑 속에서 울리네 |

조상우는 〈남한산성이 포위되었다는 소식을 듣고聞南漢山城被圍〉 〈남한산

---

[4] 이 책에서는 삼전도에 관련한 한시를 별도로 수록하지 않았다. 대부분의 작품이 병자호란 당시의 회한悔恨과 치욕恥辱을 담아낸 것으로 특징적이지 못하기 때문이다.

성의 포위망이 풀렸다는 소식을 듣고聞南漢山城解圍〉라는 제목의 2편을 지었다. 앞의 시에서는 "멀리서 북극성을 바라보며 눈물 흘리며/ 웅검의 용트림이 칼집에서 나오누나遠瞻斗極頻揮涕, 雄劒龍鳴出匣中"라며 분개하였으며, 뒤의 시에서는 포위망이 풀렸다는 소식을 듣고 일부 사람들은 좋은 소식이라 말하지만, "괴수를 목 벨 수 없으니/ 장부의 몸이 된 것이 부끄럽네鯨鯢未能斬, 愧作丈夫身"라고 하였다.

허목은 연곡현에 물러나 있을 때 정축년 2월 8일, 남한산성의 포위가 풀렸다는 소식을 듣고 〈연곡현에서 감회를 쓰다連谷縣感懷作〉에서 "길에서 들리는 서울 소식 웬 말인가/ 사직이 기운 것은 먼 백성도 눈물짓네路聞西來消息惡, 遐氓猶泣社稷傾"하면서 사직을 염려하였다.

병자호란 이후의 한시는 12편인데, 대부분 남한산성의 일을 기억하며 감회를 토로한 작품이다. 주목되는 작품은 이하진李夏鎭(1628~1682)의 〈남한기사 쌍운 50구南漢記事雙韻五十句〉이다. 이 작품은 9세 때 병자호란 겪은 인물이 병자호란 40년 뒤인 병진년(1676년) 봄에 당시 남한윤南漢尹이던 심문숙沈文叔과 헌릉참봉 셋이서 남한산성을 유람하며 지은 것이다. 남한산성 안의 개원사·천주사·온조 사당·국청사·쌍령·봉암·장경사·연당·족지봉 등을 일일이 열거하며 병자호란 때의 서술하고 있다.

권만權萬(1688~)의 〈행금인行琴引〉은 병자호란 당시 남한산성에서 있었던 정황을 거문고 가락에 얹어 전개하고 있다.

황경원黃景源(1709~1787)의 〈나대부가羅大夫歌〉는 나덕헌羅德憲(1573~1640)을 대상으로 지은 작품이다. 나덕헌은 1636년에 춘신사春信使로 심양에 갔다가 청나라 조정의 황제참칭皇帝僭稱의 국서를 받았다고 탄핵 당하여 백마산성白馬山城에 유배되었다가 후에 복원되었다.

채제공蔡濟恭(1720~1799)은 〈정생원가鄭生員歌〉를 지었다. 정생원은 인적사항이 파악되지 못하였으나, 병자호란 때 충청도의 병사를 이끌고 남한산성으로 진격하며 청군과 대적하였던 충청도 관찰사 정세규鄭世規의 증손자이다. 상서의 자손이면서도 호란 이후 한 뙈기의 땅조차 없이 구차하게 살고 있음을 개탄하며 지은 작품이다.

안정복安鼎福(1712~1791)의 〈남문을 나서며 최지천의 그날 일을 생각하며 말 위에서 강개하여 7절을 짓다出南門 憶崔遲川當日事 馬上慨然成七絶〉는 이색적인 작품이다. 1절~5절까지는 주화파인 최명길崔鳴吉의 행적을 시로 형상화하고, 매구마다 설명을 첨부하였다. 안정복의 설명에 의하면, 최명길이 청 태종이 하사한 초구貂裘를 입고 황은에 감사하는 뜻으로 고두절배하였으며, 청나라의 장수 마부대가 왔을 때 영접하였다. 항복을 결정했을 때는 청나라의 요청이 없었는데도 남의藍衣를 준비하였다. 오달제·윤집 두 학사를 오랑캐 진영으로 압송하는데 인솔한 인물도 최명길이다. 양파陽坡에 이르러서는 최명길이 두 학사에게 어떻게든지 살아있어야 된다고 말을 전했다고 하였다. 6절~7절은 안정복의 역사관을 피력한 것이다. 6절에서는 징병해서라도 싸워야했다는 주장을, 7절에서는 결국 최명길 같은 이는 매국인이 되고 말았다는 안타까움을 토로하였다.

### 3) 남한산성南漢山城

남한산성에 올라서 지은 작품 77편 가운데 병자호란 이전의 작품은 4편이다. 이 가운데 송처관宋處寬의 〈서강중에게 보내다奉寄徐剛中〉와 서거정徐居正(1420~1488)의 〈제부촌 별장에서諸富村墅〉 2편은 '일장산성日長山城'이란 명칭으로 표기되어 있다. 유성룡(1542~1607)의 〈남한산성에서 눈을 만나다南漢山城遇雪〉는 남한산성에 올라 온조왕의 유적이 폐허가 됨을 보고 감회를 적은 것이다. 이흘(1568~1630)의 〈남한산성南漢山城〉은 남한산성을 중수할 때 지은 것으로 축성을 관장한 체찰사 장만張晚과 총융사 이서李曙에게 보낸 것이다. 병자호란 직전의 작품이기에 주목할 필요가 있다. 이 시의 후반부에서 "유후의 사업은 치밀한 계책에 있고/ 날래고 위엄 있는 장수의 명성은 오랑캐를 압도하네/ 이번의 동역으로 나라의 기틀 원대함을 알겠고/ 위기를 잊지 말고 영원한 안정을 도모하기를留侯事業存籌策, 飛將威名壓羯胡, 此役從知邦祚遠, 不忘危是久安謨" 기원하였다.

병자호란 당시의 작품은 18편이다. 정온鄭蘊(1569~1641)은 〈산성山城〉이란 시에서 당시 상황을 다음과 같이 묘사하였다.

炮聲四震如雷動　　대포 소리 사방에서 진동하니 천둥 같구나
撞破孤城士氣洶　　외로운 성을 깨뜨리자 사기가 흉흉토다
惟有老臣談笑聽　　오직 담소를 듣는 듯한 노신이 있어서
擬將茅屋號從容　　초가집에 앉아 조용히 죽기로 결심했다네

김지수金地粹(1585~1639), 조임도趙任道(1585~1664), 장유張維(1587~1638), 하진河溍(1597~1658), 조석윤趙錫胤(1606~1655) 등은 직접 병자호란을 체험하면서 분개하며, 애통한 심정을 시에 담았다. 장유는 〈남한산성에 호가하며扈駕南漢城〉에서 당시의 정황을 다음과 같이 시에 담았다.

閃閃旌旗遶碧峯　　정기는 펄럭펄럭 푸른 봉우리 에워싸고
森森劍戟簇霜鋒　　희게 빛나는 칼과 창날 나무숲처럼 벌어섰네
層城億丈眞形勝　　높디높은 성벽은 그야말로 요새지요
戎服千官總景從　　융복 입은 관원들 그림자처럼 따르누나
萬竈炊煙籠曉月　　일만 아궁이 밥 짓는 연기 새벽달을 둘러치고
五更寒柝雜風松　　오경의 썰렁한 딱따기 소리 솔바람 섞어 들려오네
何時一掃胡塵靜　　어느 때나 오랑캐 티끌 깨끗이 털어내고
不見軍容見國容　　군대 대신 나라의 위용을 보게 될런지

정홍석鄭弘錫(1607~1671)은 〈남한산성이 적군에게 무너졌다는 말을 듣고聞南漢山城陷於敵鋒〉에서 당시의 심정을 다음과 같이 토하였다.

聞道孤城已覆隍　　소식 듣기를, 외로운 성이 이미 무너졌으며
小中華作醜奴鄕　　소중화가 천한 노비의 마을이 되었다네
忠臣淚入靑衣辱　　충신의 눈물은 청의에 들어 욕되게 하였으며

| 壯士心驚碧眼長 | 장사의 마음은 놀라서 오래도록 벽안이 되었네 |
| 七日白登寧滅漢 | 칠일 백등에 포위되었어도 어찌 한나라를 멸하리오 |
| 三年巴蜀亦興唐 | 삼년 뒤 파촉에서 또한 당나라를 일으켰네 |
| 他時倘見淸明日 | 훗날 혹시라도 청명한 날을 보게 된다면 |
| 和作車攻讀八章 | 이에 대응하여 거공독팔장을 지으리라 |

병자호란 이후에 지은 작품은 57편이다. 이에 해당하는 작품에서는 철옹성 같이 험준한 남한산성의 위용에도 불구하고 관료들이 계책이 없어 군신이 치욕을 당하였고, 아직도 가한봉이 지령을 압도하고 있다는 분개심을 토로하고 있다. 그리고 결구에서는 환란에 대비하여 다시금 세밀한 계책을 세워서 길이 국세가 평안하기를 기원하고 있다.

병자호란 이후의 작품으로 주목되는 것은 강박姜樸(1690~1742)의 〈남한전팔절南漢前八絶〉〈남한후팔절南漢後八絶〉이란 장편시이다. 〈남한전팔절〉에서는 남한산성의 사적과 병자호란 당시의 실상을 정리하였다. 〈남한후팔절〉에서는 이서李曙, 정세규鄭世規, 삼학사三學士, 박진구朴震龜 등과 같은 병자호란 당시의 충신, 열사, 무신 등과 쌍령에서 전사한 장수와 병사들의 위업을 소개하였다.

조선말기 이후의 시에서는 남한산의 경승과 조망이 좋아서 올라왔지만, 종당에는 병자년의 일이 생각나서 착잡해진다는 심정으로 결구를 마무리한다.

### 4) 서장대西將臺

서장대西將臺는 수어장대守禦將臺를 지칭한다. 수어장대는 남한산성의 서쪽 주봉인 청량산 정상에 세워져 있으며 지휘 관측을 위한 군사적 목적에서 세워진 누각이다. 성내에 현존하는 건물 중 가장 화려하고 웅장하다.

서장대를 소재로 지은 시는 52편으로 동장대東將臺에서 지은 시가 2편임을 감안하면 많은 셈이다. 내용은 서장대에 올라 주변을 조망하고, 지은 이의 회포를 적은 것이 대부분이다.

　전반부에서는 서장대의 위용과 서장대에서 조망한 경관을 감탄하며 서술하고 있다. "서장대는 특별나게 드높다네"거나 "풍광은 차마 상심한 곳이라 말할 수 없으니/ 역시 한 서생이 강개한 때문이리라風光忍說傷心處, 亦一書生慷慨然"는 시구가 서장대 시 전반부의 형상이다.

　후반부에서는 병자호란 당시 전투에서 순국한 충신열사나 절의를 위해 순절한 지사의 위업을 칭송하였다. '이장군李將軍[李曙]' '고신孤臣' '삼학사三學士' '이공二公[金尙憲·鄭蘊]' 등의 시어가 이를 대변한다.

　결구에서는 서장대에서 마주보이는 가한봉可汗峰을 쳐부셔야 되리라는 의지와 시인 자신이 회포를 감내하지 못해 석양에 배회하는 모습을 표현하였다. 김이안金履安(1722~1791)이 결구에서 "어찌하면 푸른 바다 같은 선비를 얻어서/ 철퇴 한방으로 가한봉을 무너뜨릴꼬安得携如滄海士, 金椎一擊汗峰摧"라 한 것이 그 사례이다. 그리고 시인 자신은 서생이지만 "칼을 들고 배회한다." "칼을 어루며 장가를 부른다." "긴 휘파람을 분다." 등의 표현이 일반적인 양상이다. '고검孤劍' '웅검雄劍' '용천검龍泉劍' '격검擊劍' '무검撫劍' '비가悲歌' '장가長歌' '광가狂歌' '일소一嘯' '장소長嘯' '배회徘徊' 등의 시어가 서장대 시의 결구에 일반적으로 사용되었다. 이들 시어만으로도 서장대 시의 주제의식을 쉽게 알 수 있다.

　5) 현절사顯節祠

　현절사顯節祠는 병자호란 후 심양에 끌려가 충절을 지키다가 그곳에서 비운을 맞은 오달제, 윤집, 홍익한의 영혼을 모신 사당이다. 후에 김상헌, 정온의 위패도 함께 배향되었다.

　현절사 시는 13편이며, 내용은 홍인모洪仁謨(1755~1812)의 시구에서 언급했듯이 "절의로 천년세월 빛날 삼학사節義千秋三學士"와 "강상으로 만대에 빛날 두 선생綱常萬世二先生"을 추모하며 지은 작품이다. 김희순金羲淳(1757~1821)의 〈현절사〉를 보인다.

| 五公樹節卓千春 | 다섯 분이 세운 절의 천년에 우뚝하고 |
| 不愧吾人本體仁 | 우리들 어짊을 본받기 부끄럽지 않네 |
| 天下大書良史筆 | 천하에 큰 글씨로 역사에 남겼으니 |
| 東方方是有君臣 | 동방에 바로 군신이 있다 할 것이네 |

### 6) 남한정자南漢亭子

남한정자南漢亭子는 침과정枕戈亭, 옥천정玉泉亭 등 남한산성에 소재한 정자를 대상으로 지은 한시를 모아 놓은 것이다.

침과정枕戈亭은 무망루無忘樓와 하게 병자호란의 참상과 치욕을 잊지 말자는 뜻에서 붙여진 이름인 만큼, 한시에서도 결연의 의지를 담고 있다. 김진상金鎭商(1684~1755), 이만수李晩秀(1752~1820), 임득명林得明(1767~1822)의 작품 각각 1편씩 전한다. 김진상은 "열사가 어찌 뒤의 일에 관심 가졌으랴/ 세 충신 북쪽 요새에서 죽어 봉분도 없네烈士何關身後事 三忠北塞死無墳"라고 분개하였고, 이만수는 "결국 전투와 방어 모두 대책 없음을 알았으니/ 우리 가문 버팀목 되어 대의를 돌리려네"라고 하였다.

침과정 시는 병자호란의 참담함을 잊지 않아야 한다는 침과정 건립의 취지를 되새기는 내용이다.

반면, 옥천정玉泉亭 시에서는 침과정枕戈亭 시와는 전혀 다른 분위기를 느낄 수 있다. 옥천정은 심상규沈象奎가 남한산성 유수로 재임시 경영한 정자이다. 불과 1년 남짓한 기간에 재임하면서 옥천정을 경영하는데 심혈을 기울인 것같다. 다음 〈옥천정에서 재미삼아 짓다玉泉亭戲占〉〈옥천정에서의 작음 모임小集玉泉亭〉이란 시의 일부에서 그 같은 시사를 받는다. 심상규의 옥천정 시만 6편이나 된다.

"다른 날 비교 않고 승경을 전하니/ 오늘 경영하는 비용이 헛되지 않네他擬
他時傳勝槩, 不虛今日費經營"〈小集玉泉亭〉

"미쳐서 스스로 방해 않고 탐내어도 좋기에/ 하루에도 세 차례 가서 매번 기뻐한다네狂不自妨貪亦好, 一朝三往每欣然"〈玉泉亭戲占〉

정원용鄭元容(1783~1873)은 남한산성 옥천정에서 시회詩會를 열거나, 송별연을 베풀며 즐기는 모습을 곱게 보지 않고 있다. 두실 심상규의 시운을 차운하여 지은〈남한 옥천정에서 두실의 오언고시를 차운하여南漢玉泉亭 次斗室五古韻〉라는 시에서 해당부분만 보인다.

| | |
|---|---|
| 人言保障地 | 사람들은 보장받은 땅이라 말하지만 |
| 戎籌須畫斷 | 오랑캐의 계획을 반드시 끊어야 하며 |
| 綢繆所先講 | 빈틈없이 먼저 배운 바를 준비하고 |
| 游衍宜來諫 | 편히 놀다가도 마땅히 와서 간언해야 하네 |
| …(중략)… | |
| 登亭寄嘯傲 | 정자에 올라 거만하게 휘파람 보내니 |
| 少可慰遊宦 | 조금은 벼슬아치에게 위로가 될만하네 |
| 豈因日涉園 | 어찌하여 매일 동산을 건너는가 |
| 蕩情忘外患 | 방탕한 마음으로 외환을 잊었네 |
| 大勝庸俗流 | 저속한 무리들이 크게 이기고 |
| 只飽官廚飯 | 단지 관가의 밥을 배불리 먹고서는 |
| 酌泉煮香茗 | 샘물을 떠다가 향기로운 차를 끓이며 |
| 續題爲亭賛 | 계속해서 정자를 칭송하는 시를 짓네 |

최일휴崔日休(1818~1879)도〈옥천정에서 심상국의 운을 차운하여玉泉亭次沈相國韻〉라는 시에서 보듯이 상당히 비판적이다.

| | |
|---|---|
| 莫言此處悶雲扃 | 이곳이 구름에 갇힌 곳이라 말하지 마라 |
| 其內汗峯嚇地靈 | 그 안에 가한봉이 지령을 협박하고 있으며 |
| 守禦元非閒夢管 | 수어사는 본래 한가롭게 꿈꾸는 벼슬이 아니네 |

請君試看枕戈亭　　　그대에게 청컨대 침과정을 한 번 보게나

　최일휴는 옥천정에서 심상규의 시를 차운하면서도 '가한봉'·'침과정'을 상기시키며, 수어사로서의 임무를 촉구하고 있다. 이 시 결구에 다음과 같은 주석을 달았다.

　「상국이 광주유수로 있을 때 옥천정을 지었는데 그 시에 이르길 "훗날 한가로이 꿈에 들 곳을 찾는다면/ 맑디맑은 가을 물과 옥천정이리라"라 하였다. 그 뒤에 서공 념순이 돌을 깎아 세웠는데 성에서 항복했던 부끄러움을 잊고, 문득 유람하며 감상하던 곳에 만들었다고 하기에 말한 것이다.
　相國爲廣留時 作玉泉亭 而其詩曰 他日若尋閒夢處 冷然秋水玉泉亭 其後 徐公念淳伐石刻立 頓忘下城之恥 便作遊賞之處 故云云」『蓮泉遺稿』卷1

　7) 남한산사南漢山寺

　남한산사南漢山寺는 남한산성에 소재한 국청사國淸寺·개원사開元寺·장경사長慶寺 등에 관련한 작품을 모아 놓은 것이다. 병자호란 이전의 작품이 1편이고, 병자호란 당시의 작품은 3편, 이후의 작품은 3편이다. 주목되는 작품은 허적許𥛚(1563~1640)의 〈운수암에 부치다題雲水庵〉이다. 이 시 제목의 주석에 "암자의 주인은 응상사인데 남한산성 동역으로 부임하였다庵主應常師赴南漢山城董役."고 기록하였다. 그리고 시에서는 "산속의 스님도 잘못 동원되어/ 한번 송문을 나가서는 영원히 돌아오지 못하네."라고 참담함을 토로하였다.
　병자호란 이전의 작품인 이정구李廷龜(1564~1635)의 〈차운하여 남한산의 승려 계정에게 주다次贈南漢山僧戒靜〉에서 "백년 동안 빼어난 경치 경영해 온 곳에/ 늘상 보는 승려는 그저 아무렇지 않구나百年形勝經營地 見慣居僧只等閑"라는 정황과는 대조적이다.

## 3. 남한산성, 한시에 담은 뜻을 되뇌이며

심상규가 세상을 떠난 뒤에도 옥천정은 남아서 그의 자취를 계승했다. 1846년(헌종12)에 광주유수로 부임한 조두순趙斗淳은 옥천정에 머물며 소나무 그늘과 꽃이 만발한 경치를 감상했다. 이상적李尙迪·김영수金永壽 등도 옥천정을 지나며 단풍이 붉게 물든 가을의 경치를 시에 담았다. 이렇듯 옥천정이 19세기 남한산성의 대표적인 공간으로 부각되었음을 확인할 수 있다.

지금 남한산성은 어떠한가. 허물어진 성벽이 보수되고, 행궁이 복원되었으며, 유네스코문화유산을 지정되었다. 외형은 점차 부각되고 있지만, 정신은 오히려 침체되고 있다. 병자년 호란에서는 패배하였지만 천만년 이어질 의리와 강상을 지킬 수 있었다는 자긍심은 희미해지고 있다. 금성탕지의 천험天險을 자랑삼고 지령地靈의 가호를 믿었던 남한산성에 가한봉[입마봉]이 남아 있음을 기억해야 한다. 주화파主和派와 척화파斥和派로 양분되어 격론을 벌였던 황윤길黃允吉과 김상헌金尙憲이 당리당략이 아닌, 구국애민을 위한 것이었음을 기억해야 한다. "항복문서를 찢는 사람도 있어야 하고, 찢어진 문서를 주워 붙이는 인물도 있어야 했다."는 세론世論에 귀를 기울여야 한다.

쾌청한 봄날 남한산성에 올라 서울을 조망하는 흥취와 수어장대의 위엄을 느끼는 일도 좋다. 남한산성이 언제까지나 병자호란에 갇혀야할 이유가 없지 않은가. 3백년이 훨씬 지난 지금, 그때의 일은 역사적 사실일 뿐이다. 실패한 역사가 오히려 미래의 자산일 수 있다는 어느 역사가의 논리를 생각한다.

병자호란의 치욕을 잊지 말자는 뜻의 무망루無忘樓, 창을 베고 눕는다는 뜻의 침과정枕戈亭, 천문天文·지리地利에 안일安逸하기보다는 인화人和가 최상의 전략임을 시사하는 지화문至和門을 기억하는 한, 남한산성에서 있었던 그때의 일은 실패한 역사가 아닐 것이다.

1부

# 남한기사

南漢記事

## 가한봉을 바라보며
### 望可汗峰

숙종어제肅宗御製

| | |
|---|---|
| 상서로운 구름 남한궁을 감쌌으니 | 祥雲擁漢宮 |
| 그 옛날 선왕께서 머무시던 곳이네 | 昔日駐飛龍 |
| 험준하고 견고한 금성탕지에[1] | 百二山河地 |
| 이 봉우리 있음을 그 누가 알았으리 | 誰知有此峰 |

『重訂南漢志』 卷8, 題詠

---

1   원문의 '백이百二'는 방어防禦가 튼튼하여 적의 지세보다 백배나 유리한 지세를 나타내는 말. 이때 '이二'는 곱절의 뜻으로 쓰였다. 전의되어 방어 시설이 철통같이 튼튼한 성을 말한다.

## 기축년(정조3) 9월 28일
## 남한산성에서 야간군사훈련을 바라보며
### 己丑九月二十八日 望見南漢山城夜操

숙종어제肅宗御製

| | |
|---|---|
| 한낮의 교장엔 이미 병사훈련이 끝나고 | 白日敎場已練兵 |
| 황혼 무렵 날씨는 비온 뒤에 개였네 | 黃昏天氣雨餘淸 |
| 화포 불빛은 성가퀴에 낮과 같이 밝고 | 火光連堞明如晝 |
| 바로 서장대에서 북과 나팔이 울리네 | 正是西臺鼓角鳴 |
| 쇳물로 만든 요새는 하늘의 솜씨요 | 金湯設險出天工 |
| 가파르고 험한 검각[1]에 비할만하다 | 劍閣崢嶸可比同 |
| 지난 날 올라왔었기에 감개가 무량한데 | 昔我登臨多感慨 |
| 옛 생각에 나도 몰래 눈물이 맺히네 | 追思不覺淚凝瞳 |

『重訂南漢志』 卷8, 題詠

---

1　검각劍閣 : 중국 장안長安에서 촉蜀으로 가는 길에 있는 대검大劍·소검小劍 두 산山 사이의 요해要害로 검문관劍門關이라 부른다.

## 행궁에 앉아 감회가 있어
### 坐行宮有感

영조어제英祖御製

| | |
|---|---|
| 아버님 지난 날 드셨던 집에 | 聖考昔年所御堂 |
| 지금 난 무슨 행운으로 이 방에서 쉬고 있나 | 今子何幸憩斯居 |
| 지난 세월 돌이키니 미욱한 마음 간절하고 | 追惟往歲微心切 |
| 사물을 감상하며 배회하니 더욱 슬퍼지네 | 玩物徘徊益感傷 |

『重訂南漢志』 卷8, 題詠

# 서장대에 올라 강개하여
## 登西將臺慷慨

영조어제 英祖御製

| | |
|---|---|
| 수레를 돌려 곧바로 서장대에 오르니 | 回駕直登西將臺 |
| 군신이 옛일을 아뢰는데 날은 어두워 오네 | 君臣說往日昏來 |
| 홀연히 강개함을 누르지 못하나니 | 忽然慷慨不能抑 |
| 오직 좋고 좋은 일만 이어지길 | 惟有善承善繼哉 |

『重訂南漢志』 卷8, 題詠

## 남한의 성가퀴가 시야에 들어오는 것이 마치 눈앞에 있는 것 같으므로 이 시를 지어 성윤에게 주다
### 南漢雉堞入望 如在眼中 唫此寄城尹[1]

정조어제正祖御製

| | |
|---|---|
| 층층 봉우리와 겹겹 바위 위의 남한산성이여 | 層巒疊石漢南城 |
| 서장대 높직하여 군대를 주둔시킬 만하네 | 西將臺高可按兵 |
| 삼전도에 완악한 빗돌 서 있는 걸 보게나[2] | 請看三田頑石立 |
| 당시에 진평 같은 계책 없었던 게 부끄럽구려[3] | 當時奇計媿陳平 |

『弘齋全書』卷1/『春邸錄』1

---

1 성윤城尹: 산성山城 부윤府尹의 준말.
2 삼전도에 … 보게나: 병자호란 때 청 태종이 인조의 항복을 받고, 자기의 공덕을 자랑하기 위해 우리에게 강제로 송덕비를 세우게 하니, 마지못해 우리 쪽에서 대청황제공덕비大淸皇帝功德碑를 송파리 삼전도에 세웠던 것을 말한다.
3 진평陳平 같은 계책: 진평이 한 고조漢高祖를 보좌하여 곤경을 만날 적마다 기묘한 계책을 내서 화를 면하게 했던 것을 이른 말인데, 진평은 모두 여섯 차례나 기묘한 계책을 냈었다고 한다.

## 응란헌에서 남한산성을 바라보다
### 凝鑾軒 望南漢

정조어제正祖御製

| | |
|---|---|
| 천병만마 큰 도읍에 백치의 담장 둘렸으며 | 萬馬雄都百雉墉 |
| 높은 누각 층층 푸른 산 겹겹이 바라보이네 | 山樓層翠望重重 |
| 남한산성의 부윤에게 애써 당부하노니 | 辛勤寄語南城尹 |
| 만 번 꺾이어도 입마봉을 잊지 말게나[원주] | 萬折毋忘立馬峯 |

[원주] 남한산성의 장대將臺에 편액을 무망毋忘이라 하였으므로, 결구에서 언급하였다 南漢將臺 扁以毋忘 故結句及之.

『弘齋全書』卷7

# 충정공 윤집·문간공 정온, 두 충신의 가묘에 써서 걸다. 소서를 아울러 쓰다
書揭尹忠貞集, 鄭文簡蘊兩忠臣家廟 幷小序

정조어제正祖御製

　아침에 열천문洌泉門 밖에 나아가 예를 거행하고 이어서 경봉각敬奉閣의 새 터를 살펴보니, 비록 등루본謄鏤本이기는 하나 황조의 고명誥命과 칙서勅書가 황단皇壇의 곁에 소장되었는지라, 황조의 서적을 보매 마치 그 옛날 성대했던 황제의 위광威光을 다시 접한 것 같았으니, 이리저리 주선周旋하고 오르내리면서 의당 무슨 회포를 일으켰겠는가. 홍무洪武 25년(1392)으로부터 화려한 고명과 칙서가 해산海山에 번쩍번쩍 빛났고, 사신使臣이 서로 왕래하는 가운데 마치 내제후內諸侯처럼 보아주었다. 그래서 우리 열조列祖들께서는 이를 받들고 이를 계술하여 마치 이기彝器처럼 공호拱護하고 마치 대훈大訓처럼 존경해 왔다. 그러다가 남한산성에 어가가 주필駐蹕함에 미쳐서는 충정공 윤집과 문간공 정온이 행재소行在所에 말하기를, "저들이 만일 황조의 고인誥印을 요구하더라도 우리가 의리로써 항쟁하면 저들도 반드시 양해해 줄 것입니다." 하니, 성조聖祖께서 그를 장려했다. 그러나 시사時事가 위태롭고 군박하여 의리로써 항쟁하기가 어려워서 끝내 빈邠 땅을 떠날 때에 태왕太王의 주옥珠玉을 온전히 보유하지 못하게 되었으니,[1] 이것이 곧 지사志

---

1　빈邠 … 되었으니 : 주周 나라 태왕太王이 일찍이 빈 땅에 살 적에 적인狄人들이 침범하자,

士와 인인仁人 들이 가슴을 치고 길이 부르짖으며 심지어 피눈물을 닦으면서 그칠 줄을 모르기에 이르렀던 이유이다.

마침 이 각을 옮겨 세운 때를 당하여 고인들의 국사國事를 우선으로 삼은 우국충정을 생각하니, 유례 없는 감개가 더욱 간절해진다. 이 제독李提督, 삼학사三學士와 두 대신大臣의 사손祀孫 들을 참반參班시킬 일에 대해서는 어제 이미 명을 내렸으니, 문간공의 후손만 어찌 유독 빠뜨릴 수 있겠는가. 그도 똑같이 참반하도록 해야 한다. 작고한 지 백년이 지나도록 관향官享을 오래 빠뜨렸으니, 어찌 잘못된 일이 아니겠는가. 그래서 문간공 정온의 봉사손奉祀孫인 내섬시 봉사內贍寺奉事 정식鄭軾에게 특별히 수령守令을 제수하고, 칠언 절구 한 수를 써서 충정공, 문간공 두 충신의 가묘家廟에 써 걸게 하여 나의 오매불망寤寐不忘하는 뜻을 보이는 바이다.

朝詣洌泉門外行禮 仍審敬奉閣新址 雖是謄鏤之本 皇朝誥勅 藏于皇壇之傍 絳雲青箋 若接昔日皇華之盛 周旋登降 當作何懷 自洪武二十五年 煌煌誥勅 輝暎海山 四牡交馳 視同內服 惟我列祖 是承是述 拱護如彝器 尊閣如大訓 逮至南城之駐蹕也 忠貞公尹集 文簡公鄭蘊 言於行在曰 彼若求皇朝誥印 以義爭之 彼必見諒 聖祖獎之 而時危事窘 難以義爭 太王珠玉 不得全有於去邠之時 則此志士仁人所以拊膺長嘷 至於抆血而不知止者也 適當是閣之移建 想古人爲國先事之憂 尤切曠感 李提督 三學士 兩大臣祀孫之參班 昨旣有命 文簡後孫 豈可獨漏乎 使之一體參班 騎箕百年 久闕官享 豈非欠典 文簡公鄭蘊奉祀孫內贍奉事鄭軾 特除守令 書下七言絶句一首 書揭于忠貞 文簡兩忠臣家廟 用示予寤寐不忘之意

피폐皮幣, 견마犬馬, 주옥珠玉을 가지고 그들을 섬겼으나 아무런 소용이 없으므로, "적인들이 바라는 것은 곧 우리의 토지이다." 하고, 끝내 빈 땅을 버리고 기산岐山 아래로 가서 정착했던 고사에서 온 말이다.

| 일장산 산 빛은 푸르름이 우뚝 솟았는데 | 日長山色碧嵯峨 |
| 천지의 정기를 많이도 모아 간직했네 | 鍾得乾坤正氣多 |
| 남북 어디로 가도 의리는 마찬가지니 | 北去南來同一義 |
| 견고한 금석은 일찍이 닳은 적 없다오 | 精金堅石不曾磨 |

『弘齋全書』卷7

# 문충공 김상용의 사당에 내린 유제문
## 諭祭文忠公金尙容祠文

정조正祖·황경원黃景源*

충숙공忠肅公 이상길李尙吉·충렬공忠烈公 심현沈誢·충헌공忠憲公 윤전尹烇·충목공忠穆公 이시직李時稷·충현공忠顯公 송시영宋時榮·별좌別坐 권순장權順長·생원生員 김익겸金益兼·중군中軍 황선신黃善身·천총千摠 구원일具元一·천총千摠 강흥업姜興業을 배향하다.

忠肅公李尙吉忠烈公沈誢忠憲公尹烇忠穆公李時稷忠顯公宋時榮別坐權順長生員金益兼中軍黃善身千摠具元一千摠姜興業配

| | |
|---|---|
| 강화도가 함락되어 사직이 윤몰하였을 때 | 沁都之覆 社稷以淪 |
| 그 목숨 바치니 군자의 인이로다 | 有殺其躬 君子之仁 |
| 열렬하신 문충공은 나라의 중신이 되어 | 烈烈文忠 爲國元臣 |
| 유종을 법으로 삼아 행실이 공손하였네 | 儀彼儒宗 質行孔馴 |

* 정조正祖의 명을 받아 황경원이 지은 유제문임.

| | |
|---|---|
| 실가가 화목하여 오륜을 노래하니 | 室家雝雝 歌以五倫 |
| 강상을 즐겨 따르며 아름다운 덕을 준행하였네 | 樂玆天常 懿德是遵 |
| 황조를 보익하여 충성을 다하니 | 左右皇祖 殫厥忠純 |
| 숭정 9년에 북쪽 이웃에서 구원병이 왔구나 | 毅皇九載 兵自北隣 |
| 외로운 남한산성 40일간 포위되니[1] | 孑孑南城 其圍四旬 |
| 누가 원손을 호종하였나 노성한 이분이셨네[2] | 孰從元孫 老成之人 |
| 섬을 잘 보호하여 이 만민을 구제하려 하였고 | 保于海中 偕此萬民 |
| 행궁을 염려했건만 충지를 펴지 못하였네 | 念我行宮 忠志莫伸 |
| 강개하여 장수를 꾸짖으니 피눈물이 수건을 적셨고 | 慷慨罵帥 有血霑巾 |
| 온 부가 편안해도 도리어 노하며 부릅떴네[3] | 一府晏眠 反怒而瞋 |

---

[1] 외로운 … 포위되니 : 인조가 남한산성에서 40일여간 저항하다 결국 굴복하게 된 사실을 가리 킨다.

[2] 누가 … 이분이셨네 : 김상용이 병자호란 때 원손元孫을 모시고 강화도 들어간 사실을 가리킨다.

[3] 강개하여 … 부릅떴네 : 장수는 당시 왕명을 받고 군무軍務를 담당하고 있었던 검찰사檢察使 김경징金慶徵과 부사副使 이민구李敏求 등을 말한다. 온 부가 편히 여겼다는 것은 당시 강화도 의 지리적 이점을 믿고 안일하게 생각하고 있던 상황을 말하는 것으로 보인다. 김창협이 지은 「선원선생순의비기仙源先生殉義碑記」에 다음과 같은 내용이 있다. 당시 대가大駕가 오 랑캐의 선봉에 쫓겨 황급히 남한산성으로 들어가게 되었을 때 적은 남한산성 주위에 성책城柵 을 둘러치고 안팎을 지키며 모든 길을 통제하였고, 성에 접근하는 근왕병勤王兵들은 번번이 궤멸되고 말았다. 그런데도 이들은 강도가 천혜의 요새임을 믿고 개의치 않았고 특히 김경징 은 더욱 교만 방자하여 군무에 대해 간하는 사람이 있으면 번번이 화를 내며 지레 꺾어 버리곤 하였다. 김상용은 분개하여 "성상께서 머무시는 곳이 포위된 지 여러 날이 되었다. 그런데 정세규鄭世規는 패하여 이미 죽었다는 소문이 있으니, 호서에서 군무를 주관할 사람이 없다. 부사가 급히 가서 흩어진 병졸을 수습하고 의병을 규합하며, 후방에 있는 호남의 군대를 독려하여 위험에 처한 임금께 달려가야 한다. 조금도 시기를 늦춰서는 안 된다."라고 이르고, 또 "남한산성의 소식이 끊겼으니, 한시바삐 목숨을 바칠 의사義士를 모집하여 성상의 안부를 살펴 오게 해야 한다. 열 번 가면 한 번은 반드시 성안으로 들어갈 수 있을 것이다. 신하의 의리상 어찌 차마 수수방관할 수 있겠는가." 하였다. 그러나 김경징 등은 서로 함께 비방하며 "이 일을 책임지고 있는 사람은 따로 있으니, 피란 중의 대신大臣이 관여할 일이 아니다." 하고는, 한 가지도 따라 시행하는 것이 없었다. 며칠 뒤에 적군이 강도로 대거 몰려온다는 보고가 있음에도 이들은 믿지 않고 "참 겁쟁이로구나. 강물에 얼음덩이가 떠다니는데 적이 어찌 날아서 건너겠느냐." 하였다. 이튿날 동틀 무렵 적이 과연 갑곶甲串으로 강을 건너오자, 아군은 그 광경을 바라보고서 싸워 보지도 못하고 스스로 궤멸하고 말았다. 김경징 등은 일시에 배를 빼앗아 타고 도망갔다. 적이 마침내 평탄하게 성 밑에 이르자, 선생은 가족들에게 이별을 고한 다음 성문 누각에 올라 화약을 쌓고 불을 놓아 스스로 불에 타 죽었다. 『농암집』

| 혁혁한 종묘가 가시덤불에 버려지더니 | 赫赫淸廟 委之荊榛 |
| 느닷없이 오랑캐 쳐들어와 조정이 바다를 건넜네[4] | 有突介騎 朝濟于津 |
| 저 망루에 올라 화약을 벌어놓고 | 陟彼譙樓 硝黃是陳 |
| 조용히 스스로 불사르니 큰 띠가 엄연하여라 | 從容自燒 有儼其紳 |
| 벼락이 가운데서 치니 소리가 하늘에 진동하는데 | 霹靂中起 聲震雲旻 |
| 들보는 만 리로 날아가고 기와는 한량없이 나부꼈네 | 飛棟萬里 飄瓦無垠 |
| 엄숙한 검리 중신[5]이 성신이 되어 올라가니 | 肅肅劍履 上躋星辰 |
| 충정의 기운이 백신을 감동시키누나 | 精忠之氣 感動百神 |
| 두 의사[6]가 함께 분신하여 대의를 따랐으니 | 二士偕焚 大義克循 |
| 장엄한 명궁에 현판이 매우 새로워라 | 翼翼明宮 其額孔新 |
| 제현을 배향하여 보은의 제사를 똑같이 지내노라 | 諸賢于配 報祀惟均 |
| 정직한 사공[7]과 정성스러운 태복[8] | 司空正直 太僕肫肫 |
| 충목공의 절개 충헌공의 순수함 | 忠穆之介 忠憲之醇 |
| 충렬공에 이르기까지 모두 그 목숨을 바쳤네 | 爰及忠烈 咸殞厥身 |
| 충절을 다한 세 장교[9]도 사당에서 제향하노라 | 三校全節 具饗精禋 |
| 내가 황단에 제사하며 늦봄에 감회하여[10] | 予祀皇壇 感玆季春 |
| 그대들의 충정 가상하여 애도하는 글을 내리고 | 嘉爾忠貞 愍章是申 |

제24권 「강화부江華府 남문南門의 선원선생순의비기仙源先生殉義碑記」.
4  혁혁한 … 건넜네 : 임진왜란 때 종묘가 불타고 병자호란 때에는 종묘의 신위를 가지고 강화도로 피난 가는 등 종묘가 수난에 처했던 상황을 말한 것이다.
5  검리 중신 : 원문의 '검리劍履'는 허리에 칼을 그대로 차고 신발을 벗지 않고서 조회하는 신하로, 임금의 은총을 한 몸에 받는 중신重臣이라는 뜻이다.
6  두 의사가 … 따랐으니 : 두 의사는 김상용과 함께 분신한 생원 김익겸金益兼, 별좌 권순장權順長을 말한다.
7  정직한 사공 : 이상길李尙吉을 말한다. 이상길이 공조 판서를 역임했기 때문에 이른 말이다.
8  정성스러운 태복 : 태복은 궁중의 말과 수레를 맡은 벼슬아치로 여기서는 송시영을 가리킨다.
9  충절을 … 장교 : 순절한 무인들, 즉 황선신·구원일·강홍업을 말한다.
10 내가 … 감회하여 : 원문의 '계춘季春'은 음력 3월을 달리 부르는 말로, 대보단 즉 황단 제사를 매년 3월 왕이 직접 지내기 때문에 이른 말이다.

| | |
|---|---|
| 관원을 보내어 제주와 제수를 올리나니[11] | 遣官馳酹 牲醴藻蘋 |
| 영령이여 몽매하지 않거든 강림하소서 | 靈如不昧 庶幾其臻 |

『江漢集』卷22

11 관원을 … 올리나니 : 원문의 '蘋藻'는 모두 물품의 이름으로, 옛날 사람들은 이를 채취하여 제수로 사용하였다. 『시경』 「채빈采蘋」에 "남간의 물가에서 빈을 캐고, 저 도랑에서 조를 채취해 오네于以采蘋 南澗之濱 于以采藻 于彼行潦."라는 구절이 있다. 그 주註에 "제후의 부인이 빈조를 채취해서 성경誠敬을 다하여 제사를 받들므로 그 집안사람이 그 일을 서술하여 아름답게 여긴 것이다." 하였다.

# 의기를 느껴 [4수]
## 感意

김상헌金尙憲*

[첫 번째]

| | |
|---|---|
| 지난해에 어가 따라 남한산성 머무를 땐 | 屧躧前年駐漢南 |
| 회계¹땅의 남은 수치 오늘까지 온듯했네 | 會稽遺恥到如今 |
| 살아남음 본디 목숨 탐한 것이 아닌데도 | 殘生不是貪生者 |
| 아직 인간 세상 남아 지난날 맘 저버렸네 | 尙在人間負宿心 |

『淸陰集』卷3

---

\* 김상헌金尙憲(1570~1652) : 조선 중·후기의 문신이며 학자. 본간은 안동, 자는 숙도叔度, 호는 청음淸陰·석실산인石室山人·서간노인西磵老人, 시호는 문정文正. 윤근수尹根壽의 문인으로 병자호란 때 척화대신으로 이름이 높았으며 효종의 묘정에 종사되었다.
1 회계會稽 땅의 남은 수치 : 원수에게 패한 수치를 말한다. 춘추春秋 시대에 오吳와 월越이 서로 원수로 지내던 중에 월왕 구천句踐이 오왕 부차夫差에게 공격을 당해 패전하자, 회계에 있으면서 오왕을 찾아가서 무릎을 꿇고 머리를 조아리며 신하가 되기를 애원하여 겨우 살아났다. 『史記』卷42「越王句踐世家」.

## 두 번째 [二]

나라 집안 다 깨지고 몸은 남쪽 유랑하니
사람 만나 오늘날 일 말하기가 부끄럽네
사립문에 막대 놓고 새로 뜨는 달 보거니
산속 사는 이 늙은이 속마음을 뉘 알리오

國破家殘身落南
逢人羞愧說當今
柴門倚杖看新月
誰識山中此老心

『淸陰集』 卷3


## 세 번째 [三]

종려² 두 분 높은 이름 북두 남쪽 걸렸으나
옛사람이 어째서 꼭 지금 사람보다 나으랴
뉘 알리오 서쪽 시내 암자 속에 머무는 객
그 당시에 홀로 관악³ 마음 품고 있는 줄을

種蠡高名揭斗南
古人何必勝於今
誰知西磵菴中客
獨抱當時管樂心

『淸陰集』 卷3

---

2  종려種蠡 : 춘추시대 때 월왕越王 구천句踐의 신하인 문종文種과 범려范蠡를 지칭한다. 이 두 사람은 구천을 보좌하여 오吳나라를 쳐서 회계會稽의 치욕을 씻게 했다.
3  관악管樂 : 관중管仲과 악의樂毅를 가리킨다. 관중은 춘추시대 제齊나라의 재상으로 제환공齊桓公을 도와 부국강병을 이룩하였다. 악의는 전국시대 연燕나라의 장수로 한韓·위魏·조趙·연燕의 연합군을 거느리고 제나라를 쳐서 70여 성을 빼앗았다.

## 네 번째 [四]

유신 읊은 강남부⁴를 평소 좋아했거니와  常憐庾信賦江南
천고의 애절한 말 지금에도 감동되네  千古哀詞動至今
지하에서 서산기⁵를 만나보게 될 경우엔  地下定逢徐散騎
연가에다 초 노인네 마음 갖고 있으리라⁶  燕歌楚老若爲心

『淸陰集』卷3

---

4   강남부江南賦: 북주北周의 시인인 유신庾信은 본디 남조南朝 양梁나라의 신하였는데, 서위西魏로 사신 갔다가 억류되었다. 그 뒤 북주가 서위를 대신해 서자, 유신이 북주에서 벼슬하여 고관이 되었는데, 마음속으로는 항상 자신의 고향이 있는 강남江南을 그리워하였다. 이에 『애강남부哀江南賦』를 지어 자신의 뜻을 토로하였는데, 그 내용은 주로 고향을 떠나 사는 처량한 신세를 한탄한 것이었다. 『周書』「庾信傳」.
5   서산기徐散騎: 남당南唐의 마지막 임금인 이욱李煜과 함께 송宋나라에 항복하여 누차 산기상시散騎常侍를 역임한 서현徐鉉을 가리킨다. 서현이 일찍이 이욱을 섬기고 있을 적에 송 태조가 침입해 오자, 이욱이 서현을 송나라에 파견하여 침입을 늦추어 줄 것을 요청하게 하였는데, 당시에 이욱이 주영윤朱令贇으로 하여금 10만 명의 군사를 거느리고 와 구원하도록 요청해 놓은 상태였다. 이욱은 서현이 이미 출발하였다는 이유로 구원병을 중지시키려고 하자, 서현은 "이번에 제가 가도 어려움을 구제할 수 있을 것임을 기필할 수가 없으며, 강남에서 믿는 바는 구원병이 오는 것뿐입니다. 그런데 어찌하여 중지시킨단 말입니까?" 하니, 이욱이 "그대에게 불리할까 싶어서 중지시키는 것이다." 하자, 서현이 "요컨대 사직社稷을 위하여 계책을 낼 뿐입니다. 어찌 일개 사신을 돌아보아서야 되겠습니까. 치지도외하는 것이 옳습니다." 하니, 이욱이 눈물을 흘리면서 서현을 보냈다. 그 뒤 남당이 망하고 서현이 송 태조를 알현하게 되었는데, 송태조가 자신에게 반항한 것을 큰소리로 꾸짖자, 서현이 "신은 강남의 대신大臣으로 있으면서 나라를 망하게 하였으니, 죄가 사형에 해당되는바, 그 나머지는 따질 것이 없습니다." 하니, 송태조가 "충신이다. 나를 섬기는 것을 마땅히 이씨李氏를 섬기듯이 해야 한다." 하였다. 『宋史』卷441「徐鉉傳」.
6   연가燕歌에다~ 있으리라: 나라를 위해 목숨을 바칠 비장한 마음을 품고 있을 것이란 뜻이다. 연가는 비장悲壯한 곡조의 노래를 말한다. 전국 시대 연燕나라의 자객刺客 형가荊軻가 진왕秦王을 죽이려고 떠날 때 역수易水 가에서 "차가운 역수 가에 바람결 쓸쓸한데, 장사 한 번 떠나면 다시 돌아오지 않으리風蕭蕭兮易水寒 壯士一去兮不復還."라는 노래를 부른 고사가 있다. 초楚 노인네는 한 나라때 왕망王莽을 섬기기를 거부하고서 굶어 죽은 공승龔勝을 조문하면서 슬피 통곡한 팽성彭城에 은거해 살던 노인을 가리킨다.

## 백주 이판서가 보낸 시를 차운하여
### 白洲李判書寄詩次韻

김상헌 金尙憲

| | |
|---|---|
| 깊은 밤에 누각의 물 쉴 새 없이 흐르면서 | 深更殘漏遞頻頻 |
| 가는 세월 재촉하여 팔순 바라보게 되었네 | 催迫年光望八旬 |
| 한남¹에서 고생한 걸 어찌 족히 말하리오 | 辛苦漢南何足道 |
| 고향에는 구천에 간 사람들이 많다 하네 | 故鄕多少九原人 |

『淸陰集』 卷13

---

1  한남漢南 : 한강 이남에 있는 남한산성을 가리킨다.

천조사 부총관 정룡이 [호가 비생이대] 병부의 자문을 가져와서 속국을 연계하므로 안도중이 임금에게 말하여 직접 정룡을 접대하였다. 비밀리에 말하길 운운하다. 이에 남한산성의 사찰에 가서 머물렀으며, 매화 한 분을 얻어 감상하며 두루 편지를 보냈다. 모든 조정 문인들의 시구를 찾아 이른다. [갑술년(1634년)]

天朝副摠程龍[號飛生] 齎兵部咨 以聯屬國 安島衆爲言上親接程 密言云云 仍往寓於南漢山城之佛舍 求一梅盆賞玩 遍送紙牋 索滿朝文翰人詩句云 [甲戌年]

### 조희일趙希逸*

| | |
|---|---|
| 외로운 배 하늘가로 돌아가지 않은 때에 | 孤棹天涯未返時 |
| 한남의 산성만 유독 위험을 의지했는데 | 漢南山郭獨憑危 |
| 기미에 빠졌다가 마음속에 용맹을 깨닫고 | 沈機已覺心爲勇 |
| 간찰을 주며 시를 요구하기에 응대하네 | 授簡應因興要詩 |
| 사찰에 달은 기울고 경쇠소리 맑은데 | 蕭寺月斜淸磬響 |
| 작은 창의 향기는 섣달 매화 가지에서 발하네 | 小窓香動臘梅枝 |
| 슬피 노래하며 처량하게 요하 길을 바라보나니 | 悲歌悵望遼河路 |
| 다시 천조사[1] 모실 기약이 있기를[원주] | 再御皇華倘有期 |

[원주] 내가 여러 학사들의 행차에 자주 쫓아갔으므로 낙구에 말한 것이다 不佞於諸學士之行屢忝陪從落句云.

『竹陰集』 卷7

* 조희일趙希逸(1575~1638) : 조선중기의 문신. 본관은 임천. 자는 이숙怡叔, 호는 죽음竹陰이다.
1 원문의 '황화皇華'는 중국 사신을 높여 이르던 말임.

## 병자년 12월 비안에 도착해서 대가가 파천하여 남한산성에 들어갔다는 소식을 들어갔으며, 동궁이 강도에 들어갔다는 소식을 듣고 북쪽을 바라보며 눈물을 지으면서 두보의 시구를 모아 2수의 절구를 지었다
丙子十二月 行到比安 聞大駕播遷入南漢山城 東宮入江都 北望隕涕 集杜句成二絶

### 신즙申楫<sup>*</sup>

| | |
|---|---|
| 난리 때문에 마음을 펼칠 수 없고 | 亂離心不展 |
| 우러러 보니 하늘빛은 달라졌네 | 仰看天色改 |
| 임금께선 아직도 몽진 중이며 | 至尊尙蒙塵 |
| 눈물 뿌리며 행재소를 생각한다네 | 揮涕戀行在 |
| 사해는 병기 속에 묻혔고 | 四海干戈裏 |
| 삼영<sup>1</sup>의 고각<sup>2</sup> 소리만 드날리니 | 三營鼓角聲 |
| 서생의 간담을 격렬케 하고 | 書生肝膽激 |
| 웅검은 갑 속에서 울리네 | 雄劍匣中鳴 |

『河陰集』 卷3

---

\* 신즙申楫(1580~1639) : 조선중기의 문신. 본관은 고령高靈, 자字는 여섭汝涉, 호는 하음河陰이다.
1 삼영三營 : 조선 시대, 서울 안에 있던 훈련도감·금위영·어영청의 세 군문軍門.
2 고각鼓角 : 옛날, 군대에서 호령할 때 쓰던 북과 나팔.

# 병술년 관대 후에 승평의 운에 차운하여
## 丙戌冠帶後 次昇平¹韻

김육金堉*

| | |
|---|---|
| 요행히도 외로운 신 한 목숨 죽지 않아 | 猶幸孤臣一死遲 |
| 십 년 만에 다시금 한관의 위의를 보네² | 十年重睹漢官儀 |
| 뜰 가득히 소란스런 관복 입은 사람들은 | 盈庭擾擾朝衣士 |
| 산성에서 눈물 닦던 그때를 생각하네³ | 倘憶山城抆淚時 |

『潛谷遺稿』 卷2

---

* 김육金堉(1580~1658) : 조선후기의 문신, 실학자. 자字는 백후伯厚, 호號는 잠곡潛谷. 대동법의 시행을 추진하였으며 화폐의 보급에 힘썼다.
1 승평昇平 : 김류金瑬의 봉호封號이다.
2 한관漢官의 위의威儀 : 한나라 조정 관원들의 복식과 전례典禮, 제도制度로, 번성한 중국의 문물과 제도를 말한다.
3 산성에서 … 그때 : 병자호란 때 남한산성에서 청나라에 굴복한 때를 말한다.

## 남한산성이 포위되었다는 소식을 듣고 [병자년]
## 聞南漢山城被圍 丙子

### 조상우趙相禹*

| | |
|---|---|
| 남한산성 외로이 달무리와 같은데 | 南漢孤城月暈同 |
| 누구의 손으로 중동¹을 막을지 모르겠네 | 不知誰手捍重瞳 |
| 포위를 풀어낼 진평의 계책² 보이지 않아 | 解圍未見陳平計 |
| 초왕을 속이고 신충을 돌이켜 생각하네 | 誑楚還思紀信忠 |
| 삼도의 대군들 전파처럼 궤멸하고 | 三道大軍隨電滅 |
| 백년 고관은 연기처럼 허공을 뒤쫓는데 | 百年高觀逐烟空 |
| 멀리서 북극성을 바라보며 눈물 흘리며 | 遠瞻斗極頻揮涕 |
| 웅검의 용트림이 칼집에서 나오누나 | 雄劍龍鳴出匣中 |

『時庵集』 卷1

---

\* 조상우趙相禹(1582~1657) : 조선중기의 문인. 본관은 양주楊州, 초명은 학성學聖, 자는 하경夏卿, 호는 시암時庵. 김장생金長生의 문인으로 이시직李時稷 등과 교유하였다.
1 중동重瞳 : 중동은 겹눈동자를 말함. 관상학에서 겹눈동자인 사람은 귀인 또는 패자霸者의 상이라 한다. 대순大舜·안자顏子·항우項羽·왕망王莽 등이 겹눈동자였다고 한다.
2 진평陳平의 계책 : 진평은 한나라의 정치가. 서초패왕 항우의 책사였으나 후에 유방을 도와 한나라를 건국하는 데 큰 공을 세웠다. 대세를 보는 뛰어난 안목을 가졌으며 상황을 파악하여 탁월하고 기이한 계책으로 그때마다 문제를 해결하였다.

## 남한산성의 포위망이 풀렸다는 소식을 듣고 [정축년]
聞南漢山城解圍 丁丑

조상우趙相禹

| | |
|---|---|
| 남한산성이 멀지 않건만 | 南漢城非遠 |
| 소식을 진정 알기 어려워라 | 難知消息眞 |
| 모두 소리쳐 좋은 소식이라 전하건만 | 咸昌傳吉報 |
| 사실은 성진[1]으로 암울하여라 | 文義暗腥塵 |
| 흰머리로 서쪽 산에 올라서 | 白首登西嶽 |
| 황혼에 북신[2]에 배알하나니 | 黃昏拜北宸 |
| 괴수[3]를 목 벨 수 없으니 | 鯨鯢未能斬 |
| 장부의 몸이 된 것이 부끄럽네 | 愧作丈夫身 |

『時庵集』卷1

---

1 성진腥塵: 비린내 나는 먼지, 곧 '전쟁의 기운'을 뜻한다.
2 북신北宸: '하늘의 북극성'이란 뜻으로 임금 계신 곳으로 '대궐'을 뜻한다.
3 괴수: 원문의 '경예鯨鯢'는 수코래와 암코래를 지칭한다. 작은 물고기를 잡아먹는 데서 근거하여 악인惡人의 우두머리인 '괴수魁首'의 비유로 쓰이는 말이다.

## 난리를 되새기며 배천 홍경택*에게 부치다
### 追述亂離寄洪白川景澤

이민구李敏求**

| | |
|---|---|
| 천구가 동쪽으로 땅에 떨어져 | 天狗東墜地 |
| 만백성 어육이 될 뻔했지¹ | 萬姓欲爲魚 |
| 살기가 푸른 하늘에 요동치고 | 殺氣盪穹碧 |
| 전쟁의 피가 도랑에 넘쳐났네 | 戰血沸溝渠 |
| 한 조각 남한산성 | 一片南漢城 |
| 참담히 임금 수레 떨어졌네² | 慘憺飄龍輿 |
| 나는 당시 강화도에 들어가 | 我時入海島 |
| 흐르는 눈물로 늘 소매 적셨지 | 灑淚每霑裾 |
| 전해 들으니 배천 군수는 | 傳聞白州守 |
| 칼 맞아 목숨 위태롭다지 | 鋒刃縷命餘 |

* 배천白川 홍경택洪景澤 : 배천은 황해도 연백延白의 옛 이름이다. 홍경택洪景澤은 홍집洪楫(1582~1638)으로, 본관은 풍산豐山, 자는 경택, 호는 연자燃髭이다.
** 이민구李敏求(1589~1670) : 조선중기의 문신. 본관은 전주全州. 자는 자시子時, 호는 동주東州·관해觀海. 실학자 이수광李睟光의 아들이다.
1 천구天狗가 … 뻔했지 : 병자호란이 발생하여 많은 인명이 희생되었다는 말이다. 천구는 소리를 내며 떨어지는 운성隕星으로, 천구가 떨어지면 전쟁이 일어난다고 한다.
2 한 조각 … 떨어졌네 : 병자호란 당시 인조가 남한산성에 고립된 것을 말한다.

| | |
|---|---|
| 깜짝 놀라 오장이 타들어가고 | 驚呼五情熱 |
| 분개하여 기분 풀리지 않네 | 感憤氣未舒 |
| 북쪽 나루에서 군사 막았지만 | 北津阻甲兵 |
| 책임 다 못해 눈 마르도록 울었네[3] | 眼枯違命車 |
| 어느새 사세가 뒤집어져 | 俄頃事反覆 |
| 가족들 거친 곳에 버렸네[4] | 百口委榛墟 |
| 정성껏 글을 지어 보내준 것은[5] | 殷勤機杼贈 |
| 실로 유해를 막 수습한 때였지 | 實及收骸初 |
| 가득한 벗의 정의 | 藹然友朋誼 |
| 마음에 새겨 길이 간직하리 | 銘鏤長內儲 |
| 내가 국법에 저촉되었다가 | 逮余觸邦憲 |
| 다행히 법망 성글어 벗어났는데 | 幸脫網羅疏 |
| 그대는 서울 입구에 누웠다가 | 君方臥京口 |
| 배 타고 고향집으로 돌아갔지 | 舟載返鄕廬 |
| 영결이 될 줄 뻔히 알면서도 | 熟知當永訣 |
| 애통하게도 소매 잡지 못했네 | 痛莫摻其袪 |
| 도깨비 땅으로 쫓겨난 신세 | 竄身魍魅區 |
| 만 리 멀리서 외로이 지낸다네 | 萬里邈離居 |

---

3  북쪽 … 울었네 : 이민구가 강화도를 지키고 있었지만 강화도가 함락되어 통곡하였다는 말이다. 북진北津은 강화도의 갑곶진甲串津을 가리키는 것으로 보인다. 명거命車는 임금이 하사한 수레인데, 여기서는 임무, 책임의 의미로 풀이하였다.
4  어느새 … 버렸네 : 이민구가 병자호란 당시 두 아들과 조카딸을 잃었기 때문에 이렇게 말한 것이다.
5  정성껏 … 것은 : 기저機杼는 베틀과 북이라는 의미로, 전하여 문장을 구성하는 기량을 뜻한다. 위魏나라 조영祖瑩은 자가 진법珍范인데 문학으로 세상에서 인정을 받았다. 그가 늘 사람들에게 말하기를 "문장은 모름지기 베틀에서 나와 일가의 풍골을 이루어야 한다. 어찌 다른 사람들과 함께 생활할 수 있으리오 文章須自出機杼, 成一家風骨, 何能共人同生活也."라고 하였다. 『魏書』 卷82 「祖瑩列傳」. 여기서는 홍집이 가족을 잃은 이민구를 위해 위로의 글을 지어 보내준 사실을 읊은 것이다.

| | |
|---|---|
| 죄인[6]은 사람들이 외면하니 | 刑徒衆所棄 |
| 오점을 씻을 수 없구나 | 點汚不可除 |
| 늘 두려웠지 눈 감기 전에 | 常恐瞑目前 |
| 친구 편지 끊어질까봐 | 曠絶故人書 |
| 문득 받아 본 몇 줄의 글 | 忽覩數行墨 |
| 귀한 보배가 손에 들어온 듯[7] | 落手重硨磲 |
| 오랫동안 헤어진 회포 얽히고설키니 | 綢繆久別懷 |
| 애타게[8] 그리운 마음 다시 어떠했으랴 | 飢渴復何如 |
| 죽어가는 혼을 되불러주고 | 招回濱死魂 |
| 애타게 그립던 마음 풀어주네 | 耿耿中心攄 |
| 손에 움켜쥐니 주옥과도 같은데 | 盈把比珠玉 |
| 꿈에서 깨는 듯 한숨만 느는구나 | 夢覺增累歔 |
| 덧없는 인생 각각 늙어가고 | 浮生各短髮 |
| 세상은 까마득히 험난하네 | 世路莾崎嶇 |
| 나는 늘그막에 쫓겨남 편안히 여겨 | 吾衰安放逐 |
| 객지 거처 외진 시골에 있다오 | 客寓在窮閭 |
| 앞날도 얼마 남지 않았으니 | 前期迫朝夕 |
| 어찌 세월[9]을 아까워하랴 | 焉敢惜居諸 |
| 나의 병은 근래 회복되어 | 予病近蘇息 |

6 죄인 : 원문은 형도形徒이나 의미상 형도刑徒가 타당하므로 죄인이라 번역하고, 원문도 바로잡았다.
7 문득 … 들어온 듯 : 홍집이 보내준 편지가 귀한 보배처럼 느껴진다는 말이다. 차거硨磲는 서역西域에서 생산되는 문합류文蛤類의 가장 큰 것으로 이를 다듬은 것은 칠보七寶의 하나로 장식에 사용되었다.
8 애타게 : 기갈飢渴은 주림과 목마름을 의미하는데, 여기서는 주린 사람이 밥을 찾고, 목마른 사람이 물을 찾듯 간절함을 의미한다.
9 세월 : 거저居諸는 일거월저日居月諸의 준말로, 세월이 흘러가는 것을 말한다. 『시경』 「일월日月」에 "해와 달이 하토를 굽어본다日居月諸, 照臨下土."라고 하였다.

| | |
|---|---|
| 푸른 강 내려다보네 | 傲睨滄江虛 |
| 긴 가래와 좋은 보습으로 | 長鑱與良耜 |
| 거친 밭 일굴 만하네 | 亦足理荒畬 |
| 게다가 고기 생각도 없으니 | 況無肉食慕 |
| 저녁밥 반찬 텃밭 채소면 그만이네 | 晚飯甘園蔬 |
| 서로 바라봐도 들과 구릉에 막혔으니 | 相望間原陸 |
| 어이하면 함께 나무하고 낚시하며 살아보나 | 何由偶樵漁 |
| 시운은 양구를 만났고[10] | 時運遘陽九 |
| 세상은 날마다 병드네 | 宇宙日瘡痍 |
| 방공은 끝내 홀로 떠났고[11] | 龐公竟獨往 |
| 공자도 돌아가자고 탄식하셨지[12] | 尼父歎歸歟 |
| 아아 우리 함께 노력한다면 | 嗚呼俱努力 |
| 거의 좋은 명예로 마무리하리라 | 庶幾終宴譽 |

『東州詩集』卷2

---

10 시운時運은 양구陽九를 만났고 : 혼란한 세상을 만났다는 말이다. 양구는 음양도陰陽道에서 수리數理에 입각하여 추출해 낸 말로, 4천 5백년 되는 1원元 중에 양액陽厄이 다섯 번 음액陰厄이 네 번 발생한다고 하는데, 1백 6년 되는 해에 양액이 발생하기 때문에 그런 이름이 붙여졌다고 한다. 일반적으로 엄청난 재액災厄을 말할 때 쓰는 용어이다. 『漢書』「律歷志上」.
11 방공龐公은 … 떠났고 : 혼란한 세상을 만나 은거한 사실을 말한다. 방공은 후한後漢의 방덕공龐德公으로, 방공 또는 방거사龐居士라고 부르기도 한다. 원래는 남군南郡의 양양襄陽에 살았는데, 형주자사荊州刺史 유표劉表가 초빙하자 나아가지 않고 가솔을 모두 거느리고 녹문산鹿門山에 들어가 다시는 세상에 나오지 않았다. 『後漢書』卷113「龐公列傳」.
12 공자孔子도 돌아가자고 탄식하셨지 : 도道가 행해지지 않자 돌아가고자 했던 공자의 고사를 말한 것이다. 『논어』「공야장公冶長」에 공자가 진陳나라에 있으면서 말하기를 "돌아가자, 돌아가자, 우리 무리의 젊은이들이 광간하여 찬란하게 문채를 이루었으나 재단할 줄을 알지 못한다歸與歸與, 吾黨之小子狂簡, 斐然成章, 不知所以裁之."라고 하였다.

## 연곡현에서 감회를 쓰다.
[2월 8일, 남한산성의 포위가 풀렸다는 소식을 듣고]
連谷縣感懷作 [二月初八日也 聞南漢解圍]

허목許穆<sup>*</sup>

| | |
|---|---|
| 비바람 몰아치고 까마귀 우는 깊은 이 밤에 | 半夜烏啼風雨昏 |
| 천지는 어이하여 이다지도 어두운가 | 天地晦塞何冥冥 |
| 사방에선 상처를 호소하고 있는데 | 四方號怨皆瘡痍 |
| 하늘은 창생들을 걱정하지 않누나 | 上天曾不問蒼生 |
| 슬프다 타향에 떠다니는 내 신세 | 嗟我流離在絶域 |
| 애끓는 오만 감정 무한히 괴로워라 | 百感悽惻惱我情 |
| 갈 곳 없이 문을 나와 머리만 긁적긁적 | 出門搔首無所歸 |
| 놀랄 만큼 찬바람 흩어진 머리에 스며든다 | 亂髮颯颯徒自驚 |
| 길에서 들리는 서울 소식<sup>1</sup> 웬 말인가 | 路聞西來消息惡 |
| 사직이 기운 것은 먼 백성도 눈물짓네 | 遐氓猶泣社稷傾 |

『記言』 卷63

---

\* 허목許穆(1596~1682) : 조선중기의 문신, 유학자. 본관은 양천陽川, 자는 문보文甫·화보和甫, 호는 미수眉叟이다.
1 서울 소식 : 청나라에 항복하였다는 소식을 말한다.

# 난리가 끝난 뒤에 서수부*에게 부치다
## 亂後寄徐秀夫

정두경鄭斗卿**

| | |
|---|---|
| 지난날에 장서기¹로 북변 군막 갔었을 때 | 昔掌書記北邊幕 |
| 그 당시에 그대 역시 유배를 온 객이었지 | 同時君亦爲謫客 |
| 객중에서 서로 만나 매일 서로 어울리며 | 客中相値日相過 |
| 하루라도 시를 읊지 않고 지낸 날 없었지 | 無有一日無吟哦 |
| 오월 달에 누각 올라 장백산을 바라보니 | 五月登樓望長白 |
| 산 가득한 하얀 눈에 얼음 높이 솟았었지 | 白雪滿山氷峨峨 |
| 두꺼운 얼음 아득 높아 변방 땅이 갈라질 때 | 層氷峨峨邊土拆 |
| 술 마음껏 마시면서 또한 맘껏 노래했지 | 無何縱飮且爲樂 |
| 다음 해에 다행히도 함께 서울 들어왔고 | 明年幸得同入洛 |
| 더군다나 남쪽 북쪽 마을에서 살았었지 | 況乃家住巷南北 |

* 서수부徐秀夫 : 서정연徐挺然(1588~?)으로, 본관은 남양, 자는 수부, 호는 사봉沙峰이다. 1625년(인조3)의 별시 문과에 병과로 급제하였다. 이후 전라 도사, 예조 정랑, 북평사, 태복시 정 등을 지냈다.
** 정두경鄭斗卿(1597~1673) : 조선중기의 문신. 본관은 온양溫陽. 자는 군평君平, 호는 동명(東溟)이다.
1 장서기掌書記 : 관찰사나 절도사의 아래에 있는 속관屬官으로, 문서의 작성을 담당하는 관원이다. 동명이 평사評事의 직에 있었으므로 한 말이다.

| 팔각정의 정자 앞에 봄이 정히 깊을 때엔 | 八角亭前春正深 |
| 노소 사람 모두 모여 봄 술 주고받았었지 | 少長咸集動春酌 |
| 이 세상의 만남 이별 정해진 게 없거니와 | 世間聚散不可常 |
| 그댄 다시 충주 고을 이천 섬[2]이 되어 갔지 | 君爲忠州二千石 |
| 이별한 뒤 서새에서 전쟁 먼지 일어나서 | 別後風塵西塞起 |
| 되놈 기병 하룻밤에 칠백 리나 들어왔지 | 胡騎一夜七百里 |
| 남한산성 성 머리서 뿔피리를 불었으며 | 南漢城頭吹畫角 |
| 남한산성 밖에서는 진영 구름 검었었지 | 南漢城外陣雲黑 |
| 여러 장수 옹병한 채 전진하지 않았는데 | 諸將擁兵莫肯前 |
| 검을 뽑아 베려 해도 나는 그럴 힘 없었네 | 拔劍欲斬我無力 |
| 내 그대와 더불어서 오합지졸 끌어모아 | 與君相議糾烏合 |
| 여사에서 손잡으매 눈물 줄줄 흘렀었지 | 旅舍握手涕橫落 |
| 빈말로는 되놈 군대 물리칠 수 없거니와 | 空談不得却秦軍 |
| 강개한 뜻 있다 한들 어찌 족히 논하리오 | 雖有慷慨何足論 |
| 임금 치욕 당한 그때 신하 죽지 못했으니 | 當年主辱臣不死 |
| 지금 와서 생각해도 부끄럽기 짝이 없네 | 至今追憶慙心魂 |
| 난리 끝난 뒤로부터 서울 떠나 있으면서 | 自從亂後辭輦轂 |
| 창강에서 와병할 새 머리 이미 희어졌네 | 滄江臥病頭已白 |
| 평생토록 썩은 쥐는 좋아하는 바 아니라[3] | 平生腐鼠非所嗜 |
| 늘그막에 흰 물새에 나의 마음 의탁했네 | 歲晩白鷗聊可託 |

2  이천 섬二千石 : 고을의 수령을 가리킨다. 한漢나라 때 고을 수령의 녹봉이 2천섬이었으므로 이렇게 칭한다.
3  평생토록 … 아니라 : 높은 관직에 오르는 것은 원하지 않았다는 뜻이다. '썩은 쥐'는 높은 벼슬자리를 말한다. 전국 시대 혜자惠子가 양梁나라의 재상으로 있을 때, 혹자가 혜자에게 "장자莊子가 와서 당신 대신 재상이 되려고 한다." 하였다. 그러자 혜자가 몹시 두려워하면서 전국에 수배령을 내려 장자를 찾아내게 했는데, 장자가 혜자를 찾아가서 "남방南方에 사는 원추鵷鶵라는 새는 썩은 쥐를 쳐다보지도 않는다."라고 말하였다. 『莊子』「秋水」.

| | |
|---|---|
| 문 나서면 호수와 산 눈 안으로 들어오고 | 出門湖山在眼中 |
| 문 앞에는 고기 잡는 늙은이가 오고 가네 | 門前來往釣魚翁 |
| 번거롭게 그대 내게 황금인⁴을 묻지 말게 | 煩君莫問黃金印 |
| 이 세상서 나는 바로 장장공⁵의 몸이라오 | 世路吾其張長公 |

『東溟集』 卷9

---

4　황금인黃金印 : 고관이 차는 인장을 말한다.
5　장장공張長公 : 당나라 사람으로 벼슬길에 나가지 않고 9대가 한집에 모여 살면서 화목하게 지냈던 장공예張公藝를 가리킨다.

# 함경도 안찰사로 나가는 정상서 세규를 전송하며[*]
## 奉送鄭尙書世規君則出按北道

정두경鄭斗卿

| | |
|---|---|
| 인조께서 지난날에 남한산성 계실 적에 | 仁祖昔在南漢城 |
| 제진 군사들 근왕하러 가길 머뭇거렸네 | 諸鎭逗橈勤王兵 |
| 그때 공은 호서 군사 거느리고 있으면서 | 是時我公領湖內 |
| 강개하여 생사 잊고 피눈물을 흘렸었네 | 慷慨泣血忘死生 |
| 군사들이 칼날 맞서 앞다투어 싸웠는데 | 士冒白刃爭死敵 |
| 상장으로 있으면서 사졸들에 앞장섰네[1] | 爲是上將先士卒 |
| 성패 따위 모름지기 논할 것이 없거니와 | 成敗利鈍不須論 |
| 그 정충은 해와 달을 꿰뚫을 만하였다네 | 精忠可以貫日月 |
| 명성 크게 빛나는 게 이로부터 시작되어 | 聲名燀赫從此始 |
| 청운 위에 오르는 걸 스스로가 쟁취했네 | 靑雲之上能自致 |
| 태창에선 호조 판서 적임 얻음 축하했고[2] | 太倉賀得判度支 |

---

[*] 세규世規: 정세규鄭世規(1583~1661)로, 본관은 동래東萊, 자는 군칙君則, 호는 동리東里이다. 여러 곳의 감사와 우참찬, 이조 판서 등을 역임하였다. 시호는 경헌景憲이다. 『승정원일기』 효종 즉위년(1649) 11월 19일 기사에 정세규를 함경 감사에 제수한 내용이 나온다.
[1] 그때 … 앞장섰네: 정세규는 충청도 관찰사로 있던 중 병자호란이 일어나 왕이 남한산성에서 포위되자, 근왕병을 이끌고 포위된 남한산성을 향하여 진격하다가 용인龍仁 험천險川에서 적의 기습으로 대패하였다. 그러나 충성심을 인정받아 면죄되고 전라도 관찰사에 제수되었다.

| | |
|---|---|
| 경사에선 도어사를 피한다고 칭하였네 | 京師稱避都御史 |
| 그댄 보지 못하였나 철령 북쪽 수천 리 땅 | 君不見鐵嶺之北數千里 |
| 백두산을 한계 삼고 바닷가에 있는 거를 | 限以白山邊海水 |
| 금상께서 즉위하여 북쪽 지역 걱정하다 | 今上卽位眷北顧 |
| 공께 명해 부월 잡고 그곳 진압하게 했네 | 命公仗鉞鎭玆土 |
| 인견할 때 임금 말씀 아주 정성스러워서 | 引見天語接慇懃 |
| 선조 때의 옛 신하를 크게 우대하였다네 | 禮數優待先朝臣 |
| 황금을 바로 도박으로 걸 물건이 아니거니 | 黃金不是爲注物 |
| 북문 맡을 적임자를 오직 가려 뽑은 거네[3] | 北門鎖鑰惟其人 |
| 세모라서 날씨 추워 빙설 꽁꽁 얼었는데 | 歲暮天寒氷雪壯 |
| 성 사람 다 송별 나와 모인 수레 백 대이네 | 傾城送別車百兩 |
| 전송하며 말 주는 걸 내가 감히 하랴마는 | 送人以言吾豈敢 |
| 애오라지 공을 위해 한마디 말 선사하리[4] | 聊復爲公贈一語 |
| 전에 공의 할아버지 되는 승상공께서는 | 公家王父丞相公 |
| 북방 사람 사랑하여 감당 은혜 끼쳤거니[5] | 北方人愛甘棠樹 |

2 태창太倉에선 … 칭하였네 : 정세규가 호조 판서와 대사헌을 지냈으므로 한 말이다. 태창은 호조의 별칭이다.

3 황금을 … 뽑은 거네 : 북쪽 변경을 방어하는 역할을 맡는 함경도 관찰사를 신중히 잘 가려서 적임자를 뽑았다는 뜻이다. 『장자莊子』 「달생達生」에 "기왓장을 내기에 건 자는 생각이 야릇해지고, 쇠로 만든 띠쇠를 건 자는 슬슬 겁을 내고, 황금 덩어리를 몽땅 건 자는 정신이 하나도 없게 된다[以瓦注者巧 以鉤注者憚 以黃金注者殙]."라고 하였다.

4 전송하며 … 걸 : 먼 길을 떠나가는 사람에게 지침이 될 만한 말을 해 주는 것을 말한다. 공자가 주周나라에 가서 노자에게 예禮를 묻고 떠나려 할 때, 노자가 공자를 보내면서 이르기를 "내가 들으니, 부귀한 사람은 사람에게 재물을 주어 보내고, 인한 사람은 사람에게 말을 주어 보낸다 하는데, 나는 부귀하지 못한 사람이니, 인한 사람의 호칭을 훔쳐서 그대에게 말을 주어 보내노라."라고 하였다. 『史記』 卷47 「孔子世家」.

5 전에 … 끼쳤거니 : 승상공은 선조조에 우의정을 지낸 정언신鄭彦信을 말한다. 정언신은 함경도 병마절도사로 나가 변민邊民을 잘 다스리고 녹둔도鹿屯島에 둔전屯田을 설치하여 군량미를 풍족하게 비축하였으며, 1583년(선조16)에 이탕개尼湯介가 쳐들어오자 우참찬으로 함경도 도순찰사에 임명되어 이순신李舜臣·신립申砬 등을 거느리고 적을 격퇴하였다. 이어 함경도 관찰사가 되어 북쪽 변방을 방비하였다. '감당甘棠'은 어진 관리의 아름다운 정사를 말하는데,

가서 부디 잘 다스려 조부 명성 뒤이으소        往哉家聲繼乃祖

『東溟集』 卷9

주周나라 때 소공召公이 북연北燕에 봉해져서 감당나무 아래에서 어진 정사를 펼치자, 소공이 죽은 뒤에 백성들이 소공을 그리워해 감당나무를 감히 베지 못하면서 「감당甘棠」 시를 지어 기렸다. 『史記』 卷34 「燕召公世家」.

남기[1]로 견책을 입어 평구역에 유배가다가 잠시 상서 남이공의 몽이정을 빌려 머물었는데 정자가 남한산성과 마주하고 있어 감회가 있기에
以濫騎被譴 配平丘驛 借寓南尙書以恭夢烏亭 亭對南漢山城 有感

이소한李昭漢*

| | |
|---|---|
| 지난 일을 헤아리니 생각이 끝이 없고 | 思量往事意無窮 |
| 남한산성의 깃발은 눈 안에 드는데 | 南漢旌旗在眼中 |
| 조정에서는 끝내 고친 것이 없다 할지라도 | 縱是朝廷終不改 |
| 그 배와 삿대[2] 역시 통하기 어렵다네 | 其於舟楫亦難通 |
| 별들이 모두 북극성을 둘러 있다고 기만 말고 | 星辰謾自皆環北 |
| 바다가 동쪽으로만 향한다고 말하지 말라 | 滄海休言必向東 |
| 누구를 의지해 황옥[3]의 소식을 물어보고 | 消息憑誰問黃屋 |
| 좋은 소식 잠시라도 청궁[4]에 알게 하리 | 好音乍喜報靑宮 |

『玄洲集』卷4

* 이소한李昭漢(1598~1645) : 조선중기의 문신. 본관은 연안延安. 자는 도장道章, 호는 현주玄洲. 월사 이정구李廷龜의 아들이다.
1 남기濫騎 : 역마驛馬에 관한 규정을 무시하고 함부로 말을 탄 자에게 내리는 형벌.
2 주즙舟楫 : 주즙은 배와 삿대로서 세상을 건지는 재상과 대신을 비유한 것이다. 『서경書經』「열명상說命上」에 "큰 냇물을 건널 때는 너로써 주즙을 삼겠다若濟巨川 用汝作舟楫."고 하였다
3 황옥黃屋 : 궁궐을 지칭함.
4 청궁靑宮 : 동궁東宮과 같은 말로 세자世子를 지칭함.

## 사시록 어은에게 바침 [2수]
## 四時錄 奉漁隱

채유후蔡裕後[*]

### 첫 번째 [一]

남한산성의 수많은 성가퀴가 열리니 南漢山城萬堞開
동쪽으론 양주 땅 한줄기 강물이 에돌고 東楊州地一江回
봄바람에 복사꽃 물결이 아득하기에 春風浩渺桃花浪
석양에 죽엽잔 기울이며 흠뻑 취한다네 斜日醺酣竹葉杯

『湖洲集』 卷3

---

[*] 채유후蔡裕後(1599~1660) : 조선후기의 문신. 본관은 평강平康, 자는 백창伯昌, 호는 호주湖洲이다.

## 두 번째 [二]

푸른 풀 우거진 강가에 생선가게 있고
푸른 버들 언덕밖엔 낚싯배 오는데
평생토록 맑은 생각 자주 얻기 어렵기에
네 운으로 시 짓나니 재촉하지 말게나

靑草岸邊漁店在
綠楊堤外釣船來
百年淸賞難頻得
四韻新詩且莫催

『湖洲集』卷3

# 김창주 중문의 만사
挽金滄洲仲文<sup>*</sup>

이유태李惟泰<sup>**</sup>

| | |
|---|---|
| 문장과 도덕은 삼세에 전해지고 | 文章道德傳三世 |
| 절의와 충정은 한 가문에 이르렀네 | 節義忠貞萃一門 |
| 남한산성에서 내가 죽지 못한 채 | 南漢山城吾未死 |
| 대명천지엔 오랑캐가 아직 남아 있네 | 大明天地虜猶存 |
| 격양하며 어찌 일신을 도모하지 않았으며 | 激揚豈是謀身計 |
| 경세제민에 본래 임금에 아첨하지 않았네 | 經濟元非媚主言 |
| 구천에서 이미 은혜와 원망을 잊었으리니 | 泉下已忘恩怨了 |
| 인간사 어떤 일로 시비를 논할건가 | 人間何事是非論 |

『草廬集』 卷10

---

\* 창주滄洲 : 김익희金益熙(1610~1656)의 호. 중문仲文은 자字임. 본관은 광산. 김장생의 손자이다. 장유張維·정홍명鄭弘溟에게서 고문을 배웠다. 1636년 병자호란이 일어나자 척화론자로서 청나라와의 화평을 반대하며, 강화도로 피신하지 못한 인조를 호위하여 남한산성에 들어가 독전어사가 되었다. 시호는 문정이다.
\*\* 이유태李惟泰(1607~1684) : 조선후기의 문신. 본관은 경주慶州. 자는 태지泰之. 호는 초려草廬이다.

## 창 앞의 매화를 읊다 [병자년 겨울. 오랑캐가 남한산성으로 밀어닥쳤을 때 이 시를 지어 걱정스러운 마음을 읊었다]
### 詠牕前梅 [丙子冬 虜逼南漢 作此以傷]

이현일李玄逸*

| | |
|---|---|
| 창 앞의 네 그루 매화나무 | 牕前四梅樹 |
| 황혼녘 달을 향해 피었어라 | 開向黃昏月 |
| 꽃 아래서 술을 마시렸더니 | 欲飮花下酒 |
| 오랑캐들이 성을 에워쌌다나 | 奴賊圍城闕 |

『葛庵集』 卷1

---

* 이현일李玄逸(1627~1704) : 조선중기의 문신. 본관은 재령載寧. 자는 익승翼昇, 호는 갈암葛庵이다.

## 징비록을 읽고 감회를 읊다 [기축년(1649, 인조27)]
### 讀懲毖錄有感 [己丑]

이현일 李玄逸

| | |
|---|---|
| 선조대왕 일찍이 서쪽으로 몽진하실 때 | 宣王昔遭西狩憂 |
| 한 모퉁이 용만에서 왕업이 어려웠었네 | 一隅龍灣王業艱 |
| 임금이 총명한 어진 신하들의 보필에 힘입어 | 主賴聰明輔由哲 |
| 한 번의 지휘로 위태로운 나라를 안전하게 만들었네 | 轉危措安指揮間 |
| 위로 천심을 감동시켜 천자가 눈살을 찌푸렸고 | 上格天心彩眉顰 |
| 아래로 피눈물로 얼룩진 백성들을 위로하였네 | 下慰黎元血淚斑 |
| 천병은 평양성에서 승리하고 | 天兵奏凱平壤城 |
| 우리 군사는 남해에서 무위를 떨쳤네 | 我師揚武南海灣 |
| 요사한 기운 모두 걷어내고 옛 도읍 회복하니 | 妖氛豁盡舊都復 |
| 죄를 꾸짖고 공을 치하하며 거가가 돌아왔네 | 策罪課功車駕還 |
| 천도는 무상하여 치란이 갈마드니 | 天道難常治亂迭 |
| 나라가 안정되자 임금은 세상을 떠나셨네 | 鼎湖龍騰鳳去霄 |
| 사십 년 뒤에 다시 병란이 일어 | 四十年來復瘡痍 |
| 남한산성의 깊은 수치는 씻을 수 없네 | 南漢深羞磨不銷 |
| 저들의 위세에 겁을 먹어 온 나라가 어지러우니 | 怯威趨風擧國迷 |
| 북쪽으로 가는 사신 빈번할 뿐 명나라는 아득하기만 하네 |

| 조당의 관원들 더 이상 중국의 법도가 없고 | 北使徒頻天路遙 |
| 도성에는 오랑캐 말만 시끄럽게 들리네 | 朝堂無復漢官儀 |
| 뭇 관료들 경국의 계책을 진달하는 자 없고 | 城闕徒聞胡語喧 |
| 지존은 군려가 번거로운 것을 깊이 꺼리시네 | 千官莫陳經國謨 |
| 오직 북쪽 오랑캐의 활과 말이 강한 줄만 아니 | 至尊深憚軍旅煩 |
| 어찌 우리에게 빼어난 산천이 있음을 생각하리 | 唯知北虜弓馬勁 |
| 일단의 군대로 오랑캐 소굴을 뒤엎지 못할지라도 | 豈料在我山川奇 |
| 나라의 형세를 이용한다면 해볼 만한 것이네 | 縱不懸兵覆豺穴 |
| 더구나 지금 호병은 세 변방을 대적하느라 | 據國形便猶足爲 |
| 군대는 쇠잔하고 자주 지쳐 있다네 | 況今胡兵敵三陲 |
| 전쟁에서 지친 틈을 이용함은 옛 책에 있는 말이니 | 師老爲殘數爲疲 |
| 요동을 제압하기는 지금이 좋은 때이네 | 兵乘勞悴古之經 |
| 산동에 격문을 보내면 누가 떨쳐 일어나지 않겠으며 | 控制遼壇誠得時 |
| 각도에 군대를 징발하면 누가 감히 지체하겠는가 | 投檄山東孰不奮 |
| 삼한의 재력이 적다고 말하지 말라 | 徵發諸州誰敢遲 |
| 조그마한 고구려도 일찍이 수나라를 대적했다네 | 休道三韓財力綿 |
| 몸은 초야에 묻혀 있고 구중궁궐은 깊으니 | 一片丸都曾敵隋 |
| 어리석은 충정 베풀 곳 없음이 한스럽네 | 身潛草野九重深 |
| 빈말은 보탬이 없고 허물만 초래하여 | 獨恨愚衷無所施 |
| 진편을 덮어 놓고 두 줄기 눈물만 흘리네[1] | 空言無補只招尤 |
| | 掩著陳篇雙涕垂 |

『葛庵集別集』卷1

---

[1] 진편陳編:『시경』「월출月出」에, "달이 떠서 환하게 비추니 아름다운 사람이 어여쁘도다月出皎兮 佼人僚兮."에서 인용한 말로, 뒤에 달을 읊은 시를 가리키는 말로 쓰였다. 여기에서는 충무공 이순신의 「한산도가」를 가리킨다.

# 남한기사 쌍운 50구
## 南漢記事 雙韻五十句

이하진 李夏鎭[*]

| | |
|---|---|
| 말을 타고 동쪽으로 사십리 가서 | 驅馬東行四十里 |
| 도착한 곳이 남한 개원사인데 | 到來南漢開元寺 |
| 근본을 연 사찰로 하늘이 떨친 날부터 | 開元之寺拂天起 |
| 산야에 복숭아 살구나무 향기 날렸네 | 山桃野杏香迤迤 |
| 웃으며 스님에게 어찌 이곳에 있는가 물으니 | 笑問居僧安用此 |
| 스님이 장난삼은 것뿐이라고 대답하네 | 居僧答云聊戲耳 |
| 그대는 천녀가 내려와 시험을 보았는가 | 君看天女爲下試 |
| 외물도 어쩔거나 선심이 죽었다네 | 外物無那禪心死 |
| 이 스님 예로부터 선지를 알았는지 | 此僧從來識禪旨 |
| 상대해 말없이 서로 보기만 하는데 | 相對無言兩相視 |
| 갑자기 대윤의 급한 서찰 도착하여 | 俄然大尹馳書至 |
| 나를 맞아 함께 공관에서 놀자하네 | 邀我同遊公舘裏 |
| 급히 청안을 문지르며 조급해 신도 거꾸로 신고 | 急揩靑眼忙倒屣 |

---

[*] 이하진 李夏鎭(1628~1682) : 조선후기의 문신. 본관은 여주驪州, 자는 하경夏卿, 호는 매산梅山 또는 육우당六寓堂. 실학자 이익李瀷의 부친이다.

| | |
|---|---|
| 물고기 자라가 쟁반에 오르고 술은 잔에 가득찼네 | 魚鱉登盤酒盈觶 |
| 올라와서 이날 마음껏 분에 넘침이 아득한데 | 登臨是日騁遠覬 |
| 죽여[1] 앞머리엔 성벽이 만치[2]나 되었네 | 竹輿前頭城萬雉 |
| 천주사는 가까이 도시에 접해 있고 | 天柱寺近接朝市 |
| 온조왕 사당은 폐해져 텅빈 유허만 남았네 | 溫王廟廢空遺址 |
| 제단의 이름은 예로부터 원수를 띠었는데 | 壇名自古帶元帥 |
| 높은 곳 지나니 하늘에 지척이 없네 | 高處去天無尺咫 |
| 지금도 아직 병정년 일을 기억하는데 | 至今猶憶丙丁事 |
| 부서진 성첩엔 한밤중에 화살이 쌓였고 | 敗堞中宵積楛矢 |
| 휴양[3] 외부 지원엔 개미도 끊겼으며 | 睢陽外援絶蟻子 |
| 하북 일개 지역엔 의사가 없었다네 | 河北一箇無義士 |
| 운제[4]로 밤에 항거함에 용맹과 지혜 의지하고 | 雲梯夜拒仗勇智 |
| 농서장군은 자신의 성이 이씨인데[5] | 隴西將軍身姓李 |
| 석양에 옛일을 생각하며 다시 옮겼으며 | 斜陽吊古更徙倚 |
| 팔짱 끼고 수염 날리며 분함이 그치지 않았네 | 扼腕張髥憤未已 |
| 국청사는 더욱 깊고 으슥한데 | 國淸僧院尤深邃 |

1  죽여竹輿 : 대나무로 만든 가마.
2  원문의 '치雉'는 성장城牆의 길이를 나타내는 척도尺度의 명칭이다.
3  휴양睢陽 : 춘추시대 송宋나라의 땅. 지금의 하남성河南省 상구시商邱市이다. 오吳·초楚 등 7국이 서한西漢 정권에 반기를 들고 일어났다. 이른바 '오초 7국의 난'이다. 주아부周亞夫는 명령을 받고 반란군 정벌에 나서 창읍昌邑으로 이르러 튼튼한 성을 거점으로 수비 태세에 들어갔다. 오·초군은 양梁 휴양睢陽으로 진군했다. 양에서는 사신을 보내 주아부에게 구원을 요청했다. 한 경제景帝도 주아부에게 양을 구원하라고 했다. 그러나 주아부는 병력을 움직이지 않았다. 다만 날랜 기병 한 부대를 보내 오·초의 식량 보급로를 차단했다. 오·초군의 공격은 계속되었지만 상황은 좀처럼 진전이 없었다. 거기에다 식량이 떨어지자 오·초는 결전을 서둘렀다. 그러나 주아부는 출전하지 않고 수비에만 치중했다. 오·초군은 굶주림에 시달려 퇴각하기 시작했다. 이때를 놓칠세라 주아부는 정예병으로 오·초군을 맹렬히 공격하여 대파했다.
4  운제雲梯 : 성을 공격할 때 사용하던 높은 사닥다리.
5  원문의 '농서장군隴西將軍' 이씨는 이능李陵을 지칭한다.

| | |
|---|---|
| 응상선사[6]가 주석하던 한 곳으로 | 應祥禪師住錫地 |
| 아직도 단벽이 남아 변함없이 푸르니 | 尙餘丹碧依蒼翠 |
| 복지와 영구[7]로 짝할 바가 없다네 | 福地靈區無與二 |
| 서문은 길이 끊겼는데 누가 설치하였나 | 西門路絶誰所置 |
| 북문은 험준한데 완전히 서로 똑같네 | 北門嶮崎宛相似 |
| 건장한 삼백명은 힘이 호랑이었는데 | 健兒三百力虎兕 |
| 일시에 나란히 충의의 넋이 되었네 | 一時倂爲忠義鬼 |
| 두천 쌍령[8]은 결국 무엇을 믿어야 했나 | 斗川雙嶺竟何恃 |
| 위급함을 검악에 봉화로 알릴 뿐이었네 | 危急纔通黔岳燧 |
| 강도의 패한 소식 옳지 않음을 알고서 | 江都敗報知非是 |
| 온 성의 군민들 혼을 모두 빼앗겼네 | 滿城軍民魂盡褫 |
| 어린아이에게 어찌 중책[9]을 맡길 수 있나 | 豎子何足托重寄 |
| 호남절도사 역시 아이들 놀이였다네 | 湖南節度亦兒戲 |
| 봉암은 옥정 산마루를 정면으로 마주했는데 | 蜂巖正對玉井峙 |
| 또한 슬픔을 남겨 칡덩쿨이 엉키어 있네 | 且置悲愁攀葛藟 |
| 암자 명칭 망월에 무슨 아름다움 있는가 | 菴稱望月名何美 |
| 우러러보니 맑고 높아 지위를 차지했네 | 仰視淸高占地位 |
| 책상자를 끌어다 서사를 읽기에 가장 적합한데 | 寂宜携笈讀書史 |
| 얼마나 많은 시인들이 이름을 남겼나 | 幾多騷人留姓字 |
| 동문 북쪽엔 장경사가 감춰졌고 | 東門以北長慶秘 |

---

6  응상선사應祥禪師(1572~1625) : 어려서 구월산九月山의 성행性幸대사에게 출가하였으며, 사명泗溟대사의 적통 제자이다. 1625년(인조3)에 사문沙門이 남한성南漢城을 쌓는데 총 감독으로 공을 세워 팔도도총섭八道都總攝에 제수되었으나 완강히 사양하고 받지 않았다. 조정에서 묘담국일도대선사妙湛國一都大禪師의 호칭을 제수하였다. 법호는 송월당松月堂이다.
7  복지福地는 신선이 사는 천하의 절승絶勝을 말하며, 영구靈區는 신비한 구역을 뜻한다.
8  두천斗川과 쌍령雙嶺은 경기도 광주 쌍령동에 있는 하천과 산 이름이다. 병자호란 때 격전지였다.
9  원문의 '중기重寄'는 "무거운 임무를 부탁받음" 또는 "중요한 임무의 위임"을 뜻하는 말이다.

| | |
|---|---|
| 승복 입고 지팡이 짚은 사람 서너명이네 | 緇衣筇杖人三四 |
| 손에 조판을 들고 서로 보이는데 | 手持棗板爲相示 |
| 송설체[10]가 책장의 기술을 독점하였네 | 松雪獨擅書廚技 |
| 벽에 시를 남김이 어찌 우연뿐인가 | 留詩壁上豈偶爾 |
| 한 통의 봄술에 사람들 빨리 취하고 | 一樽春醪人徑醉 |
| 여흥을 끌어다가 맑은 운치 찾으려다 | 強拖餘興尋淸致 |
| 낚시 즐기려 다시 연당으로 향하네 | 釣鉤更向蓮塘理 |
| 연당의 봄이 따뜻하니 물이 기름진 듯하고 | 蓮塘春暖水如膩 |
| 저녁 무렵 낚싯대 들고 좋은 미끼 던져두니 | 竟夕持竿設香餌 |
| 한 자 실한 대어가 곧바로 꿈틀대는데 | 大魚盈尺正潑剌 |
| 한가닥 낚싯줄로 맑은 물가에 끌어내네 | 一綸曳出淸波涘 |
| 아이들 손뼉치고 태수는 기뻐하며 | 兒童拍手太守喜 |
| 이 연못 장차 고양과 비할 만하리 | 此池將與高陽比 |
| 다음날 한나라가 흥한 처음을 토론하는데 | 明朝探討漢興始 |
| 대사에게 술이 있으나 기다리며 고민하네 | 大師有酒煩相俟 |
| 무성 벼랑의 꿀은 향기가 이빨에 넘치고 | 武城崖蜜香溢齒 |
| 쟁반에 아울러 양후의 감[11]을 보냈는데 | 盤中兼致梁侯柿 |
| 스님의 정겨움[12]은 의리가 문제 아니니 | 山人情味辭無義 |
| 창려와 혜원[13]처럼 참으로 같다네 | 昌黎惠遠眞堪擬 |
| 깊은 숲 물색함이 생각 같지 않았는데 | 深林物色不可意 |
| 먼 눈길이 이미 남쪽 제단 가리킴을 알았네 | 遠眸已覺南壇指 |

10  송설체松雪體 : 중국 원나라의 서예가인 조맹부趙孟頫의 글씨체.
11  양후의 감梁侯柿 : 홍시紅柿를 지칭하는 말임.
12  정미情味 : 따뜻한 정으로부터 느껴지는 맛.
13  '창려昌黎'는 당송팔대가唐宋八大家의 한 사람인 한유韓愈의 호號이며, 혜원惠遠은 동진東晉의 스님이다.

| | |
|---|---|
| 족지봉은 드높이 책상처럼 빗겨 있고 | 足枝峯高橫似几 |
| 종남을 돌아다보니 저녁연기가 붉네 | 回望終南暮烟紫 |
| 초루와 가학은 지리를 얻었고[14] | 譙樓駕壑得地利 |
| 험준한 아홉구비[15]는 바라볼 뿐이네 | 九折羊腸看不翅 |
| 삼배주 마실 사람은 과연 누구인가 | 成三對酒果誰氏 |
| 헌릉의 재랑[16]이 와서 팔을 잡네 | 獻陵齋郞來把臂 |
| 승경에서 우유함은 그대가 베푼 것으로 | 優遊勝境亦君賜 |
| 이 모임 계속해서 바꾸지 못함을 응당 알리 | 此會應知繼未易 |
| 피곤해지자 생각은 말고삐를 쉬려 하고 | 倦來思欲息鞍轡 |
| 숲 밖의 남당은 이제 멀고도 가깝네 | 林外南唐今遠邇 |
| 청송 그림자 속에 천화[17]가 떨어지고 | 靑松影裏天花墜 |
| 불등이 깜빡이며 사미승이 모시는데 | 佛燈明滅沙彌侍 |
| 세상 온갖 사물이 서로 아름다움을 뽐내고 | 森羅萬象相嫵媚 |
| 도처마다 머물러 마음껏 마시고 시를 짓네 | 隨處停盃吟賞恣 |
| 한들한들[18] 산속 달은 객의 생각을 이끌고 | 依依山月引客思 |
| 작은 창의 텅빈 휘장은 잠 못 이루게 맑네 | 小窓虛幌淸無寐 |
| 갑자기 무릎을 치며 길게 한숨 쉬는데 | 忽然擊節更長喟 |
| 천연의 요새를 어찌 쉽게 포기할 수 있는가 | 天險寧容容易棄 |
| 여주 이천 관할하며 양평 지평이 속하였고 | 管轄驪利隷楊砥 |

14 초루譙樓는 대궐이나 성 등의 문 위에 사방을 볼 수 있도록 다락처럼 지은 집. 가학駕壑은 해자垓子를 뜻한다. 지리地利는 땅의 생긴 모양의 이로움을 뜻한다.
15 원문의 '구절양장九折羊腸'은 험한 길 아홉 구비가 양羊의 창자처럼 구불구불함을 표현한 말이다.
16 헌릉獻陵은 조선 태종과 그의 비 원경 왕후의 능이다. 재랑齋郎은 조선시대 능묘의 참봉을 달리 이르는 말이다.
17 천화天花 : 하늘에서 내리는 꽃이란 뜻으로, 눈雪을 이르는 말이다.
18 원문의 '의의依依'는 연약한 나뭇가지가 바람에 한들거리는 모양, 또는 아쉬워하는 모양, 사모하는 모양을 뜻하는 말로 쓰인다.

| | |
|---|---|
| 육창에는 군량이 풍부하고 넘치는데 | 六倉陳陳饒餉饋 |
| 부백은 교남[19]의 치소를 바꾸지 못했고 | 府伯未變嶠南治 |
| 사마는 지금 수어사를 겸했네 | 司馬今兼守禦使 |
| 무릇 오늘부터 큰 뜻을 분발하여 | 庶從今日奮大志 |
| 다시는 그해의 무능한 관료[20]가 없기를 | 無復當年肉食鄙 |
| 들새도 몸속까지 부끄러워 호소하는듯하고 | 野鳥如訴體府恥 |
| 시냇가 꽃도 상서의 무릎 꿇음을 비웃는듯하네 | 溪花猶笑尙書跪 |
| 사람의 꾀 한번 실수는 시운이 아니며 | 人謀一失時運否 |
| 오십년이래 아직도 상처가 남았는데 | 五十年來尙瘡痏 |
| 산승에서 산승으로 서로 기억하게나 | 山僧山僧且相記 |
| 서쪽 변방의 근심스런 구름이 버쩍 힘쓰고 있네 | 西塞愁雲正贔屓 |

병진년(1736년) 봄에 나는 도간에서 파직되어 잠시 여가를 얻어 남한산성으로 달려갔다. 당시 심문숙이 남한윤이었다. 서로 말고삐를 나란히 하여 성가퀴를 유람하였다. 헌릉참봉 이□가 마침 와서 함께 유람하였다.
[丙辰春. 余罷都諫. 得少暇. 馳往南漢山城. 時沈文叔爲南漢尹. 相與聯轡. 游覽雉堞. 獻陵參奉李□適來同遊]

『六寓堂遺稿』册一

---

19 교남嶠南 : 조령의 남쪽이라는 뜻으로, '경상도'를 이르는 말.
20 원문의 '육식비肉食鄙'는 "고기를 먹는 사람들은 도량이 좁다."는 뜻으로, 높은 지위에 있고 풍요로운 생활을 하는 사람들은 안목이 짧음을 이르는 말이다. 일반적으로 무능하거나 제 욕심만 챙기는 벼슬아치들을 낮춰 부를 때 쓰이는 말이다.

## 연양부원군 이시백 만사 [경자년(1660, 현종1)]
## 延陽府院君 李公時白* 挽 [庚子]

김수항金壽恒**

| | |
|---|---|
| 부자와 형제가 모두 나라에 공훈 세워 | 勳名兩世弟兄俱 |
| 지위와 명망이 세 조정 장상에 올랐네 | 位望三朝將相都 |
| 순수한 행실이 어찌 학문으로 성취되리오 | 純行豈須由學就 |
| 지성이야 원래 말 안 해도 절로 미더운 법 | 至誠元自不言孚 |
| 대대로 은전 받았건만 옛 그대로 청빈했고 | 家承錫賚寒仍舊 |
| 한 몸에 안위가 매여 어리석은 듯 지켜 냈지 | 身佩安危守若愚 |
| 무엇보다 생각나는 건 옛날 남한산성 전투 | 最憶昔年南漢戰 |
| 오경에 높다란 성첩에서 홀로 몸을 잊었지 | 五更危堞獨忘軀 |

『文谷集』 卷2

---

* 이시백李時白(1581~1660) : 조선후기의 문신. 본관 연안延安. 자는 돈시敦時. 호는 조암釣巖. 시호 충익忠翼이다.
** 김수항金壽恒(1629~1689) : 조선후기의 문신. 본관은 안동安東. 자는 구지久之, 호는 문곡文谷이다.

# 새 집이 남한산성과 정면으로 마주해 감회가 있어
## 新齋正對南漢山城有感

박세채朴世采*

| | |
|---|---|
| 우러러 보니 아득한 하늘은 멀고 | 仰視玄天逈 |
| 앞에는 푸른 물이 빗겨 있으며 | 前臨碧水橫 |
| 새 집의 전망은 끝이 없는데 | 新齋望不極 |
| 옛 자취에 마음이 평탄치 않네 | 舊蹟意難平 |
| 천금골¹은 적막하고 | 寂寞千金骨 |
| 칠리성²은 쓸쓸하여라 | 蕭條七里城 |
| 인경³은 아직도 손에 있는데 | 麟經猶在手 |

---

\* 박세채朴世采(1631~1695) : 조선후기의 문신. 본관은 반남潘南. 자는 화숙和叔, 호는 현석玄石·남계南溪이다.

1 천금골千金骨 : '천금매골千金買骨'의 준말. 천금으로 말의 뼈를 산다는 뜻으로 전의되어 걸출한 인재를 구하려면 정성을 다해야 한다는 뜻으로 쓰인다. 또는 걸출한 인재를 뜻한다.

2 칠리성七里城 : 7리에 걸쳐져 쌓은 작은 성곽을 뜻함. 맹자孟子가 전쟁에서 인화人和를 강조하면서 " 작은三里 성城과 칠리七里의 성곽郭을 에워싸고 공격하나 이기지 못할 때가 있다. 에워싸고 공격할 때는 반드시 하늘의 때天時를 활용하였겠지만, 그런데도 이기지 못하는 것은 천시天時가 땅의 이로움地利만 못해서이다. 성城이 높지 않은 것도 아니고, 못이 깊지 않은 것도 아니며, 병기와 갑옷이 굳고 날카롭지 않은 것도 아니고, 식량이 많지 않은 것도 아닌데도, 내버리고 떠나게 되나니, 이것은 지리地利가 인화人和만 못해서이다."고 하였다.

3 인경麟經 : 공자가 지은 『춘추春秋』의 별칭. 기린은 유교에서 인수仁獸로서 유교를 대표하는 상징물이기 때문에 붙어진 명칭이다.

언제나 티끌이 맑아짐을 보게 될꼬　　　　幾日見塵淸

　　　　　　　　　　　　　　　　　　　『南溪集』 卷3

# 감회를 서술하다
述懷

이의현 李宜顯[*]

선친께서 경오년(1690, 숙종16)에 시골집에 은거하실 적에 율시로 평소의 회포를 기술하여 '동東' 운부터 '함咸' 운까지 총 30수를 지었는데, 삼연三淵 김공金公께서 이 문장의 운치와 필력의 아름다움을 지극히 칭찬하셨다. 이제 불초한 내가 늙어 한가하게 지내며 일이 없기에 삼가 선친의 작품을 본받아 짓되 나의 출처의 대략을 간략히 서술하여 차례로 압운押韻해서 한결같이 옛 규범을 따랐으나, 다만 구어句語가 졸렬하고 난삽하여 거의 체제를 이루지 못하였기에 깊이 부끄러울 따름이다. 기미년(1739, 영조15)

先君子於庚午 遯居鄕舍 以律詩述平生 自東至咸凡三十首 三淵金公亟稱其詞致筆力之美 今不肖年老居閒無事 謹倣先作 略叙出處大致 次第順押 一依舊軌 只以句語拙澁 殆不成體樣 深爲愧仄云爾 己未

---

[*] 이의현李宜顯(1669~1745) : 조선후기의 문신. 본관은 용인. 자는 덕재德哉, 호는 도곡陶谷이다. 부친은 좌의정 이세백李世白, 모친은 군수 정창징鄭昌徵의 딸이고, 홍익한洪翼漢의 외손녀이기도 하다.

## 스물 네 번째 [其二十四]

| | |
|---|---|
| 남한산성의 수어청에서 병권을 맡으니 | 漢堞中權守禦廳 |
| 엉성한 재주로 중임을 맡아 비틀거림 부끄러웠지 | 疎才重寄愧竛竮 |
| 못난 선비 이곳에 있음은 참으로 본성과 어긋나고 | 小儒處此違眞性 |
| 선친의 자취 지금까지 몇 년이나 되었는가 | 先蹟經今積幾齡 |
| 보장과 견사로 쇄약을 엄중히 하고 | 保障繭絲嚴鎖鑰 |
| 방패와 병기를 정비하여 성문을 견고히 하였네 | 敲干敕甲固門扃 |
| 한마음으로 가다듬어 공렬 계승할 것을 생각하여 | 一心淬厲思追烈 |
| 항상 남기신 계획 단속하기를 스스로 다짐하였노라 | 恒檢遺籌用自銘 |

『陶谷集』 卷4

# 행금인
# 行琴引

권만權萬[*]

| | |
|---|---|
| 누더기 늙은이[1] 거문고를 안고 | 懸鶉老夫抱行琴 |
| 봄날 한강 물가로 잇달아 가는데 | 春日行行漢江潯 |
| 거문고 배통에서 송진이 불어나고 | 琴腹洞中松液滋 |
| 암수 줄에는 오죽 비녀 얽혔네 | 雌雄絃纏烏竹簪 |
| 백마의 흰 갈기 흩어져 실 같고 | 白馬鬃白散如絲 |
| 손을 당기니 소리 오르고 밀치니 깊어지며 | 引手聲揚推手沉 |
| 거문고 타면서 두세 소리 내네 | 抱琴彈出兩三聲 |
| 남한산성 위에 있던 오랑캐 병사 | 南漢山城上胡兵 |
| 남한산성에 오랑캐 병사 들어와서 | 南漢山城胡兵入 |
| 이리저리 들어와서 산성을 살피고 | 此入彼入窺山城 |
| 팔로의 근왕병은 도착하지 않았네 | 八路勤王兵未至 |
| 호서의 방백들 기운이 편치 않고 | 湖西方伯氣不平 |

---

[*] 권만權萬(1688~?) : 조선후기의 문신. 본관은 안동安東. 자는 일보一甫. 호는 강좌江左이다.
[1] 누더기 늙은이 : 원문의 '현순懸鶉'은 해진 옷. 옷이 해져서 너덜너덜한 것이 메추라기의 꽁지깃이 빠진 것과 같다는 뜻에서 하는 말. 또는 메추리를 매단 듯이 너덜너덜하다는 뜻임. 순의鶉衣.

| 대쌍령 밖엔 화염과 비린내 뒤덮고 | 大雙嶺外火焰腥 |
| 강도는 하룻밤 비바람에 놀랐는데 | 江都一夜風雨驚 |
| 성중의 장사들은 막을 방법 모르고 | 城中將士不知防 |
| 남한산성은 아침저녁으로 기울어 가네 | 南漢山城朝暮傾 |
| 낮은 소리로 남모르게 연주하니 말할 수 없고 | 低聲暗奏未敢言 |
| 회오리바람이 오랑캐 감영 무너뜨리려는 듯한데 | 意恐風飄落胡營 |
| 월봉 서쪽을 바라보니 전막이 드높네 | 望月峯西氈幕高 |
| 세고탄 주변엔 철기가 분병한데 | 洗姑灘邊鐵騎明 |
| 마호대와 용호대²가 말을 치달려 | 馬胡勒馬龍胡馳 |
| 흑한³의 군영 앞에는 살기가 돌았네 | 黑汗營前殺氣橫 |
| 성중에 일찍이 대비하기를 바랐건만 | 我願城中早爲備 |
| 열 겹 행궁에서 거문고 홀로 우네 | 十匝行宮琴獨鳴 |
| 수구문이 낮아 적이 쉽게 들어오고 | 水口門低賊易入 |
| 서장대 높아 적이 포위하기 어렵거니 | 西將臺高賊難嬰 |
| 먼거리의 현군⁴은 열가지 금기를 범하였네 | 萬里懸軍犯十忌 |
| 다시 삼한의 굳센 병력으로 | 況復三韓兵力勍 |
| 한 번 두 번 두들기니⁵ 줄이 끊어질듯 | 一鼓二鼓絃欲絕 |
| 황궁⁶엔 나의 충성이 비치지 않네 | 皇穹不照余衷誠 |
| 휘장 안에선 책사가 누구인지 묻는데 | 幄中謀士問爲誰 |
| 끝내 군왕이 성에서 내려와 회맹케 하였네 | 終使君王下城盟 |

2   마호馬胡는 마부대馬夫臺를 지칭하며, 용호龍胡는 용골대龍骨大를 지칭함.
3   흑한黑汗 : 카라한왕조哈剌汗朝를 한자로 표기한 것임.
4   현군懸軍 : 군의 부대가 본대를 떠나 적지에 깊이 들어감, 또는 적지에 깊숙이 들어간 부대를 뜻한다.
5   병사를 훈련하거나 전투할 때 "북을 한 번 두들기면 병사들은 정렬하고, 두 번 두들기면 진을 친다一鼓整兵, 二鼓習陳."고 한다.
6   황궁皇穹 : 환구단 안에 하늘과 땅의 모든 신령의 위패를 모신 곳.

| | |
|---|---|
| 문득 거문고가 치성[7]으로 바뀌었네 | 却抱行琴轉徵聲 |
| 명나라는 동정을 경리하였지만 | 大明經理東征行 |
| 성중의 의사들 비웃들 눈물 흘리고 | 城中義士淚如雨 |
| 자결하여 죽음으로 영예를 삼았네 | 抉腹經喉死爲榮 |
| 거문고여 거문고여 무슨 보탬이 되는가 | 行琴行琴竟何補 |
| 남한산성은 부질없이 높기만 하여라 | 南漢山城空崢嶸 |
| 이후로 일백이년이 되었네 | 邇來一百有二年 |
| 유독 거문고 악보가 전하는 것은 | 獨有行琴舊譜傳 |
| 내 듣기를 옛날에 곽리자의 | 吾聞昔者霍里子 |
| 아내가 공후로 본떠 조선에서 나왔다고 하네 | 妻寫箜篌出朝鮮 |
| 동방의 소리는 감개함이 많고 | 東方之音多感慨 |
| 거문고 별조는 특히 분개한데 | 行琴別調殊懣悁 |
| 남한산성 성곽이여 가련하도다 | 南漢山城城可憐 |

『江左集』卷3

---

7  치성徵聲 : 궁宮·상商·각角·치徵·우羽 5성五聲의 넷째 소리.

# 북관행
# 北館行

### 황경원黃景源*

| | |
|---|---|
| 현자가 있어 순수를 행하였으니 | 有賢人兮行純粹 |
| 천하를 위하여 대의를 밝혔다네 | 爲天下兮明大義 |
| 남한산성이 포위되었는데 원병이 이르지 않아 | 南漢被圍兮援不至 |
| 모신[1]이 붓을 잡고 화의를 주장하였네 | 謀臣操筆兮主和議 |
| 문정공[2]이 편지를 찢고 피눈물을 뿌리며[3] | 文正裂書兮灑血淚 |
| 엿새 동안 먹지 않고 또 목을 맸다네[4] | 六日不食兮又自縊 |

---

* 황경원黃景源(1709~1787) : 조선후기의 문신. 본관은 장수長水. 자는 대경大卿. 호는 강한유로江漢遺老. 시호는 문경文景이다.
1 모신謀臣 : 모신은 계략에 능한 신하라는 뜻으로, 여기서는 병자호란 때 후금後金과의 강화를 주장한 최명길崔鳴吉 등을 가리킨다.
2 문정공文正公 : 김상헌金尙憲의 시호이다.
3 문정공이 … 뿌리며 : 병자호란 이듬해인 1637년 1월 16일에 최명길崔鳴吉이 묘당廟堂에서 화친을 청하는 글을 초하고 있는데 김상헌이 그 글을 읽다가 분격을 억제하지 못하여 마침내 통곡하고 찢어 버리면서, '공들은 어찌 차마 이런 일을 합니까.'라고 하였다고 한다. 『宋子大全』 卷182 「石室金先生墓誌銘」.
4 엿새 … 맺다네 : 『인조실록』 15년 1월 28일과 30일의 기록에 의하면, 강화도가 함락되고 그곳에 있던 왕비와 왕자, 신료와 그 가족들이 끌려와서 청 태종이 머물고 있는 삼전도의 본진에 수용되자 남한산성 안의 분위기는 순식간에 강화講和 쪽으로 쏠렸고 인조가 성을 나가 항복하기로 결정하였다고 한다. 이에 예조 판서 김상헌은 여러 날 음식을 끊고 있다가 스스로 목을 맺는데, 자손들이 구조하여 죽지는 않았다고 하였다. 또 『송자대전』 제182권 「석실김선생묘지명石室金先生墓誌銘」에 의하면, 1637년 1월 16일에 김상헌이 물러 나와 드디

| | |
|---|---|
| 학가산에 들어가니 안개와 놀 깊은데[5] | 入鶴駕山兮煙霞秘 |
| 높은 관직 마다하길 짚신을 벗어버리듯 하였네[6] | 遺外軒冕兮如脫屣 |
| 서쪽으로 개주[7]를 바라보며 분노를 이기지 못하고 | 西望盖州兮不勝恚 |
| 원병을 힘써 간하니 죽음을 피할 수 없었네[8] | 力諫助兵兮死不避 |
| 동관[9]에 잡혀 갔으니 다시 무엇이 부끄럽겠는가 | 逮繫東館兮復何愧 |
| 북관으로 옮겨져 온갖 곤액을 다 겪었네[10] | 遷之北館兮困厄備 |
| 군자의 충성과 신의가 천지를 감동시키니 | 君子忠信兮感天地 |
| 적국이 경복하여 남관에 두었네[11] | 敵國敬服兮南館置 |
| 다음해에 풀려나서 재상의 자리에 오르니 | 明年釋還兮登台位 |
| 만년에 나아가 어질고 지혜로운 이를 천거하셨네[12] | 晚節一就兮薦賢智 |

어 자정自靖할 계획을 세우고 6일을 굶고 또 목을 매었으나 곁에 있는 사람이 급히 구하였다고 한다.

5 학가산에 … 깊은데 : 1637년 1월 30일에 인조가 남한산성을 나와 청나라 군대에 항복하자 김상헌이 길가에 나와 엎드려 망배望拜하고 통곡하였으며, 그 후 2월에 남한산성을 나와 안동 학가산鶴駕山으로 돌아가 서미동西薇洞에 은둔하였다고 한다. 『宋子大全』 卷182 「石室金先生墓誌銘」.

6 높은 … 하였네 : 병자호란이 끝난 후 조정에서 병자호란 때 인조를 호종한 신하들에게 품계를 올려 상을 주었다. 이때 김상헌 역시 종1품인 숭록대부로 가자加資 되었으나 김상헌은 상소를 올려 사양하였다.

7 개주盖州 : 지금의 중국 요령성遼寧省에 있었던 주州의 이름으로, 청나라 때는 개평현盖平縣이 설치되었던 곳이다.

8 원병을 … 없었네 : 1639년 기묘년에 청나라가 명나라를 공격하기 위해 조선에 출병을 요구하자 조정에서는 군대를 보내 청나라를 돕기로 하였다. 김상헌이 이 말을 듣고 아들을 거느려 아버지를 치는 것은 따를 수 없다면서 '범이 우리를 잡아먹었는데, 우리가 차마 범을 위하여 창귀倀鬼가 되어서야 되겠는가.'라고 하며 원병을 반대하는 상소를 올렸다고 한다. 『宋子大全』 卷182 「石室金先生墓誌銘」. 이 말이 청나라 조정의 귀에까지 들어갔고, 1640년 11월에 청나라의 차사差使가 의주義州까지 나왔다. 이에 김상헌은 조정의 명을 받고 심양으로 압송되었다가 6년 후인 1645년에야 겨우 풀려나 귀국할 수 있었다.

9 동관東館 : 심양에 있는 관소館所의 하나로, 청나라에서 김상헌 등 조선인을 이곳에 억류하였다.

10 북관으로 … 겪었네 : 김창협의 『농암집』 제26권 「표정준表廷俊의 일을 기록하다」에 의하면, 1641년 신사년에 김상헌이 북관에 들어가자 가시나무로 에워싸고 문을 잠근 채 3일 동안 음식을 주지 않았으며 이윽고 대우가 조금 관대해지긴 하였으나 여전히 사람이 견딜 만한 정도가 아니었다고 기록하였다.

11 적국이 … 두었네 : 청나라는 김상헌을 북관北館에 유폐하였다가, 1643년 여름 4월에 남관南館인 질관質館으로 풀어 보내어 인질로 잡혀 있던 세자를 따르게 하였다.

거유가 임금의 부름에 나아가 아침저녁으로 모시며    鴻儒赴召兮朝夕侍
의로운 명성을 천하에 드날렸으니 누가 주신 것인가    義聲布揚兮其誰賜

『江漢集』 卷2

---

12  만년에 … 천거하셨네 : 김집金集 등 서인계 산림山林의 등용을 적극 권고한 것을 말한다.

# 나대부가
## 羅大夫歌

황경원黃景源

| 북두자루는 북극성을 향해 읍하고[1] | 斗杓有北拱 |
| 풍수는 동쪽으로 흐르네[2] | 豐水有東流 |
| 신하가 임금을 섬기는 것 또한 이와 같아서 | 人臣事上亦猶是 |
| 오직 한 마음을 견지하며 끝내 아첨하지 않는다네 | 唯持一心終不媮 |
| 열렬한 나 대부[3]는 | 烈烈羅大夫 |
| 사신의 명을 받들고 만주로 들어가 | 奉使入滿洲 |

---

1  북극성을 향해 읍拱하고: 북두자루가 북극성을 향한다는 것은, 공자孔子가 『논어』「위정爲政」편에서, "정치를 덕으로 하는 것은, 비유하자면 북극성이 제자리에 머물러 있는데 여러 별들이 그에게로 향하는 것과 같다爲政以德, 譬如北辰居其所而衆星拱之."라고 한 것과 같은 의미이다.
2  풍수는 동쪽으로 흐르네: 『시경』「문왕유성文王有聲」에 "풍수豐水가 동쪽으로 흐르니 우 임금의 공적이로다豐水東注, 維禹之績."라는 말이 나온다. 풍수는 동북쪽으로 흘러 위수渭水를 거쳐서 황하黃河로 들어간다. 치산치수治山治水를 잘한 우 임금 덕분에 강물이 범람하지 않고 순리대로 흘러서 바다로 들어가게 되었다는 말이다.
3  나대부: 나덕헌羅德憲(1573~1640)을 지칭함. 나덕헌은 조선 중기의 무신으로 본관은 나주羅州, 자는 헌지憲之, 호는 장암壯巖이다. 1603년에 무과에 급제한 후 선전관을 거쳐 이괄의 난 때 도원수 장만張晩의 휘하에서 종군하였다. 안현전투鞍峴戰鬪에서 큰 공을 세워 진무원종공신에 봉해졌고, 길주목사·창성부사·의주부윤 등을 역임하였다. 1636년에 춘신사春信使로 심양에 갔다가 청나라 조정의 황제참칭皇帝僭稱의 국서를 받았다고 탄핵 당하여 백마산성白馬山城에 유배되었다. 후에 누명이 벗겨져 유배에서 풀리고 삼도통어사로 특진되었다. 시호는 충렬忠烈이다.

| 팔기군의 하례에 참예하지 않고 | 不預八旗賀 |
| 의를 보전하고자 하였네[4] | 全義是所求 |
| 아 열황제[5]께서는 | 於乎烈皇帝 |
| 성덕이 하늘과 더불어 나란한지라 | 盛德與天侔 |
| 가엽게 여겨 선실[6]에서 조서를 내리셨으니 | 惻怛宣室詔 |
| 번국[7]의 근심을 잊지 않으셨다네 | 不忘藩輔憂 |
| 남한산성의 포위 아직 풀리지 않았을 때 | 南漢圍未解 |
| 동쪽 바다에서 전선을 출동시켰네[8] | 東海出戈舟 |
| 황제의 은덕이 이와 같으니 | 皇恩也如此 |
| 속국은 무엇으로써 갚겠는가 | 屬國何以酬 |
| 배신이 비록 만 번 죽임을 당해도 | 陪臣雖萬戮 |
| 차마 중원을 배신하진 못하리라 | 不忍背中州 |

『江漢集』卷2

4    열렬한 … 하였네 : 1636년(인조14) 봄에 후금後金의 태종 홍타시弘他時가 국호를 청淸이라 고치고 황제를 칭하며 즉위식을 거행했다. 이때 마침 조선의 나덕헌과 이확李廓 등이 춘신사로 심양에 도착하였는데, 청나라 조정은 가지고 간 예물 단자를 온당하지 않다며 받지 않고 그들을 협박하여 경축 반열에 참석하게 하였다. 나덕헌 등이 이를 거부하다가 옷이 찢어지고 갓이 부서지는 구타를 당하였는데, 청나라가 볼모를 요구하는 국서를 주어 돌려보내기로 하자 내용을 알기 전에는 받을 수 없다고 하며 받지 않았다. 이에 청나라 측에서 100여 명의 기병을 붙여 통원보通院堡까지 호송하였는데 기병의 호위가 풀리자 통원보의 호인胡人에게 국서를 맡기고 귀국해 버렸다. 『燃藜室記述』卷25 「仁祖朝故事本末」.
5    열황제烈皇帝 : 중국 명明나라의 마지막 황제인 의종毅宗을 가리킨다. 시호가 '장렬민莊烈愍'이므로 이렇게 부른 것이다.
6    선실宣室 : 중국 한漢나라 미앙궁未央宮의 정전正殿. 원래 임금이 제사 지내기 위하여 재계齋戒하는 집인데, 임금이 집무하는 정전正殿을 가리키는 말로 의미가 확대되었다.
7    번국藩國 : 원문의 '번보藩輔'는 제후가 왕실의 울타리가 되어 보좌한다는 말이니, 곧 제후국諸侯國을 가리키는 것이다.
8    가엽게 … 출동시켰네 : 황경원이 영조英祖에게 올린 상소 가운데 이와 관련한 내용이 보인다. "신이 삼가 살피건대, 1635년(인조13)에 남한산성이 포위당하자 의종황제가 총병관 진홍범에게 조서를 내려 산동 지방 각 진의 수군을 거느리고 가서 조선을 구원하라고 하셨습니다. 그런데 군사들이 겨우 바다로 나가자마자 포위가 이미 풀렸으니, 비록 공을 이룬 것은 없으나 그 덕과 의리가 어찌 그리 두터운지요臣謹案, 崇禎九年南漢被圍, 毅宗皇帝詔總兵官陳洪範率山東諸鎭舟師往救之, 師纔出海而圍已解, 雖無成功, 其德義何其厚也." 『江漢集』卷3「論毅宗皇帝盛德疏 甲子」.

# 남문을 나서며 최지천의 그날 일을 생각하며 말 위에서 강개하여 7절을 짓다
## 出南門 憶崔遲川當日事 馬上慨然成七絶

안정복安鼎福[*]

[첫 번째]

| | |
|---|---|
| 생각하면 그 옛날 최 승상은 | 憶昔崔丞相 |
| 오랑캐 추장을 자주 가 만났는데 | 頻頻使虜酋 |
| 초구 내린 황은이 중하다고 | 貂裘皇恩重 |
| 절 세 번에 아홉 번 머리 조아렸네 | 三拜九叩頭 |

『順菴集』卷1

한汗이 성 아래 왔을 때 지천芝川[1]이 상국相國 홍학곡洪鶴谷과 함께 찾아가니 그가 초구貂裘를 주었다. 두 사람은 그것을 받아 입고 춤을 추면서 황은皇恩에 감사하다고 세 번 절하고 아홉 번 머리를 조아린 후 나왔다.
汗到城下 遲川與鶴谷洪相國同往 汗遣以貂裘 二人披掛舞蹈 稱謝皇恩 三拜九 叩頭而出

---

[*] 안정복安鼎福(1712~1791) : 조선후기의 실학자, 본관은 경기도 광주廣州, 자는 백순百順, 호는 순암順庵으로 이익李瀷의 문인이다.
[1] 지천遲川 : 최명길崔鳴吉(1586~1647)의 호이다. 그는 병자호란 때 주화파의 입장에 있었다.

## [두 번째]

| | |
|---|---|
| 남들이 말한 쉽잖은 일이라는 것 | 人言公不易 |
| 오랑캐 진격을 조금 늦췄다는 것인데 | 前去緩金師 |
| 죽지 않을 방도 자기가 미리 마련했으니 | 不死曾自辦 |
| 그 말 얼마나 어리석은 말인가 | 此言眞可嗤 |

『順菴集』 卷1

청국 군대가 다가와 마부대馬夫大가 선봉장으로 서교西郊에 왔을 때 최崔가 나가서 그와 얘기하며 그들 진격을 조금 늦췄던 바람에 주상이 남한산성으로 들어갈 수 있었다 하여 후인들이 그 일을 두고 하기 어려운 일을 했다고 하는 것이다. 淸人東逼 馬夫大爲先鋒到西郊 崔出見與語 少緩其師 上得入南漢 後人以此事爲人之所難

## [세 번째]

| | |
|---|---|
| 세력이 달려 성은 함락되었어도 | 勢逼雖下城 |
| 오랑캐가 남의 요청은 안 했는데 | 藍衣非虜意 |
| 어쩌자고 하룻밤 사이에 | 如何一夜間 |
| 몰래 만들어 상자에 넣어 두었던가 | 密密縫在笥 |

『順菴集』 卷1

항복하기로 결정이 났을 때 오랑캐 쪽으로부터 푸른 복장에 널을 싣고 오라는 말은 없었는데, 최가 밤에 남의를 만들게 했던 것이다.

下城事定 虜無靑衣輿櫬之辭 而崔夜製藍衣

### [네 번째]

| | |
|---|---|
| 이왕 화의가 성립되었으면 | 旣已成和事 |
| 우리 백성이 곧 너희 백성 아니냐고 | 吾民卽爾民 |
| 그 말 한 마디도 해 주지 않고 | 公無一言救 |
| 노루 쫓듯 막 몰아 보내다니 | 驅去若獐麕 |

『順菴集』 卷1

### [다섯 번째]

| | |
|---|---|
| 세 신하가 그 때 붙잡히어 | 三臣昔被執 |
| 묶인 채로 놈들 군영에 갔는데 | 面縛詣軍前 |
| 그 날 양파에서 했다는 말 | 當日陽坡語 |
| 지금도 사람을 껄껄 웃게 만들지 | 至今人囅然 |

『順菴集』 卷1

　오달제吳達濟·윤집尹集 두 학사學士가 척화斥和했던 인물로 잡혀갈 때 최가 오랑캐 진영으로 압송하면서 양파陽坡에 이르러 말에서 내려 쉬면서 죽어서는 안 된다는 말로 두 공을 달랬는데, 그가 한 말은 모두 애걸복걸 살기만 구하라는 말들이었다.
　吳尹兩學士 以斥和人被執 崔押到虜營 中路至陽坡 下馬休息 誘二公以不可死之語 其言皆欲乞哀求生也

## [여섯 번째]

오랑캐 세력이 아무리 무섭다 해도　　　　　　　虜勢雖云怕
명나라 은혜는 잊지 말았어야지　　　　　　　　皇恩不可忘
일단 군대를 모집하여　　　　　　　　　　　　徵兵一段事
힘으로 싸웠어야 할 것 아닌가　　　　　　　　當以力爭防

『順菴集』 卷1


## [일곱 번째]

우리나라가 삼백 년 동안　　　　　　　　　　聖朝三百載
선비 양성하여 어진 신하 있었건만　　　　　　養士得賢臣
마침내 지천 같은 자는　　　　　　　　　　　到底遲川子
결국2 나라 팔아먹은 사람 되었네　　　　　　竟將國賣人

『順菴集』 卷1

# 정생원가
## 鄭生員歌

채제공 蔡濟恭[*]

| | |
|---|---|
| 정생원은 상서의 증손이라 말하는데[1] | 鄭生員自稱尙書之曾孫 |
| 해진 옷이 짧고 얇아 정강이도 못 가렸네 | 敝衣單薄不掩骭 |
| 북풍에 눈이 날려 어두워진 산골짝을 | 北風飛雪山谷昏 |
| 호환을 각오하고 멀리 찾아왔지마는 | 衝虎遠來來叩門 |
| 호소하는 것은 겨우 한 끼 밥에 불과하네 | 所訴維何一壺飧 |
| 그대들은 정 상서에 관한 얘기 들어 보라 | 汝門請從尙書說 |
| 대가가 남한성에 파천하던 그 당시에 | 南漢之城龍駕遷 |
| 여진 병사 쳐들어와 크게 기세 떨치면서 | 女眞兵來大作勢 |

---

[*] 채제공蔡濟恭(1720~1799) : 조선후기의 문신. 본관은 평강平康. 자는 백규伯規, 호는 번암樊巖·번옹樊翁. 강화유수·우의정·영의정 등을 역임하였다.

[1] 정생원鄭生員 : 인적 정보는 미상이다. 시의 내용으로 보아 그의 증조부가 정세규鄭世規 (1583~1661)라는 것을 알 수 있을 뿐이다. 정세규의 본관은 동래東萊, 자는 군칙君則, 호는 동리東里이다. 1613년(광해군5) 사마시에 합격하고 문음門蔭으로 벼슬길에 들어섰다. 1636년 (인조14)에 조신朝臣들의 추천을 받아 충청도 관찰사로 특진하였다. 병자호란으로 인조가 남한산성에서 포위되자 근왕병을 이끌고 남한산성으로 진격하다가 용인龍仁의 험천險川에서 적의 기습을 받고 대패하였다. 충성심을 인정받아 패군의 죄를 면죄 받고 전라도관찰사와 개성유수를 거쳐 공조판서에 임명되었으며, 이후 여러 직임을 역임한 뒤 이조 판서에까지 이르렀다. 1654년(효종5) 강화유수가 되어 여러 곳에 진鎭을 설치하기도 하였다. 영조 때 경헌景憲이라는 시호가 내려졌다.

| | |
|---|---|
| 밤낮없이 새카맣게 포위한 채 진을 치고 | 黑鵝團結無朝曛 |
| 낙타에다 집채만 한 포를 실어 운송하여 | 槖駝載砲砲似屋 |
| 포학하게 곧장 땅을 뒤집으려 하였었지 | 怘然直欲翻坤軸 |
| 태조께서 세운 사직 작은 성에 옮겨지매 | 太祖社稷七里郭 |
| 딱따기 소리 나는 밤에 왕이 흐느꼈네 | 君王淚灑中宵柝 |
| 왕에게는 삼한 땅의 삼백 고을 있었지만 | 王有三韓三百州 |
| 군대 이끈 절도사들 호의호식하면서도 | 擁兵節度徒飽肉 |
| 누구 하나 달려와서 구원하려 하지 않고 | 無有一人規左足 |
| 군막에서 자다 깨어 술잔치로 소일했지 | 帳裏睡起笙簫作 |
| 정상서가 격분하여 눈물 닦고 일어나서 | 尙書雪涕投袂起 |
| 죽기로 작정하고 왕에게로 달려가니 | 吾勤吾王敢愛死 |
| 선두에 찬란하게 펄럭이는 대장기엔 | 軍前七曜上將旗 |
| 충청도 관찰사란 큰 글씨가 보였다네 | 大書忠淸觀察使 |
| 충청도의 병마는 모두 신의 소관이니 | 忠淸兵馬臣所制 |
| 칼날과 화살처럼 속히 달려가리이다² | 鼓行而進如鋒矢 |
| 신에게 술과 안주 있다고 아뢰고는 | 臣有酒臣有殽 |
| 포위 뚫고 한밤중에 성안으로 바쳤는데³ | 衝獻圍城夜色裏 |
| 이를 듣고 왕께서 충성되다 내 신하여 | 王曰忠哉嗟我臣 |
| 대의가 온 천지에 빛나기에 충분하니 | 大義固足燿乾坤 |

2 칼날과 … 달려가리이다 : 정세규가 왕에게 올린 장계狀啓를 두고 한 말이다. 정세규가 어떤 중을 통해서 남한산성에 있는 인조에게 장계를 올렸다고 한다. 『燃藜室記述』 卷25 「仁祖朝故事本末」.

3 신에게 … 바쳤는데 : 이때 남한산성 안에 닭이 한 마리도 없을 정도로 형편이 어려워서 임금에게 맛있는 음식을 올리지 못하였는데, 이 말을 들은 정세규가 닭 세 마리를 잡아서 충청도 병마절도사 이의배李義培에게 주며 어떤 일이 있더라도 꼭 왕에게 바칠 것을 부탁했다고 한다. 그러나 이의배가 곧바로 닭을 구워 술을 데워 마시면서 "성중의 위급한 사정은 묻지 않아도 짐작할 수 있으나, 나 또한 어찌할 수가 없다."라고 했다는 기록을 보면 닭고기가 남한산성에 전달되지는 못했던 듯하다. 『燃藜室記述』 卷25 「仁祖朝故事本末」.

| | |
|---|---|
| 성패는 논할 바가 아니라고 하셨어라 | 畢竟成敗非所論 |
| 지금 공이 죽은 지 백 년도 안 됐건만 | 祗今公死未百年 |
| 자손이 곤궁하여 굶주리는 자가 많고 | 子孫窮餓多顚連 |
| 가련한 정생원은 | 可憐鄭生員 |
| 들어앉을 집도 없고 농사지을 땅도 없어 | 家無一瓦農無田 |
| 구걸하며 다니지만 먹여 주는 사람 없고 | 十乞村閭不一食 |
| 게다가 올가을엔 흉년까지 들었어라 | 況是今秋又無年 |
| 그를 위해 청렴했던 정상서를 노래하니 | 我爲鄭生歌廉吏 |
| 충성되고 개결했던 정상서의 후손이 | 安可爲鄭尙書忠且廉 |
| 어찌하여 한 뙈기의 땅조차 없는 건가 | 其孫無立錐 |
| 그대 보지 못했는가 | 君不見 |
| 세도가 추락하매 탐욕스런 관리 많아 | 世路日卑貪吏多 |
| 살진 말에 비싼 갖옷 대대로 부 누림을 | 肥馬輕裘世世爲富家 |
| 우맹이 이미 죽어 뼈가 썩어 버렸으니[4] | 優孟死去骨已朽 |
| 가련한 정생원을 어찌하면 좋을는지 | 鄭生員奈若何 |

『樊巖集』卷5

---

4  우맹優孟이 … 버렸으니: 우맹은 전국시대 초楚나라의 유명한 배우로 해학과 풍자에 뛰어났다. 당시에 청렴했던 정승 손숙오孫叔敖가 죽은 뒤 그의 아들이 가난에 시달리는 것을 알고는, 손숙오의 행동거지와 목소리 등을 익힌 뒤에 손숙오의 의관을 착용하고 장왕莊王을 설득하여 손숙오의 자손에게 땅을 봉해 주게 하였다고 한다. 『史記』卷126「滑稽列傳 優孟」. 여기서는 정세규 자손을 위해서 그 곤궁함을 알리고 가난을 구제해 주기를 조정에 청하는 사람이 없다는 뜻으로 한 말이다.

## 강도의 남문루*에 오르자 감회가 일어
### 登江都南門樓有感

윤기 尹愭**

| | |
|---|---|
| 나라가 위태롭던 병자년과 정축년의 | 國事丙丁板蕩秋 |
| 유적을 찾으려니 시름겹기 그지없네 | 欲尋遺迹不勝愁 |
| 적의 예봉 막지 못해 천연 요새 소용없고 | 輕鋒莫禦無天險 |
| 못난 자가 중책 맡아 나라 계책 무너졌네 | 重任非人奈廟猷 |
| 굳게 믿던 강도를 지켜내지 못한 탓에 | 只爲江都失守誤 |
| 남한산성 내려오는 수모를 안겼어라 | 遂貽南漢下城羞 |
| 명나라로 조회 가던 옛길 지금 어디 있나 | 朝宗舊路今安在 |
| 오열하듯 찬 물결만 북쪽으로 흐르네 | 嗚咽寒波自北流 |

『無名子集』 詩藁 卷3

---

\* 남문루: 남문루는 편액이 안파루晏波樓로, 병자호란 때 종묘사직의 신주를 받들고 빈궁과 원손을 호종하여 강화도로 피란했던 김상용金尙容이 이듬해 성이 함락되자 화약에 불을 지르고 순절한 곳이다.

\*\* 윤기尹愭(1741~1826): 조선후기의 문신, 학자. 본관은 파평坡平, 자는 경부敬夫, 호는 무명자無名子이다.

2월 29일 밤 꿈에 "공연히 용을 부여잡는 애통만 만고에 남아 있고 개에게 절한 치욕 천추에 다 씻을 수 없네."라는 연구를 얻었다. 깨어나 보니 한바탕 꿈이었는데 가슴 속이 평안하지 못함을 스스로 느껴서 율시 한 구를 완성하였다 [계축년(1793, 정조17)]

二月二十九日夜 得一聯曰 空餘萬古攀龍痛 不盡千秋拜犬羞 覺則遽然一場夢也 胷懷自覺不平 足成一律 [癸丑]

---

### 홍직필洪直弼<sup>*</sup>

| | |
|---|---|
| 하늘과 땅 영원한데[1] 아득히 근심이 생겨나니 | 天長地久滾生愁 |
| 백세토록 병자년의 원수[2] 잊기 어려워라 | 百世難忘丙子讎 |
| 바위가 갈라지고 벌떼가 날아가자 비린내 쌓이고[원주1] | 巖坼蜂飛腥臭積 |
| 안개 걷히고 거북이 나오자 기이한 향기 거두었네[원주2] | 霧開龜出異香收 |
| 공연히 용을 부여잡는 애통[3]만 만고에 남아 있고 | 空餘萬古攀龍痛 |

---

* 홍직필洪直弼(1776~1852) : 조선후기의 학자. 본관은 남양南陽. 초명은 홍긍필洪兢弼. 자는 백응伯應・백림伯臨, 호는 매산梅山이다.
1 하늘과 땅 영원한데 : 이 구절은 『도덕경』 제7장에 "하늘은 영원하고 땅도 영원하다. 하늘과 땅이 영원할 수 있는 것은 그들 스스로 생존하려 하지 않기 때문이다天長地久, 天地所以能長且久者, 以其不自生."고 한 말을 원용한 것이다.
2 병자년의 원수 : 1636년(인조14) 병자년에 대군을 이끌고 조선을 침략하여 삼전도에서 인조의 항복을 받고 군신君臣의 관계를 강요한 청나라를 이른다.
3 용龍을 부여잡는 애통 : 군주를 잃은 슬픔을 비유하는 말로, 여기서는 북벌의 뜻을 이루지 못하고 승하한 효종을 슬퍼한 것이다. 황제黃帝가 수산首山에 있는 구리를 채취하여 형산荊山 밑에서 정鼎을 만들었는데, 정이 완성되자 용 한 마리가 수염을 길게 늘어뜨리고 땅으로 내려와 황제를 맞이하였다. 황제가 용에 올라타자, 여러 신하들과 후궁 70여 명이 따라 올라탔다. 용이 하늘로 올라가자, 나머지 신하들이 용에 타지 못하고 모두 용의 수염을 붙잡으니, 용의 수염과 황제가 지니고 있던 활이 지상으로 떨어졌다. 백성들이 우러러 바라보니, 황제가

| 개에게 절한 치욕⁴ 천추에 다 씻을 수 없구나 | 不盡千秋拜犬羞 |
| 십년 동안 삼척의 검을 갈아 놓으니⁵ | 十載磨來三尺劒 |
| 한 쪽의 연산은 눈에 차지 않네⁶ | 燕山一片不盈眸 |

[원주1] 정축년(1637, 인조15)에 청나라와의 화의和議가 이루어진 뒤에 남한산성에 바위가 갈라지고 벌떼가 날아갔다丁丑和成後 南城巖坼蜂飛.
[원주2] 효종孝宗이 심양瀋陽에 있을 때 향기로운 안개가 방에 가득하고 신령스런 거북이가 나타났다孝廟在瀋時 香霧滿室 神龜現焉.

『梅山集』 卷1

이미 하늘로 올라갔으므로 백성들이 그 활과 수염을 안고 통곡했다 한다.『史記』 卷28 「封禪書」.
4  개에게 절한 치욕 : 병자호란에 남한산성으로 피난하였던 인조가 이듬해 1월에 성문을 열고 나와 산성 아래의 삼전도에서 청나라 태종에게 삼배구고두三拜九叩頭의 예를 올리고 군신관계를 맺었기 때문에 말한 것이다. 청나라는 여진족이 건국한 후금後金이 바뀐 나라로 오랑캐로 인식되었기 때문에 '개'라고 비하한 것이다.
5  십년 … 놓으니 : 당시 봉림대군이었던 효종이, 소현세자와 함께 중국 심양으로 잡혀가 1637년(인조15)부터 1645년까지 9년 동안 인질로 있으면서 복수심을 길렀던 일을 이른다.
6  한 쪽의 … 않네 : 연산燕山은 청나라의 수도인 연경燕京을 이른다. 이 내용은 오랑캐의 수도인 연경이 하찮게 보임을 말한 것이다.

## 오수재를 생각하다. [이때 남한산성에 있었음. 2쉬]
## 憶吳秀才 時在南漢

김정희金正喜<sup>*</sup>

### [첫 번째]

| | |
|---|---|
| 현절사 사당 앞의 옛 놀이를 기억커니 | 顯節祠前記舊遊 |
| 평생 세상일에 시름을 이기지 못하는데 | 百年世事不勝愁 |
| 맑은 구름 가랑비 아득한 그곳에는 | 淡雲微雨依然處 |
| 국화 아름답고 난초 시든 또 한 번의 가을이리[1] | 佳菊衰蘭又一秋 |
| 나무에는 서녘 바람 국화에는 하얀 서리 | 木正西風菊正霜 |
| 가을 그림자 발에 가득하고 시 짓는 곳 담담한데 | 一簾秋影澹詩坊 |
| 가련타 아름다운 곳에 도리어 시름만 차니 | 翻憐佳境還愁絶 |
| 하늘가를 바라보면 애간장이 끊어지려 하네[2] | 却向天涯欲斷腸 |

『阮堂全集』 卷10

---

\* 김정희金正喜(1786~1856) : 조선후기 문신. 실학자・서화가. 본관은 경주. 자는 원춘元春. 호는 추사秋史・완당阮堂. 조선 금석학파를 성립하고, 추사체를 완성하였다.
1 맑은 … 가을이리 : 김상헌의 "淡雲微雨小姑祠 菊秀蘭衰八月時"를 원용해서 표현한 것임.
2 하늘가를 … 끊어지려 하네 : 병자호란 때 삼학사가 척화신斥和臣으로 청나라에 잡혀간 것을 슬퍼한 것임.

## [두 번째]

| | |
|---|---|
| 이산³의 풍아에다 연양⁴마저 아울러라 | 飴山風雅幷蓮洋 |
| 밝은 달 차가운 강에 불향⁵을 들었다오 | 明月寒江聽佛香 |
| 뉘라서 알았으리 관음각 한밤중에 | 那識觀音閣裏夜 |
| 외론 등불 가을 꿈이 오래도록 서성댈 줄 | 一燈秋夢久回皇 |
| 닷새 동안 이별이 십 년보다 어려우이 | 五日難於十載離 |
| 술엣 바람 시엣 비가 시름 생각 어지럽혀 | 酒風詩雨亂愁思 |
| 해랑⁶은 틀림없이 운랑⁷ 마냥 찼으리니 | 奚囊定與雲囊滿 |
| 갖다주면 혼자서 즐기고 남으리다 | 持贈猶堪自悅怡 |

『阮堂全集』卷10

---

3   이산飴山 : 청나라 시인 조집신趙執信의 별호.
4   연양蓮洋 : 청나라 시인 오문吳雯의 호.
5   불향佛香 : 부처님의 향기. 또는 부처님의 향기가 가득한 세상을 뜻함.
6   해랑 :『당서唐書』권137 「이하전李賀傳」에 "하賀는 매일 문밖을 나가면서 아이종을 시켜 등에 옛 금낭錦囊을 짊어지게 하고 보이는 것에 따라 글귀를 만들어서 그 금낭 속에 넣었다." 하였다.
7   혼자서 … 남으리다 : 양梁 나라 도홍경陶弘景의 "이 가운데 무엇이 필요한가/ 고개마루엔 흰구름 많으며/ 단지 스스로 즐거울 뿐이니/ 그대에게 보낼 수 없음이 견디기 어렵네山中何所有 嶺上多白雲 只可自怡悅 不堪持贈君"이라는 시가 있으므로 운낭雲囊과 연결하여 쓴 것임.

# 삼전도에서 감회가 있어 읊조리다
## 三田渡感吟

### 신광수申光洙*

| | |
|---|---|
| 남한산성은 높고도 막막하며 | 南漢山城高漠漠 |
| 마전포의 물은 맑고 넘실대네 | 麻田浦水碧離離 |
| 학사가 삼한국에 태어났다면[원주1] | 如生學士三韓國 |
| 백세비에 명단이 거꾸로 되진 않았으리 | 不倒單于百歲碑 |
| 주점에서 홀로 서쪽에 지는 해를 보니 | 酒店獨看西日落 |
| 전쟁터엔 아직도 북풍에 슬픔이 찾아드네 | 戰場猶入北風悲 |
| 서생의 한은 연연석¹에 있나니 | 書生恨在燕然石 |
| 만고의 오공은 옛부터 시로 이름 있었네[원주2] | 萬古吳公昔有詩 |

[원주1] '돌아기 어렵다難歸'라고 쓴 곳도 있다―作難歸.
[원주2] 연초자²를 가리킨다指燕超子.

『石北集』 卷9

\* 신광수申光洙(1712~1775) : 조선후기의 문신. 본관은 고령高靈, 자는 성연聖淵, 호는 석북石北이다.
1 연연석燕然石 : 후한後漢의 두헌竇憲이 흉노를 정벌하고 나서 연연산에 올라가 그 공적을 반고班固로 하여금 글을 짓게 하여 새겨 놓은 비석을 말한다.
2 연초자燕超子는 오상렴吳尙濂(1680~1707)을 지칭한다. 오상렴은 본관은 동복同福, 자는 유청幼淸·무숙茂叔, 호는 연초재燕超齋·택남澤南·제월霽月이다. 이서우의 제자로 많은 시를 남겼으나 28세의 나이로 요절하였다. 당시에 이수대李遂大·채팽윤蔡彭胤 등과 함께 3문장이라 일컬었다.

## 삼전도를 지나는데 나루터에 청한비가 있었다 4수
### 過三田渡渡上有淸汗碑 [四首]

홍직필 洪直弼

[첫 번째]

| | |
|---|---|
| 배를 타고 가다가 삼전도에서 정박하니 | 舟行休泊三田渡 |
| 나루터에 비석 하나 아직도 남아 있네 | 渡上一拳石尙留 |
| 오직 조종하는 강한의 물이 있어 | 惟有朝宗江漢水 |
| 도도히 해문을 향해 흘러가누나[1] | 滔滔盡向海門流 |

『梅山集』 卷1

---

1  오직 … 흘러가누나 : 조종朝宗은 원래 제후가 천자에게 가서 뵙는 것으로 봄에 뵙는 것을 조朝라 하고 여름에 뵙는 것을 종宗이라 하는데, 강물이 바다에 들어가는 것 역시 제후가 천자국에 가는 것과 같다 하여 조종이라고 한다. 강한江漢은 장강長江과 한수漢水로, 『서경』 「우공禹貢」에 "장강과 한수가 바다로 조종한다江漢朝宗于海."라고 보인다. 여기서는 명나라가 이미 망하여 제후국인 조선이 조회갈 곳이 없어졌는데, 한강물은 여전히 바다로 흘러 들어감을 탄식한 것이다.

## [두 번째]

남한산성 위에 아직 구름이 걷히지 않으니　　　南漢城頭雲未收
천 자나 되는 회맹단 지금까지 남아 있네　　　盟壇千尺至今留
응당 석실사² 앞의 강물이　　　知應石室祠前水
삼전도비 아래를 흐르는 것 부끄러워하리라　　　羞向三田碑下流

『梅山集』 卷1


## [세 번째]

내 허리춤에 있는 한 자의 검이 찬란하니　　　我有腰間尺劍明
가을빛과 함께 이 검을 드높이 들고자 하노라　　　欲將秋色共崢嶸
원하노니 대낮에 벼락도끼가　　　願言白日轟雷斧
교룡 머리를 깨뜨려 땅에 눕혔으면 하노라³　　　撞破螭頭與地平

『梅山集』 卷1

---

2　석실사石室祠: 석실서원石室書院으로, 인조 당시 척화파를 이끌었던 김상용金尙容과 김상헌金尙憲을 기리기 위하여 1656년(효종7) 건립되었는데, 1663년(현종4) 석실사라는 편액을 하사받고 사액서원으로 승격되었다.
3　교룡 머리: 삼전도비 위에 새긴 뿔 없는 용이 서린 형상을 가리킨 것이다.

## [네 번째]

| | |
|---|---|
| 화양은 차마 왕춘을 폐하지 못했으니[4] | 華陽未忍廢王春 |
| 죽도록 오랑캐에게 아첨한 사람 배척하였네 | 抵死苦排媚虜人 |
| 부끄럽구나 당시에 이 학사가 | 愧殺當時李學士 |
| 붓을 잡고 배신이 됨을 달게 여긴 것이[5] | 甘心秉筆作陪臣 |

『梅山集』 卷1

---

4  화양華陽은 … 못했으니 : 화양은 우암 송시열을 가리킨다. 송시열이 충북 괴산의 화양동에서 강학하였으므로 이렇게 칭한 것이다. 왕춘王春은 '춘왕정월春王正月'을 줄인 말로 대일통大一統 즉 정통성을 갖춘 왕조임을 표현한 것이다. 『춘추』 경문의 매년 모두冒頭에 이 표현이 보이는데, 『춘추공양전春秋公羊傳』에 이를 '하나의 큰 대통'을 표현한 것으로 해석하였다. 여기서는 명나라가 멸망한 후에도 정통이 아닌 오랑캐 나라 청의 연호를 쓰지 않고 정통 왕조인 명나라에 대한 의리를 지킨 일을 말한다.
5  부끄럽구나 … 것이 : 이학사李學士는 이경석李景奭으로 삼전도 비문을 지은 인물이며, 배신陪臣은 제후의 대부가 천자를 대할 때의 칭호이다. 처음에는 이 비문을 장유張維가 지었으나 청나라 황제가 내용에 불만을 품고 다시 지을 것을 종용하자, 인조가 이경석으로 하여금 다시 짓게 하였다. 그 후 송시열은 이것을 트집 잡아 이경석을 비난하였다. 홍직필 역시 청나라 배신이 되어 황제의 공덕을 칭송한 그의 행위가 부끄럽다고 말한 것이다.

## 2부
# 남한산성
### 南漢山城

## 서강중에게 보내다
### 奉寄徐剛中*

송처관宋處寬**

| | |
|---|---|
| 일장성¹ 아래 낡은 초가집에 | 日長城下古茅廬 |
| 돌아와 이미 살 곳을 정하여 | 歸去吾今已卜居 |
| 늙고 병든 유마²처럼 잠자기만 즐기고 | 老病維摩空愛睡 |
| 청빈한 두보처럼 책 읽기를 즐긴다네 | 淸貧杜甫酷耽書 |
| 가을 수저엔 장요미³가 미끄럽고 | 匙秋流滑長腰粒 |
| 날마다 밥상엔 아가리 큰 농어가 오르건만 | 盤日行鱗巨口魚 |
| 어느 저녁에 광진 나루 위의 길로 | 何夕廣津津上路 |
| 술병 차고 나귀 타고 찾아가 취해볼꼬 | 一壺相訪醉騎驢 |

『東文選』 卷17

* 서강중徐剛中 : 서거정徐居正을 지칭함. 강중은 서거정의 자字이다.
** 송처관宋處寬(1410~1477) : 조선전기 예조정랑, 집현전부제학, 이조참의 등을 역임한 문신. 본관은 청주淸州, 자는 율보栗甫이다.
1 일장성日長城 : 남한산성의 옛 이름.
2 유마維摩 : 불교의 『유마힐경維摩詰經』에, "유마힐 거사는 병으로 늘 누워 있으면서도 문병하러 온 문수보살 등 여러 보살에게 설교하였다."하였다.
3 장요미 : 좋은 쌀의 일종.

## 제부촌 별장에서
### 諸富村墅

서거정徐居正[*]

| | |
|---|---|
| 북으로는 광진 나루에 임해 있고 | 北臨廣津渡 |
| 남으로는 일장산성[1]을 마주하여 | 南對日長城 |
| 산수는 너무나 마음에 딱 들고 | 丘壑情偏適 |
| 강산은 보니 눈이 번쩍 뜨이네 | 江山眼更明 |
| 세 칸 띳집은 비록 협소하지만 | 三間屋雖小 |
| 두 이랑 토지는 농사지을 만하니 | 二頃田可耕 |
| 내 사직할 날이 어찌 없으리오 | 乞骨寧無日 |
| 여생을 우유자적하게 보내려네 | 優游送此生 |

『四佳詩集』卷50

---

[*] 서거정徐居正(1420~1488) : 조선 성종 때의 문신이며 학자. 본관은 대구. 자는 강중剛中, 호는 사가정四佳亭 혹은 정정정亭亭亭, 시호는 문충文忠이다.
[1] 일장산성日長山城 : 남한산성의 별칭이다.

## 남한산성에서 눈을 만나다 2수
### 南漢山城遇雪 二首

유성룡 柳成龍<sup>*</sup>

| | |
|---|---|
| 새벽빛이 희미한 때 말 타고 동교로 나갔다가 | 東郊匹馬曉光微 |
| 저녁에 남한산성으로 오니 눈이 옷에 가득한데 | 暮入南城雪滿衣 |
| 세상을 바로잡을 작은 대책도 없기에 | 匡世未應無寸策 |
| 홀로 마음과 일이 어긋남을 아파하네 | 獨憐心與事相違 |
| 온조왕의 성가퀴는 산하에 남았고 | 溫王城堞在山阿 |
| 옛 나라의 번화함을 묻고 싶은데 | 故國繁華欲問何 |
| 옥과 금을 몸에 걸치고 말 달렸던 곳에 | 拖玉腰金趨走地 |
| 찬 연기 가랑비만 시골집에 내리네 | 冷煙疎雨野人家 |

『西厓先生文集』卷1

---

\* 유성룡柳成龍(1542~1607) : 조선 중기의 문신, 본관은 풍산豐山, 자는 이현而見, 호는 서애西厓이고, 시호는 문충文忠이다.

# 남한산성
## 南漢山城

이흘 李忔*

온조왕의 옛 도읍지이다. 나라가 갑자년에 파천한 뒤에 이 성을 중수하였다. 전날을 빌미로 훗날을 대비하기 위한 것이다. 체찰사 장만과 총융사 이서가 실제 동역을 맡아 노는 사람을 모집하여 세월은 반도 차지 않았는데 공업은 어찌 그리 빠르던가. 두 부사에게 지어 보낸다.
[乃溫祚故都也 國家自甲子播遷之後 重修是城 盖懲前而毖後也 體相張公晚捴戎李公曙 實董是役 而募集遊手 歲未半而功就緖 何其神速耶 寄題二使]

| | |
|---|---|
| 온조왕이 언제 이 땅을 도읍으로 삼았었나 | 溫王何日卜斯都 |
| 남긴 터는 천년세월 그림으로 남았는데 | 遺址千秋贊令圖 |
| 골짜기의 신궁은 장려함을 자랑하고 | 洞闢新宮誇壯麗 |
| 성 둘레엔 옛 나라의 형세가 감돌아 있네 | 城圍故國勢盤紆 |
| 유후의 사업은 치밀한 계책에 있고 | 留侯事業存籌策 |
| 날래고 위엄 있는 장수의 명성은 오랑캐를 압도하네 | 飛將威名壓羯胡 |
| 이번의 동역으로 나라의 기틀 원대함을 알겠고 | 此役從知邦祚遠 |
| 위기를 잊지 말고 영원한 안정을 도모하기를 | 不忘危是久安謨 |

『雪汀集』 卷3

* 이흘李忔(1568~1630) : 조선 중기의 문신. 본관은 경주慶州. 자는 상중尙中, 호는 설정雪汀·오계梧溪이다.

## 산성 [남한산성이다]
## 山城 南漢

정온鄭蘊*

| | |
|---|---|
| 대포 소리 사방에서 진동하니 천둥 같구나 | 炮聲四震如雷動 |
| 외로운 성을 깨뜨리자 사기가 흉흉토다 | 撞破孤城士氣洶 |
| 오직 담소를 듣는 듯한 노신이 있어서 | 惟有老臣談笑聽 |
| 초가집에 앉아 조용히 죽기로 결심했다네 | 擬將茅屋號從容 |

『桐溪集』卷1

---

* 정온鄭蘊(1569~1641) : 조선중기의 문신. 본관은 초계草溪. 자는 휘원輝遠, 호는 동계桐溪·고고자鼓鼓子이다.

## 남한산성을 바라보며 [척화 후 정축년 군부의 일을 생각하며 감탄하다]
### 望南漢 斥和後 憶丁丑君父之事而感歎

김지수金地粹*

| | |
|---|---|
| 저 남한산을 우러러보니 | 瞻彼南漢山 |
| 산성이 눈 속에 있네 | 山城在雪裏 |
| 꽃이 핌은 저절로 때가 있건만 | 花開自有時 |
| 눈물이 물 떨어지듯 흐르네 | 淚落如傾水 |

『苔川集』卷2

---

\* 김지수金地粹(1585~1639) : 조선중기의 문신. 본관은 의성義城. 자는 거비去非, 호는 태천苔川·천태산인天台山人이다.

## 남한산성이 포위되었다는 말을 듣고 개탄하며 짓다
[2수. 병자년 겨울]
### 聞南漢受圍慨然有作 [二首 丙子冬]

조임도趙任道*

### [첫 번째]

썩은 선비들 평소에 군사를 논하지 않다가 　　腐儒平昔不談兵
지금처럼 난리가 닥치니 뼈저리게 놀라기만 하네 　　臨亂如今但骨驚
달무리처럼 포위된 성에서는 소식도 끊어져 　　月暈孤城消息斷
북극성 돌아보며 부질없이 눈물만 뿌리네 　　北辰回首涕空橫

『澗松集』 卷2

### [두 번째]

천지가 빛을 잃고 해마저 어두운데 　　天地無光日晦冥
산과 강이 분노를 띠고 귀신도 놀라네 　　山河帶憤鬼神驚

* 조임도趙任道(1585~1664) : 조선 중기 학자. 본관은 함안咸安. 자는 치원致遠, 호는 간송澗松.

| 가련하다, 예의를 지키는 문명의 땅이 | 可憐禮義文明域 |
| 털옷 입고 변발한 오랑캐 백성이 되다니 | 變作氈裘辮髮氓 |

『澗松集』 卷2

## 남한산성에 호가하며 우윤 김득지<sup>*</sup>의 시에 차운하다
### 扈駕南漢城 次金右尹得之韻

장유張維<sup>**</sup>

| | |
|---|---|
| 정기는 펄럭펄럭 푸른 봉우리 에워싸고 | 閃閃旌旗遶碧峯 |
| 희게 빛나는 칼과 창날 나무숲처럼 벌여섰네 | 森森劍戟簇霜鋒 |
| 높디높은 성벽은 그야말로 요새지요 | 層城億丈眞形勝 |
| 융복 입은 관원들 그림자처럼 따르누나 | 戎服千官總景從 |
| 일만 아궁이 밥 짓는 연기 새벽달을 둘러치고 | 萬竈炊煙籠曉月 |
| 오경의 썰렁한 딱따기 소리 솔바람 섞여 들려오네 | 五更寒柝雜風松 |
| 어느 때나 오랑캐 티끌 깨끗이 털어내고 | 何時一掃胡塵靜 |
| 군대 대신 나라의 위용을 보게 될런지 | 不見軍容見國容 |

『谿谷集』卷31

---

* 득지得之 : 김대덕金大德의 자字이다.
** 장유張維(1587~1638) : 조선중기의 문신. 본관은 덕수. 자는 지국持國, 호는 계곡谿谷·묵소默所. 김상용金尙容의 사위이며 효종비 인선왕후仁宣王后의 부친이다. 김장생金長生의 문인이다.

# 남한산성에 올라 체부종사관으로 순찰하다
## 登南漢山城 以體府從事巡到

정백창鄭百昌<sup>*</sup>

| | |
|---|---|
| 한 쌍의 깃발은 멀리 구름 사이에 들고 | 雙旌迢遞入雲間 |
| 길은 끊기고 담은 높아 오를 수 없네 | 路絕高墉不可攀 |
| 판축[1]으로 지금은 한양의 보루이며 | 板築卽今爲漢輔 |
| 경영은 예로부터 진관[2]을 받들었네 | 經營從古拱秦關 |
| 명성은 온조의 천년 나라로 남았고 | 名留溫祚千年國 |
| 세력은 두류 만리의 산을 결집하였건만 | 勢結頭流萬里山 |
| 연막이 오랑캐 도움은 서생도 부끄럽고[3] | 蓮幕佐戎慙白面 |
| 꿈에도 앞 굽이에 가득한 백구를 그리네[4] | 夢回鷗鷺滿前灣 |

『玄谷詩集』卷4

---

\* 정백창鄭百昌(1588~1635) : 조선후기의 문신. 본관은 진주晉州. 자는 덕여德餘, 호는 현곡玄谷이다.
1 판축板築 : 판자와 판자 사이에 흙을 넣고 공이로 다진 것을 말함. 판축토성을 지칭하며, 남한산성의 내성內城이 판축으로 축성되었음을 말한다.
2 진관秦關 : 진관은 본래 중국의 섬서성 관중關中 땅을 말하는데, 여기서는 경기도 지방을 이르는 말이다.
3 연막 … 부끄러워 : '연막蓮幕'은 재상이나 장군의 막부幕府를 뜻한다. 남제南齊 때 왕검王儉의 막하에 명사名士들이 많아 거기 들어가는 것을 연꽃에 의탁한다고 부러워했음에 유래한다. '백면白面'은 '백면서생'에서 온 말로 "한갓 글만 읽고 세상일에는 전혀 경험이 없는 사람"을 뜻하는 말이다.
4 꿈에도 … 그리네 : 자연 속에 은거하면서 갈매기나 백로를 벗하며 세상 욕심을 잊고 살아가고 싶음을 뜻한다.

## 남한산성에 숙박하며 동양위 신익성의 시에 차운하다
### 宿南漢山城 次東陽尉申公翊聖韻

하진河溍*

| | |
|---|---|
| 밤새도록 눈바람 세차게 불어 | 永夜風雷吼 |
| 마치 전쟁하듯이 소리 들리네 | 如聞戰伐聲 |
| 이에 병자년을 생각하나니 | 仍思丙子歲 |
| 누가 오랑캐를 물리쳤던가 | 誰却犬戎兵 |
| 적을 맞이함이 장군의 계책이었고 | 迎賊將軍策 |
| 창을 휘두른 건 장사의 심정이었네 | 揮戈壯士情 |
| 진작 성을 지킬 수 없음 알고 | 早知城不守 |
| 또한 이 산을 평지처럼 깎았네 | 旦削此山平 |

『台溪集』 卷1

---

* 하진河溍(1597~1658) : 조선후기의 문신. 본관은 진주晉州. 자는 진백晉伯, 호는 태계台溪이다.

## 숭정 병자년 10월 체부종사로 영남을 순찰하고자 지나가다가 남한산성에서 숙박하다
### 崇禎丙子十月 以體府從事 將巡按于嶺南 過宿南漢山城

조석윤趙錫胤*

| | |
|---|---|
| 기세가 드높아 참으로 험준하고 | 磅礴眞天險 |
| 경영하며 위에서 즐길 수 있는데 | 經營爲上游 |
| 수많은 봉우리 보루를 에둘러 있고 | 群峯環作壘 |
| 한줄기 물이 에둘러 해자를 이루었네 | 一水繞成溝 |
| 야간 수자리 서리바람에 고통스럽고 | 夜戍風霜苦 |
| 삼엄한 성곽의 고각소리 근심스러운데 | 嚴城鼓角愁 |
| 외로운 등불만 비치며 잠 못 이루고 | 孤燈照不寐 |
| 만단의 근심으로 뒤척이며 지새네 | 耿耿萬端憂 |

『樂靜集』 卷2

---

* 조석윤趙錫胤(1606~1655) : 조선후기의 문신. 본관은 배천白川. 자는 윤지胤之, 호는 낙정재樂靜齋이다. 장유張維·김상헌金尙憲의 문인이다.

# 남한산성이 적군에게 무너졌다는 말을 듣고
## 聞南漢山城陷於敵鋒

### 정홍석鄭弘錫*

| | |
|---|---|
| 소식 들기를, 외로운 성이 이미 무너졌으며 | 聞道孤城已覆隍 |
| 소중화¹가 천한 노비의 마을이 되었다네 | 小中華作醜奴鄕 |
| 충신의 눈물은 청의에 들어 욕되게 하였으며² | 忠臣淚入靑衣辱 |
| 장사의 마음은 놀라서 오래도록 벽안이 되었네 | 壯士心驚碧眼長 |
| 칠일 백등³에 포위되었어도 어찌 한나라를 멸하리오 | 七日白登寧滅漢 |
| 삼년 뒤 파촉⁴에서 또한 당나라를 일으켰네 | 三年巴蜀亦興唐 |
| 훗날 혹시라도 청명한 날을 보게 된다면 | 他時倘見淸明日 |
| 이에 대응하여 거공독팔장을 지으리라 | 和作車攻讀八章 |

『雲溪集』 卷1

---

\* 정홍석鄭弘錫(1607~1671) : 조선중기의 문신, 본관은 동래東萊, 자는 계응季膺, 호는 운계雲溪이다.
1  소중화小中華 : 조선 시대, 중국이 세계의 중심이라는 중화사상에 빗대어서, 조선이 세계의 중심이라고 하며 우리 민족의 우월성을 자랑한 것을 비유적으로 이르는 말.
2  청의靑衣 : 청의행주靑衣行酒에서 원용한 말. 진晉나라 회제懷帝가 평양平陽에 피난할 때, 유총劉聰이 회제에게 청의靑衣를 입고 연석宴席에서 술잔을 돌리게 한 고사故事가 있다.
3  백등칠일白登七日 : 백등산白登山에서 7일간 포위됨. 한고조 유방은 '백등지위白登之圍'로 불리는 흉노와의 평성平城 백등산白登山 전투에서 대패하면서 7일간 포위를 당하고 목숨까지 위태로운 지경에 이르자 5가지 조건을 내세우고 굴욕적인 화친을 맺었다.
4  파촉巴蜀 : 파巴는 지금의 중경重慶 지방, 촉蜀은 사천성四川省 성도成都 지방이다. 후세에 사천성四川省의 별칭이 되었다.

## 남한산성을 지나며
### 過南漢山城

구음具崟*

| | |
|---|---|
| 이 땅에서 처음 전쟁을 경험하고 | 此地新經戰 |
| 동인들의 백골 많기도 한데 | 東人白骨多 |
| 찬 하늘에 달빛은 괴로워라 | 天寒月色苦 |
| 차마 깊은 밤에 지나지 못하겠네 | 不忍夜深過 |

『明谷集』 卷2

---

* 구음具崟(1614~1683) : 조선후기의 문신. 본관은 능성綾城. 자는 차산次山, 호는 명곡明谷. 이식李植의 문인이다.

# 남한산성
## 南漢山城

이익상 李翊相<sup>*</sup>

| 하늘과 땅이 뒤엎어지던 병자년 | 地覆天翻丙子年 |
| 당시의 전혈이 지금도 선명한데 | 當時戰血至今鮮 |
| 백등[1]의 부끄럼을 어찌 다 말할손가 | 白登遺恥那堪說 |
| 근심스레 보나니, 외로운 성 아직도 우뚝하네 | 愁見孤城尙屹然 |

『梅澗集』 卷1

---

* 이익상李翊相(1625~1691) : 조선후기의 문신. 본관은 연안延安. 자는 필경弼卿, 호는 매간梅磵. 이정구李廷龜의 손자이며, 이소한李昭漢의 아들이다.
1 백등白登 : 백등은 중국 산서성山西省에 있는 산 이름인데, 한고조漢高祖가 흉노 묵돌冒頓을 치다가 여기에서 7일간 포위되어 곤욕을 당하였다. 여기서는 병자호란 때 임금이 남한산성에 포위된 사실을 말한 것이다.

# 남한산성
## 南漢山城

유세철柳世哲[*]

| | |
|---|---|
| 위급을 구제할 큰 계책이 없고 | 扶危無大策 |
| 추성[1]은 인화를 가르쳤지만 | 鄒聖訓人和 |
| 아이들 놀이로 창을 보내니 | 兒戲輸戈戟 |
| 장성은 또한 어찌 하겠는가 | 長城亦奈何 |

『悔堂文集』 卷1

---

[*] 유세철柳世哲(1627~1681) : 조선후기의 문신. 본관은 풍산豊山. 자는 자우子遇, 호는 회당悔堂이다.
[1] 추성鄒聖 : 맹자孟子를 지칭함.

## 여강에서 돌아오는 길에 남한신성에 올라
[이때 윤중린이 유수였다]
### 驪江歸路 登南漢新城 [時尹仲麟爲留守]

남용익南龍翼*

| | |
|---|---|
| 나라에는 굳건한 성곽이 있고 | 國有金湯固 |
| 사람으론 지금 윤탁관이 있네 | 人今尹鐸寬 |
| 화초¹는 옛날에 쌓은 것이며 | 華譙曾舊築 |
| 승지는 예전 경관을 고쳤네 | 勝地改前觀 |
| 들이 넓어 세 강이 작아 보이고 | 野闊三江小 |
| 누대는 높아 오월에도 서늘한데 | 臺高五月寒 |
| 구름 이는 곳을 바라보게나 | 試看雲起處 |
| 서기가 있는 곳이 장안이라네 | 佳氣是長安 |

『壺谷集』 卷5

---

\*  남용익南龍翼(1628~1692) : 조선중기의 문신. 본관은 의령宜寧. 자는 운경雲卿, 호는 호곡壺谷이다.
1  화초華譙 : 망루望樓 또는 문루門樓를 지칭함.

## 응교 이민서가 남한산성에서 동료에게 부친 시에 차운하다
### 次李應教彛仲敏敍* 南漢山城寄僚友詩韻

박세당朴世堂**

| | |
|---|---|
| 멀리 구름이 빗긴 듯 가까이 병풍을 펼친 듯 | 遠似橫雲近列屏 |
| 신령스런[1] 누대와 성가퀴는 층층 푸른산을 압도하네 | 隱鱗樓堞壓層靑 |
| 예부터 전하기를 패주는 이름이 온조라는데[2] | 舊傳霸主曾名祚 |
| 이제는 선인을 보니 정씨 성이 아니네[3] | 今見仙人不姓丁 |
| 환란에 대비함은 장구한 백년대계요 | 陰雨百年長久計 |
| 산하는 만고토록 험난한 모습이어라 | 山河萬古險危形 |
| 한남 종사관은 청명한 조정의 준걸이니 | 漢南從事淸朝俊 |
| 그대가 병사를 논하며 성상 뵙길 기대하네 | 待爾論兵覲陛庭 |

『西溪集』 卷1/『潛稿』

* 이이중李彛仲 : 이중은 이민서李敏敍(1633~1688)의 자이고, 호는 서하西河, 시호는 문간文簡이다. 승문원 부제조, 대제학 등을 역임하였다.
** 박세당朴世堂(1629~1703) : 조선후기의 학자, 문신. 본관은 반남潘南. 자는 계긍季肯, 호는 잠수潛叟・서계초수西溪樵叟・서계西溪. 소론의 지도자 중 한사람이며 박태보의 아버지이다.
1 신령스런 : 원문의 '은린隱鱗'은 "신령스러운 용이 그 비늘을 감춘다"는 말에서 원용한 것으로 위魏나라 조식曹植이 지은 『교지矯志』에 "인호는 발톱을 숨기고 신룡은 비늘을 숨긴다仁虎匿爪 神龍隱鱗."라고 하였다.
2 예부터 … 온조라는데 : 남한산성은 온조의 옛 도읍지이며, 그의 사당이 있다.
3 정씨丁氏 아닌 선인仙人 : 정씨는 선인 정영위丁令威인데, 이민서가 선원仙院이라 별칭되는 관서의 응교이므로 '정씨 아닌 선인'이라 한 것이다.

## 남한산성에서 놀며 옛날 감회가 있어 8수
### 遊南漢山城感舊 八首

김석주金錫胄*

[서장대에 오르다登西將臺]

| | |
|---|---|
| 청춘으로 홀로 한남의 돈대에 오르니 | 靑春獨上漢南臺 |
| 돈대 아래엔 긴 강이 바다로 돌아들고 | 臺下長江入海廻 |
| 북쪽 바라보니 해 저물녘 연기만 아득하여 | 日暮煙塵迷北望 |
| 우레 같은 고검[1]의 울부짖음을 견딜수 없네 | 不堪孤劍吼風雷 |

『息庵遺稿』 卷5

---

\* 김석주金錫胄(1634~1684) : 조선후기의 문신. 본관은 청풍淸風, 자는 사백斯百, 호는 식암息庵. 김육金堉의 손자이다.
1 고검孤劍 : '한 자루의 칼'이란 뜻으로 간단한 무장武裝을 지칭하는 말로 쓰인다.

## [가한봉²을 바라보며望可汗峯]

| 하루 저녁에 오랑캐의 봉화가 한궁을 비추고 | 一夕胡烽照漢宮 |
| 선왕은 이곳에 어가를 머물었었네 | 先王於此駐飛龍 |
| 누가 알았으랴 백이 금탕지에³ | 誰知百二金湯地 |
| 다시 오산의 입마봉⁴에 있을 줄을 | 更有吳山立馬峯 |

『息庵遺稿』 卷5


## [감회가 있어有感]

| 옛 고을 동북쪽엔 누런 구름⁵이 다했고 | 古州東北盡黃雲 |
| 검은 말과 푸른 말이 각각 무리를 지었네⁶ | 烏驪靑驍各一群 |
| 한나라의 전사는 삼십만이었는데⁷ | 漢家戰士三十萬 |

---

2  가한봉可汗峰 : 인조가 남한산성 안에 포위되어 있었던 병자호란 때 청태종이 말을 타고 이 봉우리 위에 올라 성 안을 굽어보았던 사실에서 유래한 명칭이다. 문헌상의 명칭은 한봉汗峰, 하한봉河汗峰, 한우봉汗牛峰, 금한봉金汗峰, 입마봉立馬峰, 한봉漢峰으로 다양하다.
3  백이百二 금탕지金湯地 : 백이百二는 방어防禦가 튼튼하여 적의 지세보다 백배나 유리한 지세를 나타내는 말. 이때 '이二'는 곱절의 뜻으로 쓰였다. 금탕金湯은 금성탕지의 준말로 쇠로 만든 성곽과 끓는 물로 채운 연못이란 뜻인데 전의되어 방어 시설이 철통같이 튼튼한 성을 말한다.
4  오산의 입마봉 : '오산吳山'은 남송南宋의 수도 임안臨安 부근에 있는 산. 그 아래 빼어난 경치로 유명한 서호西湖가 있다. 금金나라 완안량完顏亮의 〈오산 吳山〉 시에 "백만 군대 서호 위로 옮기어 오산 제일봉에 말을 세웠네移兵百萬西湖上 立馬吳山第一峯."라 하였다.
5  누런 구름 : 원문의 '황운黃雲'은 본래 '누런 빛깔의 구름'이란 뜻인데 벼가 누렇게 익은 들판을 비유적으로 이르는 말로 쓰인다.
6  오려烏驪는 검정색의 말, 청방靑駹은 푸른색의 말을 뜻한다. 『한서漢書』에 흉노족 묵특이 한漢나라의 유방劉邦을 백등산白登山에서 포위할 때 "흉노의 기병騎兵들이 동쪽은 청방마靑駹馬, 서쪽은 백마白馬, 남쪽은 성마騂馬, 북쪽은 오려마烏驪馬로 가득차 있었다."는 기록이 있다.
7  한나라의 … 삼십만이었는데 : 한 고조와 흉노족 묵특이 전쟁할 때 한나라는 32만 명의 보병으로서 32만으로 흉노 군대를 추격했다. 고조가 먼저 평성平城에 도착하였는데, 보병들이 아직

기인한 공은 되려 봉춘군에게 돌아갔네[8]     奇功還屬奉春君

『息庵遺稿』 卷5


## [서암문의 적을 격파한 곳을 보며觀西暗門破賊處]

장사들이 빗겨든 창으로 호관을 압도하고     壯士橫戈壓虎關
서문에선 한 화살에 굳어진 얼굴이 펴졌는데     西門一箭破完顏
지금도 성가퀴가 구름과 이어진 곳에는     至今雉堞連雲處
아직도 당시 싸움의 핏자국이 얼룩져 있네     猶有當時戰血斑

『息庵遺稿』 卷5


## [북문의 전사를 애도하여哀北門戰士]

외로운 성이 하룻밤에 진운[9]으로 어둡자     孤城一夕陣雲昏
장사들은 몸을 던져 국은에 보답하였네     壯士捐軀報國恩
해가 진 옛 고을 남쪽 둔덕길에서     日落古州南畔路
어느 곳에서 넋을 위로할지 모르겠네     不知何處可招魂

『息庵遺稿』 卷5

  모두 도착하지 못하자 묵특이 정예병 40만 기병을 풀어 고조를 백등산白登山에서 에워쌌고, 7일 동안 한나라 군대는 포위망의 안팎에서 고립된 적이 있었다.
8 봉춘군奉春君 : 유경劉敬의 봉호임. 유경은 본래 루婁씨 성을 가지고 있었는데, 한 고조高祖에게 주나라의 도읍지였던 낙양에 도읍을 정할 것을 고하였다. 훗날 고조는 누경에게 유劉씨 성을 하사하고, 낭중郞中에 임명한 다음 봉춘군奉春君의 칭호를 내렸다.
9 진운陣雲 : 진을 친 듯한 모양으로 생긴 구름. 싸움터에 뜬 구름.

## [이완풍[10]을 생각하며 懷李完豊]

| | |
|---|---|
| 옛날에 명륜에서의 계획을 맹서하였고 | 誓心昔日明倫計 |
| 피를 토하며 그 해 임금에게 충성을 받쳤네 | 嘔血當年報主誠 |
| 천기[11]를 격파하지 못한 것이 끝없는 한인데 | 未破天驕無限恨 |
| 때마침 비바람이 빈 성에 가득하네 | 有時風雨滿空城 |

『息庵遺稿』卷5

## [천주사에서 피리소리를 듣다 天柱寺聞笛]

| | |
|---|---|
| 한 가락 피리소리 높은 누대에 의지하고 | 一聲長笛倚高樓 |
| 누대 밖 평평한 곳에 옛날 전장이 보이는데 | 樓外平看古戰丘 |
| 불어온 바람은 머물지 않고 요새를 빠져나가고 | 不待臨風吹出塞 |
| 외로운 성의 달빛만 근심을 견디고 있네 | 孤城月色已堪愁 |

『息庵遺稿』卷5

## [천주사에 부치다 題天柱寺]

| | |
|---|---|
| 천년 옛적 온조왕의 유적은 아득하고 | 千古溫王迹渺然 |
| 백등산의 수치[12]에 눈물 자국만 남았는데 | 白登遺恥淚痕邊 |

---

10 이완풍李完豊 : 이서李曙를 지칭함. 완풍完豊은 그의 자임. 시호는 충정忠定이다.
11 천교天驕 : 흉노족의 선우單于를 일컫던 말로 여기서는 청나라 군사를 지칭함.

산승은 흥망의 일을 관계치 아니하고 山僧不管興亡事
홀로 맑은 창을 향해 법련을 공부하누나 獨向晴窓課法蓮

『息庵遺稿』 卷5

12  백등산의 수치 : 전한과 흉노 사이에 전쟁이 일어났을 때. 한고조는 흉노를 복속시키기 위해 그 영토를 침공했지만 묵돌 선우의 반격에 오히려 백등산白登山에 고립 당했다. 한고조는 7일간 버티다가 모사 진평의 계책으로 묵돌 선우의 왕비에게 뇌물을 주어 포위가 느슨해진 틈을 타 달아났다. 이후 한나라와 흉노는 형제 관계의 화친을 맺었다.

# 사백 김석주의 〈유남한산성〉을 차운하여
## 次金斯百錫冑遊南漢山城韻

이선 李選*

### ['서장대에 올라'의 시운 上西將臺韻]

| | |
|---|---|
| 들건대 그대는 나막신¹으로 높은 누대에 올라 | 聞君蠟屐上高臺 |
| 남한산성 두루 답사하고 이월에 돌아갔다는데 | 踏盡南城二月廻 |
| 남은 눈도 아직 녹지 않고 인적만 끊겼건만 | 殘雪未消人迹斷 |
| 말발굽 가벼운 곳에서 마른 번개소리가 나네 | 馬蹄輕處響乾雷 |

『芝湖集』卷1

### ['가한봉을 바라보며'의 시운 望可汗峯韻]

선후²께서 행궁에 머물렀음을 기억하나니　　　　憶曾先后駐行宮

---

\* 이선李選(1632~1692) : 조선후기의 문신. 본관은 전주全州. 자는 택지擇之, 호는 지호芝湖·소백산인小白山人, 송시열宋時烈의 문인이다.
1 원문의 납극蠟屐은 나무가 말라 터지는 것을 방지하기 위하여 겉에 밀랍을 녹여 칠한 나막신을 말한다.

| | |
|---|---|
| 어찌 백등산에서 육룡을 괴롭힌 것과 비슷하리 | 何似白登困六龍 |
| 차마 나는 새도 지나기 어려운 곳을 보니 | 忍見鳥飛難過處 |
| 길가 사람은 아직도 가한봉을 가리키누나 | 路人猶指可汗峯 |

『芝湖集』 卷1

## ['이충정을 그리며'의 시운懷李忠定韻]

| | |
|---|---|
| 정사³ 당시에는 회맹을 주재하였고 | 靖社當時寔主盟 |
| 이를 보장하기 위해 또한 정성을 다했는데 | 保障於此亦精誠 |
| 단청이 벗겨진 채 사당은 텅 비어 있고 | 丹靑剝落空遺廟 |
| 해마다 비바람에 옛 성을 암담케 하네 | 風雨年年暗舊城 |

『芝湖集』 卷1

## ['북문 전장'의 시운北門戰場韻]

| | |
|---|---|
| 병사를 담당한 이 누구인지 어둠을 틈타 제압하고 | 掌兵何者制機昏 |
| 피 흘리며 공연히 임금의 은혜에 빚을 졌네 | 一衂徒然負主恩 |
| 전해 들건대 지금도 비바람 부는 밤엔 | 聞道至今風雨夜 |
| 때때로 충혼이 애원하며 운다고 하네 | 有時哀怨泣忠魂 |

『芝湖集』 卷1

2  선후先后 : 선대先代의 임금을 지칭함.
3  정사靖社 : 본래 "사직을 안정되게 한다."는 뜻인데 여기에서는 인조반정을 말한다.

## ['서암문 적을 격파한 곳을 보다'의 시운 觀西暗門破賊處韻]

| | |
|---|---|
| 서문의 형승은 검관⁴과 같으며 | 形勝西門若劍關 |
| 아래는 깊은 골짜기 위는 험준한 산이네 | 下臨深壑上屏顏 |
| 전쟁 당시에 굳센 뜻을 부리어 | 一戰當時差強意 |
| 핏자국이 지금까지도 얼룩져 있다네 | 血痕今日尙斑斑 |

『芝湖集』 卷1


## ['천주사에 부치다'의 시운 題天柱寺韻]

| | |
|---|---|
| 멀리 보이는 성가퀴는 한결같이 처량하고 | 遙看粉堞一凄然 |
| 시든 풀 차가운 연기는 석양 주변에 있는데 | 衰草寒煙夕照邊 |
| 수치를 남긴 것은 지금도 씻지 못하여 | 遺恥至今猶未雪 |
| 서생은 부질없이 추련도⁵를 어루만지네 | 書生漫自撫秋蓮 |

『芝湖集』 卷1

---

4  검관劍關 : 중국의 사천성 입구에 있는 험준한 산.
5  추련도秋蓮刀 : 가을 연꽃은 다른 연꽃이 피지 않을 때 의연하게 핀 꽃으로 즉 지조가 있는 대장부를 상징한다. 병자호란 때 활약한 임경업 장군의 보검 가운데 하나가 추련도이다.

## 남한에서 호곡의 운을 차운하여
### 南漢次壺谷韻

이민서 李敏敍*

| | |
|---|---|
| 산꼭대기 성은 백길이나 되고 | 山頭城百丈 |
| 정자의 벽은 사방이 넓직하며 | 亭壁四圍寬 |
| 보취하여 전대의 일을 뉘우쳐 고쳤는데 | 保聚懲前事 |
| 올라와 보니 장관이라네 | 登臨得壯觀 |
| 오색구름 하늘 가까이 있고 | 五雲天咫尺 |
| 유월인데도 지대가 높아 춥네 | 六月地高寒 |
| 다시금 세밀한 계책을 다하여 | 且盡綢繆策 |
| 길이 국세가 평안토록 하기를 | 長令國勢安 |

『西河集』卷3

---

\* 이민서李敏敍(1633~1688) : 조선후기의 문신. 본관은 전주全州, 자는 이중彛仲, 호는 서하西河이다.

# 남한산성
## 南漢山城

### 권성구權聖矩[*]

| | |
|---|---|
| 많은 성가퀴 철옹성으로 한남에 있고 | 百雉金城漢以南 |
| 높은 돈대에서 선감[1]을 굽어보며는 | 一臺高處俯仙龕 |
| 앞엔 큰 들판으로 긴강이 띠를 둘렀고 | 前臨大野長江帶 |
| 북쪽으론 대궐을 받들어 패기를 머금었네 | 北拱宸樞覇氣含 |
| 조망 속에 산의 원근을 알 수 있을 뿐 | 望裏惟知山遠近 |
| 세간의 신맛단맛을 어찌 알겠는가 | 世間寧識味酸甘 |
| 삼십년 전의 일일랑 말하지 말라 | 休言三十年前事 |
| 오늘 올라온 나 또한 남자이거니 | 此日來登我亦男 |

『鳩巢集』卷1

---

[*] 권성구權聖矩(1642~1708) : 조선후기의 문신. 본관은 안동安東. 자는 서여恕余, 호는 구소鳩巢. 유직柳稷의 문인이다.
[1] 선감仙龕 : 신주를 모셔두는 감실.

# 남한산성을 바라보고 감회가 있어
## 望南漢山城有感

홍세태洪世泰*

| | |
|---|---|
| 우리 동방에는 이 남한산성이 있고 | 吾東有此漢南城 |
| 도해[1]는 사람을 기꺼이 죽게 하였는데 | 蹈海令人不欲生 |
| 약소국으로 단지 동지사를 치달릴 뿐이니 | 弱國但馳冬至使 |
| 평상시 어떻게 군사를 야조[2]하였나 | 平時何用夜操兵 |
| 흐린 하늘엔 초목이 삼추[3]동안 말라죽고 | 天陰草木三秋死 |
| 험준한 땅엔 산하가 오랜 세월 지났는데 | 地險山河萬古橫 |
| 북극제단에서 새로운 의기가 일어나고 | 北極帝壇新義起 |
| 백성들은 비로소 황명을 알게 된 듯하네 | 小民猶得識皇明 |

『柳下集』卷4

---

* 홍세태洪世泰(1653~1725) : 조선후기의 여항시인. 본관은 남양南陽. 자는 도장道長, 호는 창랑滄浪, 유하柳下이다.
1 도해蹈海 : 바다에 몸을 던져 죽는다는 뜻으로, 고상하고 순결한 절개와 지조를 이르는 말.
2 야조夜操 : 야간군사훈련.
3 삼추三秋 : 음력 9월. 또는 가을의 석달. 3년과 같이 쓰이는 말. 전의되어 '일각여삼추一刻如三秋'처럼 몹시 기다려지거나 지루한 느낌을 이르는 말로도 쓰인다.

# 남한산성을 지나 쌍령에 이르러 짓다
## 歷南漢山城抵雙嶺作

홍세태洪世泰

| | |
|---|---|
| 남한산성은 높아서 세찬 바람이 많은데 | 南漢城高多烈風 |
| 행인의 말머리는 광주 동쪽을 향하네 | 行人馬首廣州東 |
| 새 서릿발 깊은 곳에 모두 국화만 드리웠고 | 新霜重處皆垂菊 |
| 석양이 빗긴 주변에 기러기 몇 마리 지나가네 | 殘照橫邊稍度鴻 |
| 옛 길에 황당하게 쌍령이 나오니 | 舊路怳然雙嶺出 |
| 나그네 회포와 슬픔이 시종과 같은데 | 客懷愁絶一奴同 |
| 흰머리에 우스워라. 나는 늙마에 밭을 구하고 | 白頭笑我求田晚 |
| 높은 벼슬아치들 장안¹에 가득하네 | 冠盖繁華滿洛中 |

『柳下集』卷1

---

1  원문의 '낙중洛中'은 '낙양洛陽'과 같은 말로, 전의되어 '장안' '도시'를 나타내는 말로 쓰인다.

## 송파를 건너 저녁에 남한산성에 도착하다
### 渡松坡 夕抵南漢山城

홍세태洪世泰

배 타고 들을 건너가니 석양이 비치기 시작하고 　移舟野渡日初曛
말을 달려 산을 오르려니 길이 분명치 않누나 　策馬登山路不分
우러러 산성 머리를 보니 희미한 불빛이 있고 　仰視城頭微有火
허공 구름 속의 수루엔 사람의 말소리 들리네 　戍樓人語半空雲

『柳下集』 卷11

# 남한산성에서 감회가 있어
## 南漢山城有感

최석항崔錫恒[*]

| | |
|---|---|
| 병자년에 갑자기[1] 나라가 기울어졌는데 | 丙子蒼黃國步傾 |
| 지난 자취 돌이키니 홀로 마음 상하누나 | 追思往迹獨傷情 |
| 일이 위급하자 남한에선 고충[2]이 일어나고 | 事危南漢孤忠激 |
| 몸을 서하[3]에 매니 대의가 밝아졌다네 | 身繫西河大義明 |
| 그 당시의 고심을 누군들 알 수 있으랴 | 當日苦心人豈識 |
| 지금도 허튼 의론으로 뼛속까지 놀란다네 | 至今浮議骨猶驚 |
| 중원에서 머리를 돌리니 비린내가 가득하고[4] | 中原回首腥塵滿 |
| 길이 영웅들로 하여금 기운을 불평하게 하였네 | 長使英雄氣不平 |

『損窩遺稿』 卷2

---

[*] 최석항崔錫恒(1654~1724) : 조선후기의 문신. 본관은 전주全州. 자는 여구汝久. 호는 손와損窩. 최명길崔鳴吉의 손자이며, 영의정 최석정崔錫鼎의 아우이다.
1 원문의 '창황蒼黃'은 "미처 어찌할 사이도 없이 매우 급작스러움"이란 뜻이다.
2 고충孤忠 : 홀로 바치는 외로운 충성.
3 서하西河 : 중국 연진延津 일대의 황하 서부 지역을 말한다.
4 중원에서 … 가득하고 : 병자호란이 명명나라와 청淸나라의 교체기를 당해 중원中原에 이는 풍운風雲의 정세에 어두웠을 뿐만 아니라 명나라에 대한 의리義理를 내세운 명분론 때문에 갑작스레 당한 참혹한 변란이었음을 말한 것이다.

# 남한산성에서 자며
## 宿南漢山城

김시준 金時儁[*]

| | |
|---|---|
| 병자년[1]에 있었던 일을 | 柔兆年間事 |
| 한밤중 곰곰이 생각하니 | 中宵昧昧思 |
| 사람의 모책은 분명 실수가 있고 | 人謀誠有失 |
| 하늘의 뜻 또한 알기 어렵네 | 天意亦難知 |
| 성후의 공적을 모두 추대하고 | 聖后功咸戴 |
| 황조의 덕이 아직 쇠하지 않았는데 | 皇朝德未衰 |
| 지사로 하여금 어찌 해야 하는가 | 如何使志士 |
| 검을 잡고 비통함을 가누지 못하네 | 撫劒不勝悲 |

『水西文集』卷1

---

[*] 김시준金時儁(1658~1733) : 조선후기의 유학자. 본관은 안동安東. 자는 택삼宅三, 호는 수서水西이다.
[1] 원문의 '유조柔兆'는 고갑자古甲子에서 천간天干의 병丙에 해당되는 말로, '유조游兆'라고도 한다.

# 남한산성에서 옛일을 생각하며
## 南漢山城感舊

조유수 趙裕壽*

| | |
|---|---|
| 산성의 누대 성가퀴는 종과 스님을 동원했고 | 山樓粉堞帶奴緇 |
| 청정한 땅에 세 칸 현절사를 세웠다네 | 淨地三間顯節祠 |
| 하늘엔 오랑캐가 공첩장¹을 매달았고 | 天上胡懸空疊嶂 |
| 강 머리엔 사람들이 상과비²를 세웠네 | 江頭人立尙夸碑 |
| 평시엔 침범이 없어 험준함을 살펴보았고 | 平時無寇窺崝嶸 |
| 소윤이 어버이 즐겁게 하려 잔치하던 곳이네 | 小尹娛親宴洛司 |
| 이야기가 병정년³에 이르자 감개해지는데 | 話到丙丁偏感慨 |
| 그 당시 너희 조상 역시 성가퀴에 올랐다네 | 其時爾祖亦登陴 |

『后溪集』 卷4

---

\* 조유수趙裕壽(1663~1741) : 조선중기의 문신. 본관은 풍양豊壤, 자는 의중毅仲, 호는 후계後溪이다.
1 공첩장空疊嶂 : 가한봉可汗峯을 지칭함.
2 상과비尙夸碑 : 삼전도비三田渡碑를 지칭함.
3 병정년丙丁年 : 병자년(1636)과 정묘년(1646)의 호란胡亂을 지칭하는 말이다.

## 남한산성
### 南漢山城

정식鄭栻*

| | |
|---|---|
| 천 길 높은 성에 백 길 되는 해자로 | 千丈高城百丈溝 |
| 올라와서 옛 일 생각하니 눈물이 나는데 | 登臨底事涕橫流 |
| 참담한 안개 노을에 구름은 해를 가리며 | 烟霞慘憺雲屯日 |
| 갑마¹도 황당한데 달은 가을을 어지럽히네 | 甲馬蒼黃月暈秋 |
| 지리는 종래부터 험고하다고 일러왔고 | 地利從來彌險固 |
| 인화도 오랜 계산에 힘입는 것은 아닐진대 | 人和非是賴長籌 |
| 천마를 지키지 못함 무슨 말로 탄식할건가 | 天磨失守嗟何說 |
| 산하를 바라보니 아직도 부끄럼을 띠었네 | 擧目山河尙帶羞 |

『明庵集』 卷3

---

\* 정식鄭栻(1664~1719) : 조선후기의 문신. 본관은 연일延日. 자는 경숙敬叔, 호는 명암明庵이다.
1 갑마甲馬 : 품종이 뛰어난 으뜸이 되는 말.

# 남한산성
## 南漢山城

홍중성洪重聖*

| | |
|---|---|
| 성곽은 구름 위로 높이 솟아 있고 | 城峻參雲上 |
| 돈대는 나는 새 주변에 높이 보이는데 | 樓危出鳥邊 |
| 뾰족한 산봉우리 구지[1]에 치솟고 | 峰巒九地湧 |
| 안장을 얹은 말은 허공에 걸려 있네 | 鞍馬半空懸 |
| 가까이는 긴 강을 가늘게 끼고 있고 | 近挾長江細 |
| 평지에선 지는 해가 둥글게 보이는데 | 平看落日圓 |
| 목채과 울타리[2]는 언제 설치하였는가 | 儲胥何代設 |
| 인조 임금 병자년 정축년이라네 | 仁祖丙丁年 |

『芸窩集』 卷4

---

\* 홍중성洪重聖(1668~1735) : 조선후기의 문신. 본관은 풍산豊山. 자는 군측君則, 호는 운와芸窩이다.
1 구지九地 : 전쟁터에서의 9가지 지형地形을 말하며, 병법兵法에서는 9가지 지형에 대한 공격과 방어 전술이 있다고 설명하고 있다.
2 원문의 '저서儲胥'는 주둔한 군대가 방비를 목적으로 설치한 목책木柵과 울타리를 지칭한다.

# 길을 가다가 남한산성을 바라보다
## 途中 望南漢山城

김춘택金春澤[*]

| | |
|---|---|
| 안장을 기대어 한번 바라보니 | 憑鞍試一望 |
| 남한산성 성가퀴는 빽빽하게 솟았고 | 漢堞鬱嵯峩 |
| 눈이 쌓여 넘기 험하게 보이며 | 雪積看逾險 |
| 하늘 높아 가는 사람 많지 않네 | 天高去未多 |
| 쓸모없는 선비 흰머리 생기고 | 腐儒成白首 |
| 지난 일은 장가에 들어 있는데 | 往事入長歌 |
| 노중련[1]이 비록 고절이지만 | 蹈海雖孤節 |
| 종려[2]가 없었음은 어찌 된건가 | 如無種蠡何 |

『北軒居士集』 卷5

---

[*] 김춘택金春澤(1670~1717) : 조선후기의 문신. 본관은 광산光山. 자는 백우伯雨, 호는 북헌北軒. 숙종의 장인인 김만기金萬基의 손자이다.
1 도해蹈海 : 노련도해魯連蹈海 고사의 준말. 전국시대 제齊나라의 노중련魯仲連이 위魏나라 사자使者인 신원연辛垣衍과 담판을 하면서, 만약 포악무도한 진秦나라가 황제로 천하에 군림할 경우에는 "동해 바다를 밟고서 죽을지언정 차마 그 백성으로 살아갈 수는 없다連有蹈東海而死耳 吾不忍爲之民也."고 말하였다는 고사에서 유래한 것이다. 『史記』 卷83 「魯仲連列傳」.
2 종려種蠡 : 월나라 구천句踐의 신하인 문종文種과 범려范蠡를 지칭함.

## 남한잡시 8수
## 南漢雜詩 八首

이하곤 李夏坤[*]

### [첫 번째 其一]

| | |
|---|---|
| 대낮에도 모래바람이 철관을 어둡게 하고 | 白日風沙暗鐵關 |
| 외로운 성의 사방은 거친 산뿐인데 | 孤城四面卽荒山 |
| 이 가운데에 하늘은 어찌 무심하게 세우고 | 此中天豈無心設 |
| 어이하여 오랑캐가 생기 얻어 돌아갔는가 | 底事胡曾得氣還 |
| 전쟁 귀신 색두[1]도 당시에 스스로 곡하였고 | 戰鬼索頭時自哭 |
| 침과정에 스민 피는 오래도록 오히려 성한데 | 沈戈漬血久猶殷 |
| 쓸모없는 선비는 세상 평정 걱정할 줄만 알고 | 腐儒但識憂平世 |
| 병자년에 태어나지 않음을 다행으로 여기네 | 幸不身生丙子間 |

『頭陀草』 冊三

---

[*] 이하곤 李夏坤(1677~1724) : 조선후기의 문인, 화가. 본관은 경주. 자는 재대載大, 호는 담헌澹軒. 문형文衡을 지낸 이인엽李寅燁의 아들이다.
[1] 색두索頭 : 선비족을 지칭함. 남자들이 다 머리를 밀고 정수리의 머리카락만 길게 땋아 늘어뜨렸기 때문에 색두索頭 혹은 색로索虜라고 불렀다.

## [두 번째 其二]

| | |
|---|---|
| 쓸쓸타 외로운 성은 기분 절로 서글프니 | 蕭瑟孤城氣自哀 |
| 성 머리서 멀리 봐도 다시 높은 돈대만이 | 城頭縱目更危臺 |
| 한 무리 흰기러기 하늘을 빗겨 가르고 | 一羣白鴈方斜度 |
| 무수한 푸른 산은 물결 솟구쳐 오는 듯하네 | 無數靑山似湧來 |
| 전쟁 흔적 지금까지도 노목에 남았으니 | 戰伐于今餘老木 |
| 흥하고 망함은 예로부터 티끌에 불과했다네 | 興亡從古只浮埃 |
| 가련타 온조왕 사당만 부질없이 남았기에 | 可憐溫祚空遺廟 |
| 갈대꽃 꺾어놓고 한잔 술 올리려네 | 欲折寒花薦酒杯 |

## [세 번째 其三]

| | |
|---|---|
| 예로부터 남한산성을 철옹성이라 하였고 | 從古金湯說漢城 |
| 구름에 잇닿은 성가퀴는 가파르기까지 한데 | 連雲雉堞復崢嶸 |
| 지금까지도 산하엔 수치스러움 남았고 | 今來自有山河恥 |
| 늙어감에 화하가 청나라 됨이 듣기 어렵네[2] | 老去難聞華夏淸 |
| 세상일 아득도 하여 눈물겨운데 | 古事蒼茫堪一涕 |
| 유관은 악착같이 평생을 저버리네 | 儒冠齷齪負平生 |
| 거주하는 사람은 동쪽 봉우리 가리키며 | 居人指點東峰上 |
| 가한이 당시 이곳에 진을 쳤다고 하네[원주] | 可汗當時此結營 |

[원주] '정기를 세우다'로 표기된 곳도 있다 一作竪旌.

2 화하가 … 청나라 됨이 : 화하華夏는 옛 중국을 지칭하는 말로 명明나라 계승하였는데 예맥족인 청나라가 명나라를 멸하고 도읍을 북경으로 옮겨 중국을 대표하였음을 말한 것이다.

## [네 번째 其四]

| | |
|---|---|
| 옥천정의 맑은 샘은 가는 곳을 찾으려 않고 | 玉井泠泉不去尋 |
| 서장대의 노목은 이곳에서 등림[3]하나니 | 西臺老木此登臨 |
| 구름엔 살기가 맺혔고 산천은 엄숙한데 | 雲凝殺氣山川肅 |
| 귀신소리[4]와 거친 해자에 초목이 음산하네 | 鬼嘯荒壕草樹陰 |
| 훗날 물이 맑아지면 다시 보게 되리니 | 異日河清能復覩 |
| 천취[5]에서의 한 평생 어떤 마음이런고 | 百年天醉是何心 |
| 슬픈 노래에 홀로 웅검을 바라보며 | 悲歌獨自看雄劍 |
| 쇠잔한 눈물 찬바람 저녁 봉우리에서 흘리네 | 衰涕寒風灑夕岑 |

## [다섯 번째 其五]

| | |
|---|---|
| 선왕이 지난날 도성 떠나 난을 피하여[6] | 先王昔有去邠行 |
| 사직을 갑자기 이 성에 위탁하였으니 | 社稷蒼黃寄此城 |
| 누가 동관[7]에 보내어 험준함을 잃게 했는가 | 誰遣潼關終失險 |
| 정국이 단지 회맹했을 뿐이라고 들려오네 | 還聞鄭國但尋盟 |
| 비바람은 아직도 천년의 한을 띠고 | 風雲尙帶千年恨 |
| 해와 달엔 부질없이 여러 사람 이름 걸렸네 | 日月空懸數子名 |

---

3 '등림登臨'은 '등산임수登山臨水'의 준말로 "산에 오르기도 하고 물에 가기도 함"을 말한다. 군자는 등산임수하여 번잡한 근심을 씻고 정신과 기운을 기른다고 한다.
4 원문의 '귀소鬼嘯'는 귀살鬼殺이 울부짖는 휘파람소리를 뜻하며, 명리학적으로 귀소는 악사惡死의 징후라 한다.
5 천취天醉: 무도無道한 임금이 집정하는 무도한 세상을 뜻한다.
6 원문의 '거빈去邠'은 예전에, 임금이 도성을 떠나 난리를 피하는 일을 이르던 말이다.
7 동관潼關: 한漢나라 때 지금의 섬서·산서·하남 3성三省 경계 지역에 설치한 관문.

한강물은 도도하게 바다로 흘러가고 　　　　漢水滔滔朝海去
찬 겨울에 눈물 흘리며 숭정[8]을 생각하네 　　寒天流淚憶崇禎


## [여섯 번째 其六]

서장대는 드높아 구름과 나란하고 　　　　西將臺高雲与平
화산은 술을 대해 한강을 채웠네 　　　　　華山對酒漢江搢
삼전도비를 보니 매우 수치스럽고 　　　　深羞忍見三田石
부질없이 백제성 옛 자취만 남았네 　　　　古跡空餘百濟城
탁트인 들판에 한줄기 연기 날은 저물어 가고 野闊孤烟方暮色
하늘 맑고 낙엽 떨어져 찬 소리 나는데 　　天淸落木更寒聲
쓸쓸타 저절로 슬픈 가을 정취가 나네 　　蕭條自有悲秋意
어찌하면 등림하며 감개한 정을 참을꼬 　　況耐登臨感慨情


## [일곱 번째 其七]

구름 위 고목에는 덩굴풀 늘어졌고 　　　　參雲老木亂藤垂
온조왕 천년 사직 또한 사당뿐인데 　　　　溫祚千年亦有祠
가을이라 낙엽은 흙 자리에 묻어있고 　　　落葉一秋深土座
스산한 바람 종일 정기를 흔드누나 　　　　陰風盡日颭靈旗
아직도 세시에는 주민 시켜 제사 지내니 　歲時尙致居民祭

---

8 　숭정崇禎 : 중국 명明나라의 의종毅宗의 연호로 1628~1644년간 사용되었다. 전의되어 문명을 떨친 명나라를 지칭하는 말로 쓰인다.

홍망 사연 공연히 나그네를 슬프게 하네 興廢空令過客悲
문 앞에서 말 내려 두 번을 절하는데 下馬門前還再拜
거친 숲에 빗긴 햇살은 이끼 낀 계단에 드네 荒林斜照入苔墀


[여덟 번째其八]

여덟 사찰이 산성에 별처럼 버려 있고 星羅八寺府城間
듣기를 천주사가 한 번 오를 만하다네 天柱曾聞可一攀
가는 곳은 인가가 하계에 이어진 곳으로 行處人烟連下界
자리에 앉으니 가을 낙엽 찬 산에 가득하네 坐來秋葉滿寒山
방울 흔들며 도취한 무당 참으로 우습고 搖鈴醉覡眞堪笑
삿갓 쓴 스님은 완고함이 극진하여라 戴笠居僧盡是頑
홀로 남루에서 달을 감상함이 마땅한데 獨有南樓宜翫月
다만 술 마시며 밤중에 돌아가야 하네 只須留飮夜中還

『頭陀草』冊三

# 남한산성
## 南漢山城

이격 李格[*]

| | |
|---|---|
| 산성은 험고하여 우리나라를 보호하고 | 山城險固冠吾東 |
| 나라에서 오랑캐 제어에 이롭게 쓸 수 있네 | 要在邦家利禦戎 |
| 쌓고 뚫음이 저절로 지세에 따라 능하니 | 蓄鑿自能因地勢 |
| 안위를 관웅에 의지할 수 있다네 | 安危可得仗關雄 |
| 네개 문을 닫아걸면 천명이 두려워하고 | 四門鎖鑰千夫慴 |
| 한 밤에 아홉 사찰이 함께 종을 울리네 | 一夜鳴鍾九寺同 |
| 다만 또 공들여 저 돌을 세웠으니 | 但又勤功堅彼石 |
| 병자년을 되새기면 마음이 공허해지네 | 追懷丙子我心冲 |

『鶴谷集』 卷2

---

[*] 이격李格(1682~1759) : 조선후기의 문신. 본관은 양성陽城. 자는 사정士正, 호는 학곡鶴谷이다.

# 남한산성에 올라서
## 登南漢山城

안명하安命夏*

| | |
|---|---|
| 남한은 천년 땅으로 | 南漢千年地 |
| 긴 성은 높고도 웅장하다네 | 長城屹且嶉 |
| 경영함에 여러 힘을 다하였고 | 經營殫衆力 |
| 험준함은 하늘이 빚은 것이라네 | 截險自天功 |
| 애석할손 산하의 수치로 | 可惜山河恥 |
| 흙기와가 무너진 것과 같네 | 還同土瓦崩 |
| 남풍은 칼 두드리며 지나는데 | 南風彈劍過 |
| 홀로 분개하며 무지개를 쏜다네 | 孤憤射晴虹 |

『松窩集』卷1

---

\* 안명하安命夏(1682~1752) : 조선후기의 학자. 본관은 광주光州, 호는 송와松窩, 이현일李玄逸의 문인으로 예학의 경지가 높고 효행으로 향도에 이름났다.

## 남한전팔절
## 南漢前八絶

강박姜樸*

[첫 번째 其一]

| | |
|---|---|
| 남으로 남한산성에 올라 | 南登南漢城 |
| 북으로 삼전도를 바라보네 | 北望三田渡 |
| 석궐엔 누구의 비가 섰는가 | 石闕誰家碑 |
| 인간엔 백일¹이 저무누나 | 人間白日暮 |

『菊圃集』 卷5

[두 번째 其二]

누가 압록강을 멀다고 했던가    誰言鴨江遠

---

\* 강박姜樸(1690~1742) : 조선후기의 문인이자 병자호란 당시의 지사. 본관은 진주晉州, 자는 자순子淳, 호는 국포菊圃 또는 혜포惠圃이다.
1 백일白日 : 구름이 끼지 않은 맑은 날의 밝게 빛나는 해.

| 삼일이면 서울 근교에 닿는 걸 | 三日到郊圻 |
| 우리 성이 험한 건 보지 못하고 | 不見我城險 |
| 오랑캐 말 나는 것만 보았다네 | 但見胡馬飛 |

『菊圃集』 卷5

## [세 번째 其三]

| 안일을 꾀하기야 어제 오늘이 아니고 | 媮情非今日 |
| 태평성세 오십 년을 누렸지 | 昇平五十春 |
| 아무도 적은 결박하지 못하고 | 無人能縛賊 |
| 기껏 척화신만 결박하였네[2] | 但縛斥和臣 |

『菊圃集』 卷5

## [네 번째 其四]

| 종려는 진실로 비천하게 되었지만 | 種蠡誠爲卑 |
| 오늘의 누가 어찌 그들에 미치랴 | 今人何可及 |
| 오나라 뒤엎을 계책 정해진 것은 | 覆吳有定謀 |
| 신첩의 치욕을 감수한 때문이라네[3] | 所以甘臣妾 |

『菊圃集』 卷5

2 대책도 없는 척화斥和를 애국인 양 앞세우던 고관들은 전후에 생쥐처럼 숨고, 고작 심양으로 결박해 보낸 선비는 홍익한·오달제·윤집의 삼학사뿐이었다.
3 오월吳越의 싸움에서 월왕이 패하여 '감신첩甘臣妾'의 굴욕적인 항복을 할 때, 신하였던 문종文種과 범려范蠡는 일시 왕과 더불어 비천하게 되었지만 월왕의 복수를 도와 문종은 정사政事를

## [다섯 번째 其五]

| | |
|---|---|
| 동옹은 부끄럽게 살지를 않아 | 桐翁不愧生 |
| 백세토록 길이 교훈이 되었고[4] | 百世永爲敎 |
| 도의로 이름난 석실인은 | 聞道石室人 |
| 높이 대신의 자리에 앉았네[5] | 高步坐廊廟 |

『菊圃集』 卷5

## [여섯 번째 其六]

| | |
|---|---|
| 너른 벌판에 거친 제단이 있는데 | 大野荒壇在 |
| 당시엔 오랑캐 장막 높았었지 | 當時虜帳高 |
| 구리쟁반엔 낭자한 혈맹의 피 | 狼藉銅盤血 |
| 동인은 자결할 촌도조차 없었네 | 東人無寸刀 |

『菊圃集』 卷5

---

맡고 범려는 병사兵事를 맡아 쓸개를 맛보녀嘗膽 구천으로 하여금 끝내 오나라를 멸망시키게 하였다.
4  동옹은 … 되었고 : 동계桐溪는 정온鄭蘊의 호임. 병자호란에 척화에 앞장섰다가 왕이 항복하자 통분하여 칼로 자결하였으나 목숨은 끊어지지 않았다.
5  도의로 … 앉았네 : 석실산인은 김상헌을 지칭한다. 척화신으로 심양에 잡혀가 청태종에게 심문을 받았으나 조선 대신의 의연한 기상을 보여 국위를 선양하였다.

[일곱 번째 其七]

꿀과 군량과 전쟁 도구 　　　　　　　芻糧與戰具
조치함이 헛되어선 안 되리 　　　　　措置非徒爲
맡은 부서는 모름지기 노력하여 　　　所司須努力
완급을 헤아려 앞날을 경계해야 하리 　緩急戒前時

『菊圃集』 卷5


[여덟 번째 其八]

해는 서장대로 지는데 　　　　　　　落日西將臺
심한 노래로도 뜻을 다할 수 없네 　　沈歌意不極
황량한 구름은 옛 성으로 들고 　　　　荒雲入古城
주린 매는 겨울나무로 오르네 　　　　飢鶻登寒木

『菊圃集』 卷5

# 남한후팔절
## 南漢後八絶

강박姜樸

### [첫 번째 其一]

외로운 성에 탄알은 하나뿐이었고 孤城一丸子
군량은 떨어지고 병사도 도착하지 않았네 糧絶兵不至
아무도 임금과 백성을 먹이지 않았으며 誰非食君人
아무도 나라에 비축하지 않았었네 誰非爲國積

『菊圃集』 卷5

### [두 번째 其二]

오랑캐 병사들 손을 잡고 노래하고 胡人連手歌
오랑캐 말은 날로 뛰어올랐는데 胡馬日騰躍
슬프도다. 포위된 성 안에서는 哀哉圍城中
믿는 것은 오직 까치[1] 뿐이었네 所恃惟南鵲

[이때 행궁의 남쪽에 까치둥지가 있었다]
[時行宮南 有鵲巢之]

『菊圃集』卷5

## [세 번째其三]

| | |
|---|---|
| 임금의 침구를 장수에게 하사하고 | 御褥以賜將 |
| 임금의 마차로 병사에게 먹였네 | 御乘以食軍 |
| 너희 무리는 얼마나 힘을 다했기에 | 汝曹竟何力 |
| 성 아래에서 우리 임금이 맹약하였나 | 城下盟吾君 |

『菊圃集』卷5

## [네 번째其四]

| | |
|---|---|
| 창고에는 솜과 종이를 축적해 놓고 | 庫積綿與紙 |
| 장을 천개 옹기에 보관해 놓았으며 | 醬有千甕藏 |
| 멀리 생각하여 국난에 도움이 되었는데 | 慮遠國終賴 |
| 지금 그 사람은 죽어 없다네 | 其人今則亡 |

[완풍군 이서가 수어사가 되어 성안에 거핵²과 종이³, 훈장을 많이 설치하였는데 이때에 이르러

---

1 남작南鵲: 집의 남쪽 방향에 있는 나무 위에 집을 짓고 사는 까치. 좋은 징조를 나타낸다.
2 거핵去核: 과실이나 목화 따위의 씨를 뽑아 버림.
3 원문의 '지지紙地'는 종이를 옻 반죽의 풀로 붙인 다음 굳혀서 형태를 만든 것이다.

도움이 되었다. 임금의 수레가 성에 들어온 지 며칠 뒤에 이서는 병으로 죽었다.
[完豊君李曙爲守禦使 多置去核及紙地醬於城中 至是賴之 車駕入城數日 曙病死]

『菊圃集』卷5


## [다섯 번째 其五]

| | |
|---|---|
| 서남쪽에서 붉은 깃발 들고 나와 | 西南出紅旗 |
| 국난에 부임한 자가 누구인가 | 赴難者爲誰 |
| 군왕이 측근 신하에게 말하길 | 君王語左右 |
| 이 사람은 정세규[4]일 것이라 하였네 | 此必鄭世䂓 |

『菊圃集』卷5


## [여섯 번째 其六]

| | |
|---|---|
| 척화자를 포로로 색출하니 | 虜索斥和者 |
| 척화자가 몇이나 되었던가 | 斥和終幾人 |
| 다투어 내가 말하지 않더라도 | 爭言吾不爾 |
| 북으로 끌려간 이는 세 신하뿐이네 | 北去只三臣 |

『菊圃集』卷5

---

4  정세규鄭世䂓(1583~1661) : 조선전기 성남 출신의 문신. 본관은 동래東萊. 자는 군칙君則, 호는 동리東里이다. 병자호란으로 왕이 남한산성에서 포위되자 근왕병을 이끌고 포위된 남한산성을 향하여 진격하다가 용인·험천險川에서 적의 기습으로 대패하였다.

## [일곱 번째 其七]

| | |
|---|---|
| 물러나 도망친 저들은 누구인가 | 逗遛彼誰子 |
| 나라가 그들을 저버리지 않은진대 | 國家非負爾 |
| 당시 삼백 고을에서 | 當時三百州 |
| 유독 쌍령[5]에서만 죽었다네 | 獨有雙嶺死 |

『菊圃集』卷5


## [여덟 번째 其八]

| | |
|---|---|
| 강도는 살기로 혼미하고 | 江都迷殺氛 |
| 남한은 생기를 띠고 있음을 | 南漢帶生氣 |
| 박진구가 미리 알고 있었는데 | 前知有震龜 |
| 지난 일 생각하면 긴 한숨만 나네[원주] | 撫事一長欷 |

[원주] 당시 무인 박진구가 강도와 남한의 길흉을 미리 말하였다고 한다時有武人朴震龜 能前言江都南漢吉凶云.

『菊圃集』卷5

---

5 쌍령雙嶺: 경기도 광주시에 있는 고개. 병자호란 때 남한산성이 포위되자 경상도의 허완許完과 민영閔栐, 충청감사 정세규鄭世規 등이 쌍령에서 청나라 군사와 전투하였다. 이 전투에서 조선군은 청군에 대패하였다.

# 남한산성을 바라보며
## 望南漢山城

오달운 吳達運<sup>*</sup>

| | |
|---|---|
| 강을 낀 성첩은 하늘이 도모한 듯하고 | 隔江雉堞如天謀 |
| 구부린 듯 기운 듯 지세를 다 모았네 | 如俯如傾地勢掔 |
| 부여잡고 기어 올라가니 근심 끊기 충분하고 | 猱欲攀援愁絶足 |
| 구름은 때마침 연기 덮어 뾰족한 머리만 드러나네 | 雲時掩罩露尖頭 |
| 누가 명도가 험하다고 말하지 않았던가 | 何人不說名都險 |
| 국내에선 모두가 열사의 수치를 아네 | 海內皆知烈士羞 |
| 절벽에 걸친 천만그루 나무가 꼿꼿하고 | 架壑亭亭千萬樹 |
| 백년동안 삼포[1] 가을엔 질풍이 부네 | 百年三浦疾風秋 |

『海錦集』 卷1

---

\* 오달운吳達運(1700~1748) : 조선후기의 문신. 본관은 동복同福, 자는 백통伯通, 호는 해금海錦이다.
1 삼포三浦 : 삼전도 나루를 지칭함.

# 남한산성에서 감회가 일어 우연히 읊조리다
## 南漢山城有感偶吟

이헌경 李獻慶[*]

| | |
|---|---|
| 구름 사이의 진석[1]은 아직도 우뚝하고 | 雲間陣石尙崢嶸 |
| 때때로 지나는 사람은 병자 정묘년을 말하는데 | 往往行人說丙丁 |
| 천고의 윤강[2]은 삼학사이고 | 千古倫綱三學士 |
| 사직을 중흥한 외로운 성이라 하네 | 中興社稷一孤城 |
| 산하의 석양에 누각의 빛이 설렁이고 | 山河落照樓光動 |
| 고각소리 세찬 바람에 찬기운이 이는데 | 鼓角長風朔氣生 |
| 금한봉[3] 머리엔 말 자취 남아있어 | 金汗峯頭留馬跡 |
| 전장의 슬픈 노래 갓끈을 적시누나 | 悲歌戰地獨沾纓 |

『艮翁集』卷4

---

[*] 이헌경 李獻慶(1719~1791) : 조선후기의 문신. 본관은 전주全州. 초명은 이성경 李星慶, 자는 몽서夢瑞, 호는 간옹艮翁이다.
[1] 진석陣石 : 진영을 설치하였던 바위를 지칭함.
[2] 윤강倫綱 : 오륜과 삼강을 아울러 이르는 말.
[3] 금한봉金汗峯 : 가한봉可汗峯의 별칭.

# 남한산성
## 南漢山城

김이안金履安*

| | |
|---|---|
| 우뚝 솟아 벽공까지 닿는다고만 여겼는데 | 直謂崚嶒到碧空 |
| 오랑캐 말발굽에 길 뚫릴 줄 어찌 알았으랴 | 那知驅馬路仍通 |
| 백 년의 성첩은 뜬 구름 위로 높이 솟았고 | 百年雉堞浮雲上 |
| 구월이라 인가는 붉은 단풍 속에 있도다 | 九月人家紅樹中 |
| 일은 글렀는데 금성탕지[1] 여전히 험고하고 | 事去金湯還有險 |
| 세상은 좋아져도 고각 소리 못내 웅장하다 | 時淸鼓角不勝雄 |
| 침과정[2] 속에 가벼운 갓옷 입은 장수는 | 枕戈亭裏輕裘將 |
| 참으로 위급할 때 충정을 바칠 수 있는가 | 倘許臨危効赤忠 |

『三山齋集』卷1

---

* 김이안金履安(1722~1791) : 조선후기의 문신. 본관은 안동安東, 자는 원례元禮, 호는 삼산재三山齋이다. 김상헌金尙憲의 후손으로 노론의 낙론洛論을 대표하는 김창협金昌協의 증손자이자, 김원행金元行의 아들이다.
1 금성탕지金城湯池 : 무쇠로 만든 성과 끓는 물로 이루어진 해자라는 뜻으로, 험고한 성을 이른다. 여기에서는 남한산성을 가리킨다.
2 침과정枕戈亭 : 남한산성 안에 있는 정자로, 원래는 백제의 고찰古刹이었는데 이서李曙가 성을 쌓다가 숲 속에서 발견하였다. 1751년(영조27)에 광주유수廣州留守 이기진李箕鎭이 중수하고 이와 같이 이름을 지었다. '침과'는 창을 베고 잔다는 뜻으로, 원수를 잊지 않겠다는 말이다.

# 남한산성
## 南漢山城

정범조丁範祖*

| | |
|---|---|
| 쇠를 쌓은 듯 가파른 바위 형세에다 | 積鐵巉巖勢 |
| 성곽과 해자는 산마루를 둘렀으며 | 城池繚在巔 |
| 중봉에는 여름에도 항상 눈이 덮였고 | 中峰常夏雪 |
| 쌍문에선 근처 사찰의 연기가 나네 | 雙闕近僧烟 |
| 천연의 요새로 강적이 없었고 | 天塹無強敵 |
| 군사와 곡식은 여러 해 가능했건만 | 軍儲可屢年 |
| 오랑캐가 한강 위에다 세운 | 胡爲漢水上 |
| 오랑캐 비석은 깊이도 새겨져 있네 | 虜碣有深鐫 |

『海左集』 卷6

* 정범조丁範祖(1723~1801) : 조선후기의 문신. 본관은 나주羅州. 자는 법세法世, 호는 해좌海左이다.

## 기축년 봄에 영릉헌관으로 여주에 부임하며 남한산성에 머물다
## 己丑春 以寧陵獻官 赴驪州 宿南漢

홍양호洪良浩<sup>*</sup>

| | |
|---|---|
| 강개하여 성에 오르니 머리카락이 엉키려하고 | 慷慨登城髮欲衝 |
| 사람들은 아직도 병자년 겨울을 말하는데 | 居人猶說丙丁冬 |
| 산천의 형세 천겹 험준함도 소용이 없었고 | 山谿莫賴千重嶮 |
| 시운도 백육[1]을 만난 것과 다름 없다고 하네 | 時運無如百六逢 |
| 연경 감옥에선 삼학사 죽음만이 들리고 | 燕獄但聞三士死 |
| 진관[2]에서는 한 덩이 땅도 봉함을 보지 못했네 | 秦關未見一丸封 |
| 결국 사람의 일은 천명으로 돌아감을 알겠기에 | 終知人事還天數 |
| 입마봉에서 외로이 혼자 통곡한다네 | 痛哭單于立馬峰 |

『耳溪集』卷3

---

* 홍양호洪良浩(1724~1802) : 조선후기의 실학자. 본관은 풍산豊山. 초명은 양한良漢. 자는 한사漢師. 호는 이계耳溪이다.
1 백육百六 : 백육회百六會의 준말로 음양가들이 말하는 액운厄運이나 재액災厄을 의미한다.
2 진관秦關 : 지금의 하남성 영보에 있는 함곡관函谷關을 지칭한다. 진나라 때 세웠기 때문에 진관으로 부르며, 험준한 관문을 지칭하는 말로 쓰인다.

# 남한산성에서 두 번째 노닐며
## 再遊南漢

위백규魏伯珪<sup>*</sup>

| | |
|---|---|
| 높이 겹겹이 산봉우리 서로 얽히고 얽혀 | 危巒疊嶂互糾紛 |
| 해동의 빼어난 경치이자 한양의 주둔지라 | 海東形勝漢陽軍 |
| 포대는 하늘 남쪽 벽을 지탱해 주고 | 砲垣撐柱天南壁 |
| 초각[1]은 계북의 구름에 가지런히 임하였네 | 譙閣平臨薊北雲 |
| 삼학사[2]의 충절은 만고의 산과 같고 | 學士綱常山萬古 |
| 온조왕의 공업에 삼국 시대가 열렸지 | 溫王功業國三分 |
| 서생은 굳이 시사를 근심하지 않으니 | 書生未必憂時事 |
| 다시 무망루 위에 걸린 글을 읽어 본다오 | 且看無忘樓上文 |

『存齋集』卷1

---

\* 위백규魏伯珪(1727~1798) : 조선후기의 실학자. 본관은 장흥長興, 자는 자화子華, 호는 존재存齋, 계항桂巷, 계항거사桂巷居士이다.
1 초각 : 원래는 연연燕然나라 지역인 계주薊州의 북쪽 지방을 가리키는데 여기에서는 남한산성 주변의 산세가 웅장하므로 이에 견준 것이다.
2 삼학사 : 병자호란 때 끝까지 항복하지 않고 청나라 심양에 끌려가 순절한 홍익한·윤집·오달제를 말한다.

# 남한산성 잡영
## 南城雜詠

조경趙璥*

## [첫 번째 其一]

| | |
|---|---|
| 성 북쪽에서 곧은 신하가 죽어 | 塞北貞臣死 |
| 산 가운데 옛 사당이 있는데 | 山中古廟存 |
| 헛된 이야기는 대의와 같았고 | 空談猶大義 |
| 교만한 오랑캐 중원에서 쳐들어 왔네 | 驕虜自中原 |
| 땅이 좁은 삼한의 힘으로는 | 地少三韓力 |
| 오래도록 명나라의 은혜를 입었는데[1] | 天長萬曆恩 |
| 가련하여라 딱다구리여[2] 딱따구리 | 可憐精衛鳥 |
| 바다를 메우려함은 깊은 원한 때문이리 | 塡海秖深寃 |

『荷棲集』卷2

* 조경趙璥(1727~1789) : 조선후기의 문신. 본관은 풍양豐壤. 초명은 준璿. 자는 경서景瑞, 호는 하서荷棲이다.
1 원문의 '만력萬曆'은 명明나라 신종神宗의 연호年號로 1573~1620년간 사용되었다. 신종은 임진왜란 때 원병을 파견하여 조선을 도왔다.
2 가련하여라 … 때문이리 : 정위조精衛鳥는 딱따구리를 말함. 울음소리가 '정위 정위' 하는 것처럼 들렸기 때문에 정위조精衛鳥라 불렸다. 정위조는 옛날 염제炎帝의 딸로 동해에서 익사하여 새가 되었다. 바다를 원망하여 동해를 메꾸기 위해 매일 수만리를 날아 서산에서 나뭇가지를 물어다가 빠뜨렸다고 한다.

## [두 번째 其二]

오랑캐 주둔할 때 성곽이 얇지 않았건만　　虜騎屯屯未薄城
군중에서 무슨 일로 깃발이 쓰러졌던가　　軍中何事偃旗旌
상한 마음 한 줄기 송파 강물에 띠고　　傷心一帶松坡水
강도에 흘러들어가 구슬피 운다네　　流入江都咽咽鳴

『荷棲集』卷2

## [세 번째 其三]

검은 안개 자욱하여 대낮이 어두웠고　　黑霧漫漫晝日昏
군왕의 수레가 산문을 내려올 때　　君王玉輦下山門
성 머리의 오랜 잣나무 비바람에 울었는데　　城頭老栢啼風雨
아직도 충신의 눈물 흔적을 띠고 있다네　　猶帶忠臣洒淚痕

『荷棲集』卷2

## [네 번째 其四]

적막한 빈 뜰엔 밝은 해가 드리우고　　寂寞空庭白日垂
충신은 뵈지 않고 사당만 보이는데　　忠臣不見見遺祠
산승은 나를 위해 슬프게 오래 읊조리며　　山僧憐我悲吟久
서문에서 적을 격파하던 때를 설명하네[원주]　　爲說西門破賊時

[원주] 연양 이시백이 서문의 전투에서 이긴 적이 있다李延陽時白 有西門之捷.

『荷棲集』卷2


## [다섯 번째 其五]

| | |
|---|---|
| 인심과 천운 모두 명이³였고 | 人心天運兩明夷 |
| 아픔과 원통함을 이미 잊었는데 | 忍痛含寃已忘之 |
| 청로⁴와 우옹⁵의 뼈아픈 뜻을 | 清老尤翁辛苦意 |
| 지금은 오로지 한 스님만 알고 있네 | 祇今惟有一僧知 |

『荷棲集』卷2


## [여섯 번째 其六]

| | |
|---|---|
| 화려한 망루 드높고 절벽은 천길이며 | 華譙高截壁千尋 |
| 굽어보니 온통 푸르른 기운의 숲인데 | 下視蒼然一氣森 |
| 전쟁터의 풍연⁶엔 옛 정취가 남았으며 | 戰地風煙餘古色 |
| 청시⁷에도 피리 장고소리에 슬픔이 잠겼네 | 清時笳鼓有悲音 |
| 꽃놀이 객은 상전벽해에 저절로 눈물지고 | 看花客自滄桑淚 |

---

3  명이明夷 : 64괘卦 가운데 36번째 괘로, 어리석은 군주가 위에 있고 현명한 자들이 손상을 입는 때다.
4  청로清老 : 청음清陰 김상헌金尚憲을 지칭함
5  우옹尤翁 : 우암尤菴 송시열宋時烈을 지칭함
6  풍연風煙 : 바람과 연기. 멀리 보이는 공중에 서린 흐릿한 기운을 표현할 때 쓰이는 말이다.
7  청시清時 : 청세清世와 같은 뜻으로 태평성대를 뜻하는 말이다.

호국승려는 아직도 보장하려는 마음 있네 護國僧猶保障心
영령을 위로하려 하나 찾을 곳 없는데 欲吊英靈無覓處
어지러운 산⁸은 띠 같고 물은 옷깃 같네 亂山如帶水如襟

『荷棲集』 卷2

### [일곱 번째 其七]

숲속의 까마귀 돌아가려 주란에 의지하고 林鴉欲返倚朱欄
오랜 세월의 슬픔은 석양에 사라지는데 萬古餘悲落照殘
성 밖의 산에는 오랑캐 말이 서 있고⁹ 城外有山胡馬立
인간 세상엔 길이 없어 한의¹⁰를 보네 人間無路漢儀看
성황 사당엔 빗기에 영기가 젖었으며 隍祠雨氣靈旗濕
사찰엔 서리발 내리고 무기고는 차가운데[원주] 佛地霜光武庫寒
나라의 수치 말끔히 씻겨지기를 기대하나니 直待邦羞湔滌盡
삼전도의 강물도 비로소 하늘에 응하리라 三田江水始應乾

[원주] 병기가 사찰에 감춰져 있었기 때문에 아래 연에 말한 것이다 兵器臧於佛寺 故下聯云.

『荷棲集』 卷2

---

8  원문의 '난산亂山'은 줄기를 이루지 않고 여기저기 어지러이 솟아 있는 산들을 뜻한다.
9  성 밖의 … 서 있고 : 남한산성 밖에 있는 입마봉立馬峯을 형용한 것이다.
10  한의漢儀 : 헌제獻帝(189~220) 때 응초應劭가 율령을 수정하여 편찬한 280편의 법전.

## [여덟 번째 其八]

| | |
|---|---|
| 초루[11]에 말을 매고 선방[12]을 들렸다가 | 譙樓繫馬叩禪扉 |
| 서장대에 오르려하니 길은 매우 좁아지고 | 欲上西臺路轉微 |
| 펼쳐진 산과 숲은 깃발을 세운 듯하며 | 列出森如旌纛立 |
| 큰 강물이 둘려져 구름이 에워쌓은 것 같네 | 大江環似陣雲圍 |
| 매가 부처 따라 앉아서 향반을 들고 | 鷹從佛座分香飯 |
| 스님과 관병이 함께 갑옷을 입었네[원주] | 僧與官兵共鐵衣 |
| 연연산의 비석[13]은 나의 일이 아니건만 | 勒石燕然非我事 |
| 단지 고분[14] 때문에 앉아서 돌아갈 줄 모르네 | 只因孤憤坐忘歸 |

[원주] 성황사당에서는 매와 부처에게 제사를 지낸다. 아마도 온조왕이 그곳에 성을 쌓았을 때 매의 상서가 있기 때문이 아닌가 한다隍祠祀鷹與佛 盖溫王築城相地之時 有鷹瑞云.

『荷棲集』 卷2

## [아홉 번째 其九]

| | |
|---|---|
| 산첩[15]에서 노래하니 은은하게 애절하고 | 山堞行歌隱隱哀 |
| 상전벽해 소식에 선방을 방문하니 | 滄桑消息訪禪回 |

---

11 초루譙樓: 대궐이나 성 등의 문 위에 사방을 볼 수 있도록 다락처럼 지은 집.
12 원문의 '선비禪扉'는 '선방禪房'과 같은 뜻이다.
13 연연산의 비석 : 후한後漢의 두헌竇憲이 흉노를 정벌하고 나서 연연산燕然山에 올라가 그 공적을 반고班固로 하여금 글을 짓게 하여 새겨 놓은 비석을 말한다. 여기서는 청태종이 병자호란 때 삼전도에 공적비를 세우게 한 것을 지칭한다.
14 고분孤憤: 혼자서 세상에 용납되지 않음을 분개한다는 뜻으로, 한비자韓非子의 편명이기도 하다.
15 산첩山堞: 산성山城의 성가퀴.

| | |
|---|---|
| 꽃은 시들어 정월[16]이 앞당겨 있고 | 花衰尙挽王春在 |
| 여울은 어찌 오랑캐가 외치며 오는 것 같나 | 灘惡如驅虜喝來 |
| 사람의 꾀로 우주를 돌이켰다 잘못 전하고 | 錯道人謀恢宇宙 |
| 헛되이 명의를 누대에 기록하였네 | 空敎名義志樓臺 |
| 지난 자취를 징비[17]로 삼고자 하는데 | 欲將往轍爲懲毖 |
| 지리는 결국 보장의 재주가 필수라네 | 地利終須保障才 |

『荷棲集』卷2

---

16 왕춘王春: '정월'을 달리 이르는 말.
17 징비懲毖: 이전의 잘못을 뉘우치고 삼감.

## 남한산성에 올라 회포를 읊다
### 登南漢山城詠懷

이약채李若采*

| | |
|---|---|
| 산세는 분첩¹을 에워싸고 아득하며 | 嶽勢圍繚粉堞賒 |
| 찬 하늘에 낙엽 지고 석양이 기우네 | 寒天落木夕陽斜 |
| 온조왕의 옛 나라엔 산만 남았는데 | 溫王故國山惟在 |
| 병자년에 남은 돌은 닳지 않았네 | 丙子餘盡石不磨 |
| 황폐한 현절사는 학사를 슬프게 하고 | 顯節祠荒悲學士 |
| 오래된 무망루에서 중화²를 바라네 | 無忘樓古望重華 |
| 옆 사람들 서생이 늙었다 웃지 마소 | 傍人莫笑書生老 |
| 검 휘두르고 노래하며 사기는 노을을 토하나니 | 舞劍高歌氣吐霞 |

『行休齋集』 卷1

---

* 이약채李若采(1727~1782) : 조선후기 문신. 본관은 인천, 자는 성흠聖欽, 호는 행휴재行休齋이다.
1 분첩粉堞 : 석회를 바른 성 위에 낮게 쌓은 담.
2 중화重華 : 우虞나라 순舜임금을 부르는 호칭.

# 남한산성을 지나며
## 過南漢山城

박찬영朴燦瑛[*]

| | |
|---|---|
| 하늘이 높은 산에 장대하게 이 도읍을 지었으며 | 天作高山壯此都 |
| 성채 머리엔 북선우[1]를 무릎 꿇게 할 수 있는데 | 城頭可跪北單于 |
| 어찌하여 대가가 몽진하던 날에 | 如何大駕蒙塵日 |
| 좌해에는 한 명의 장부도 없었던가 | 左海曾無一丈夫 |

『陽洞遺稿』 卷2

---

[*] 박찬영朴燦瑛(1736~1772) : 조선중기의 문신. 본관은 진원珍原, 자는 형옥洞玉, 호는 양동陽洞이다.
[1] 북선우北單于 : 북쪽의 흉노족을 지칭함.

## 남한산성에 올라 감회가 있어
### 登南漢山城有感

유석중劉錫中[*]

| | |
|---|---|
| 남한 저 멀리 옛 장대에선 | 南漢迢迢古將臺 |
| 강산 천리가 눈앞에 들어오네 | 江山千里眼前來 |
| 차마 삼전도의 비석은 볼 수가 없어 | 忍看勒石高三渡 |
| 친구들과 함께 한잔 술에 취해보네 | 仍與朋儕醉一盃 |
| 봄빛 지나고 숲속 향기도 다했지만 | 春光已暮林芳盡 |
| 산성의 기세는 두루 지리를 만나 열었네 | 城勢周遭地利開 |
| 원암에서 야숙하고 서쪽으로 나가니 | 野宿元菴西出去 |
| 풍연[1]이 아득하여 잠시 배회한다네 | 風煙杳杳暫徘徊 |

『虛齋集』 卷1

---

[*] 유석중劉錫中 : 조선 영조때 문인, 호는 허재虛齋이다.
1  풍연風煙 : 멀리 보이는 공중에 서린 흐릿한 기운. 바람에 흩어지는 연기.

## 남한산성을 지나며
### 過南漢山城

박준원 朴準源<sup>*</sup>

| | |
|---|---|
| 겹겹이 우뚝 솟아 허공을 받쳐 있으며 | 層層拔地復盤空 |
| 산꼭대기는 한 마리 새도 지나기 어려워 | 絶頂應難一鳥通 |
| 우리나라 남한산성이 험준한 줄 알았건만 | 始識我方南漢險 |
| 그날에는 북쪽 오랑캐만 뛰어나게 되었네 | 秖成當日北胡雄 |
| 삼전도의 흰돌[1]은 오래도록 부끄러움 머금고 | 三田素石長含恥 |
| 두 장수[2]의 붉은 옷은 부질없이 충정 생각나게 하며 | 二將紅衣謾想忠 |
| 배 안에서 칼을 두드리며 무한한 생각하는데 | 擊劒舟中無限意 |
| 해질녘 큰 강물엔 비만 부슬부슬 나리네 | 大江斜日雨濛濛 |

『錦石集』卷2

---

\* 박준원朴準源(1739~1807) : 조선후기의 문신. 본관은 반남潘南. 자는 평숙平叔, 호는 금석錦石. 김양행金亮行의 문인이다.
1 병자호란 뒤에 청태조의 공적을 기리기 위해 삼전도에 세운 비석을 지칭한다.
2 두 장수 : 병자호란 때 쌍령 전투에서 전사한 허완許完과 민영閔栐을 지칭함.

# 남한산성
## 南漢山城

유문룡 柳汶龍*

| | |
|---|---|
| 금나라 오랑캐 쳐들어와 나라에 사람 없으니 | 金胡入寇國無人 |
| 주나라 왕실의 산하를 진황제에게 의논하였네 | 周室山河議帝秦 |
| 당일 만약 문간공[1]의 절의가 아니라면 | 當日若非文簡節 |
| 동방은 견양민[2]을 면하기 어려웠으리 | 東方難免犬羊民 |
| 바둑판에서 승패를 어찌 꼭 말하랴 | 臨枰勝敗何須說 |
| 우주를 떠받칠 강상만을 펼칠 뿐인데 | 撑宙綱常只欲伸 |
| 의대의 글에는 유혈이 남아 있었으며 | 衣帶書中遺血在 |
| 정신은 천년동안 변하지 않을 것이네[3] | 精神千載不緇磷 |

『槐泉文集』卷1

---

\* 유문룡柳汶龍(1753~1821) : 조선후기의 문인. 본관은 진주晉州, 자는 문견 文見, 호는 괴천槐泉이다.
1 문간공文簡公 : 정온鄭薀의 시호임.
2 견양민犬羊民 : 개와 양 같은 백성. 즉 개나 양과 같이 재능이 없이 태어난, 보잘 것 없는 사람을 비유할 때 쓰이는 말이다.
3 원문의 '치린緇磷'은 근본 바탕이 외면적인 영향을 받아 물이 들거나 갈리어 나간다는 뜻이다.

# 상무헌의 〈남한산성을 유람하며〉 시운을 추가로 차운하여
## 追次尚武軒遊南漢山城韻

이동간 李東幹[*]

| | |
|---|---|
| 남한산성은 깊숙이 바라보이는데 | 南漢山城望裏深 |
| 그 당시 현사들 멋대로 노래하였네 | 當年賢輩任淸吟 |
| 백발의 산옹은 바람 앞의 학 같고 | 山翁白髮風前鶴 |
| 청담하는 야객[1]은 달 아래 새 같네 | 野客淸談月下禽 |
| 시와 벼루로 호걸스런 선비는 의를 다투고 | 詩硯相爭豪士義 |
| 동이술 기울여 옛 사람의 마음에 함께 취하네 | 樽醪同醉故人心 |
| 나는 거문고로 봄놀이 싯구에 화답하려는데 | 我琴欲和遊春句 |
| 종백[2]이 먼저 이 소리를 알고 연주하였네 | 鍾伯先知奏此音 |

『砧山文集』 卷1

---

[*] 이동간李東幹(1757~1822) : 조선후기의 학자. 본관은 영천永川. 자는 여간汝幹, 호는 침산砧山이다.
[1] 야객野客 : 관직 등의 벼슬살이를 하지 않는 사람. 또는 재야의 정객政客을 지칭함.
[2] 종백鍾伯 : 종자기鍾子期와 백아伯牙를 함께 지칭한 말임.

# 남한산성
## 南漢山城

### 서영보 徐榮輔[*]

| | |
|---|---|
| 아침에 신천의 모래톱을 건너서 | 朝濟新川渚 |
| 한낮에 남한산성 기슭에 도착했는데 | 午次南城隈 |
| 가마를 타고 처음으로 말을 버리니 | 肩輿初捨騎 |
| 바람 불어 돌비탈에 흙먼지조차 없었네 | 風磴絶浮埃 |
| 맑은 허공엔 수많은 성가퀴 벌려 있고 | 晴空列萬雉 |
| 분첩[1]은 우뚝 솟아 비쳐 있는데 | 粉堞暎崔嵬 |
| 산속의 마을은 온조왕 때부터이며 | 巖邑自溫祚 |
| 설치된 험준한 형세는 웅장하여라 | 設險勢壯哉 |
| 왕년에 험애[2]를 아랑곳하지 않고 | 它年不覺隘 |
| 가한[3]이 천리 길을 쳐들어와서 | 可汗千里來 |
| 날랜 기마가 우리 성에 덤벼들었을 때 | 飛騎附吾城 |

[*] 서영보徐榮輔(1759~1816) : 조선후기의 문신. 본관은 대구. 자는 경세慶世, 호는 죽석竹石이다.
1 분첩粉堞 : 석회를 바른 성 위에 낮게 쌓은 담.
2 험애險隘 : 요해지를 말한다. 두보杜甫의 시에 "오랑캐가 침입하며 동관의 험애를 아랑곳하지 않았다胡來不覺潼關隘."라는 표현이 있다. 『杜少陵詩集』 卷16 「諸將 二」.
3 가한可汗 : 선비鮮卑·유연柔然·돌궐突厥·회홀回紇·몽고蒙古·여진女眞 등 민족의 수령을 칭하는 말인데, 여기서는 청 태종을 가리킨다.

| | |
|---|---|
| 무거운 성문이 쉽게도 열렸다네[4] | 重門容易開 |
| 말에 물을 먹이니 강물이 흐르지 않고 | 飮馬江不流 |
| 말을 세워 놓으니 산봉우리 무너질 듯 | 立馬峯欲摧 |
| 완안[5]을 칼로 짓이기지 못한 채 | 無刃斫完顔 |
| 그 왕이 의기양양 돌아가게 했다네 | 其王得意回 |
| 모신은 졸렬한 계책을 내놓았고 | 謀臣出下策 |
| 삼학사는 국인의 슬픔이 되었으니 | 三士國人哀 |
| 동해 바다를 차라리 밟을지언정[6] | 東海尙可蹈 |
| 남한산성을 배회하지 못하겠네 | 南漢莫徘徊 |
| 삼전도의 오랑캐 비문을 읽어 보고 | 三田讀胡碑 |
| 산성의 서장대에 올랐나니 | 山城登將臺 |
| 슬픈 노래는 마음에 들지 않고 | 悲歌不適意 |
| 격렬하여 풍속이 무너짐을 슬퍼할뿐이네 | 激烈悲風頹 |

『竹石館遺集』 第1冊

---

4　왕년에 … 열렸다네 : 1636년(인조14) 병자호란 때에 청 태종清太宗이 압록강을 건너 중간에 있는 관서關西의 요해지要害地는 거들떠보지도 않고 기병을 치달려 곧장 서울로 쳐들어오자 왕이 남한산성으로 급히 피신했으나 제대로 싸워 보지도 못한 채 서쪽 성문을 열고 나와 삼전도에서 굴욕적으로 항복한 것을 말한다.
5　완안完顔 : 여진女眞 부족의 하나로, 송화강 하류에 분포해 있었는데, 북송北宋 때에 여진인들이 이 부족을 중심으로 금金나라를 세웠다. 여기서는 후금後金 즉 청나라의 군대를 말한다.
6　동해 … 밟을지언정 : 청나라에게 굴복한 치욕의 역사를 생각하면 차라리 죽고 싶은 생각이 들기도 한다는 말이다. 전국 시대 제齊나라의 노중련魯仲連이 위魏나라 사자使者인 신원연辛垣衍과 담판을 하면서, 만약 포악무도한 진秦나라가 황제로 천하에 군림할 경우에는 "동해 바다를 밟고서 죽을지언정 차마 그 백성으로 살아갈 수는 없다連有蹈東海而死耳 吾不忍爲之民也."고 말한 노련도해魯連蹈海의 고사에서 유래한 것이다. 『史記』 卷83 「魯仲連列傳」.

# 남한산성
## 南漢山城

김매순 金邁淳*

| | |
|---|---|
| 백제는 오랜 옛날에 도읍을 열었고 | 百濟開荒古 |
| 삼한은 거점으로 삼아 승리하였으며 | 三韓據勝全 |
| 배와 수레가 활기차게 사방에서 모여들고 | 舟車雄四會 |
| 성곽은 천년세월에도 웅장하였네 | 城郭壯千年 |
| 유부[1]는 지금도 풍익[2]으로 | 留府今馮翊 |
| 행궁에선 옛날에 하늘을 받들었는데 | 行宮舊奉天 |
| 가을바람에 정사가 흔들려 몰락하니 | 秋風政搖落 |
| 올라가 보니 모두 아득도 하여라 | 登眺一茫然 |

『臺山集』 卷1

---

\*   김매순金邁淳(1776~1840) : 조선후기의 문신. 본관은 안동安東. 자는 덕수德叟, 호는 대산臺山이다.
1   유부留府 : 유수留守와 부사府使를 함께 이르는 말. 광주를 관리하는 직책이 유수와 부사였다.
2   풍익馮翊 : 군 이름. 동한 때는 좌풍익左馮翊이라 했으며 사례주에 속한다. 중국 한나라 때 서울을 지키고 다스리던 삼보의 한 벼슬을 뜻하기도 한다.

# 남한산성의 일을 기억하며 감회가 있어
## 憶南漢山城事有感

최상원崔尙遠<sup>*</sup>

| | |
|---|---|
| 나라의 액운이 마침 이 때에 이르러 | 厄運邦家適此辰 |
| 오호라 임금이 오랫동안 몽진하였네 | 嗚呼君父久蒙塵 |
| 당시의 일은 말할 수조차 없는데 | 不堪掛齒當時事 |
| 오히려 후세 사람들로 하여금 부심케 하네 | 猶使腐心後世人 |
| 동방의 예의는 지금 다 없어지고 | 禮義東方今盡掃 |
| 북벌의 경륜은 끝내 펴지 못하였지만 | 經綸北伐未終伸 |
| 산간에 꽃잎과 동계 노인[1]은 | 山間花葉桐溪老 |
| 늠름한 고풍[2]이 백세에 새롭네 | 凜凜高風百世新 |

『香塢文集』 卷1

---

\* 최상원崔尙遠(1780~1863) : 조선말기의 유학자. 본관은 양천陽川, 자는 경운景雲, 호는 향오香塢이다.
1 동계노인 : 동계桐溪 정온鄭蘊을 지칭한다.
2 고풍高風 : 높이 부른 바람이란 뜻으로 인품이 고결한 사람을 비유할 때 쓰는 표현.

## 오여선[양묵]과 함께 남한산성에서 놀며
## 偕吳汝善[養默] 遊南漢

성근묵成近默[*]

| | |
|---|---|
| 현절사 앞의 시내는 흐르지 않고 | 顯節祠前水不流 |
| 온조왕 사당 밑엔 풀이 근심을 띠며 | 溫王廟下草生愁 |
| 땅은 아홉 절로 갈라져 바람과 구름이 보호하고 | 地分九寺風雲護 |
| 산은 서장대를 향해 칼과 창처럼 빽빽하네 | 山向西臺劒戟稠 |
| 병자 정묘년을 상상하니 그때 일이 역력하고 | 想像丙丁事歷歷 |
| 예나 지금이나 등림하니 한스러움이 아득하네 | 登臨今古恨悠悠 |
| (네 글자 빠짐) 이에 즐겨 놀면서 | (四字缺) 玆遊樂 |
| 붉은 철쭉꽃을 머리에 잔뜩 꽂았다네 | 躑躅花紅挿滿頭 |

『果齋集』卷1

---

[*] 성근묵成近默(1784~1852) : 조선후기의 문신. 본관은 창녕昌寧, 자는 성사聖思, 호는 과재果齋, 시호는 문경文敬이다.

## 남한산성에 올라
## 登南漢山城

신진운申晉運[*]

| | |
|---|---|
| 가을바람 장대를 의지해 서쪽으로 옮기고 | 秋風徙倚將臺西 |
| 멀리 장안에서 울던 오랑캐 말을 생각하니 | 遙憶長安胡馬嘶 |
| 성 밑에서의 맹약이 천추에 부끄러운데 | 千秋城下盟猶恥 |
| 의지 못할 높은 담은 만 길이 가지런하네 | 無賴崇墉萬仞齊 |

『晩寤遺稿』卷1

---

[*] 신진운申晉運(1789~1862) : 조선후기의 문인. 본관은 고령高靈, 자는 시응 時應, 호는 만오晩寤이다.

# 남한산성
## 南漢山城

### 손영광孫永光*

| | |
|---|---|
| 여러 해 보고 싶었는데 비로소 한성을 보니 | 願見多年始漢城 |
| 과연 형승이 헛된 이름이 아니네 | 果然形勝不虛名 |
| 축대가 굉장한데 사람이 만든 것이며 | 築坮宏壯人工作 |
| 절벽이 에둘러 천연 요새의 성곽이네 | 絶壁迂廻天險城 |
| 의를 위해 살신함도 모두 열이지만 | 仗義殺身都是烈 |
| 화친하여 나라 구함은 영웅이 아니네 | 主和救國莫非英 |
| 그대들은 당시의 일을 말하지 말게나 | 諸君休說當時事 |
| 오랑캐 기병은 강력한 백만 병사였다네 | 胡騎方强百萬兵 |

『雪松堂逸稿』 卷1

---

\* 손영광孫永光(1795~1859) : 조선후기의 문신, 학자. 본관은 경주. 자는 일부逸夫, 호는 설송당雪松堂이다.

## 최동현의 〈남한산성을 지나며〉를 본떠 짓다
### 崔雅東顯 擬過南漢山城

김진수金進洙[*]

| | |
|---|---|
| 근심과 한이 버들가지마다 엉켰고 | 經愁緯恨柳絲絲 |
| 구제가 남산으로 가려고 할 때[1] | 九弟南山欲往時 |
| 세상 조롱하는 술잔엔 작은 앵무새요 | 玩世酒杯鸚鵡小 |
| 봄을 즐기는 시구는 자고새가 아네 | 賞春詩句鷓鴣知 |
| 둘도 없는 괴석은 구름과 어울려 깎였고 | 無雙恠石和雲斲 |
| 가장 이름난 꽃은 흙을 떠다 옮겼네 | 第一名花戴土移 |
| 서장대 높은 곳에 홀로 쉬나니 | 西將臺高休獨上 |
| 삼전도엔 만인비[2]가 아직도 건재하네 | 三田未毁滿人碑 |

『蓮坡詩鈔』 卷下

---

[*] 김진수金進洙(1797~1865): 조선후기의 문신. 본관은 경주慶州. 자는 치고稚高, 호는 연파蓮坡·벽로재碧蘆齋이다.
[1] 구제가 … 할 때: 왕유王維의 〈최구제가 남산으로 가는 것을 전송하며送崔九弟往南山〉를 원용한 시구이다. 여기서 '남산'은 시제서 보듯이 '남한산성'을 말한다.
[2] 만인비滿人碑: 만주인이 세운 비석이란 뜻으로 병지호란 뒤 청태종이 삼전도에 세우게 한 비석을 지칭한다.

## 가을날 남한산성에 올라
### 秋日登南漢山城

유치호 柳致皓<sup>*</sup>

| | |
|---|---|
| 남한산성 성문은 돌을 의지해 열려 있고 | 南漢城門倚石開 |
| 가을바람 소슬한데 기러기떼 날아오네 | 秋風蕭瑟鴈羣來 |
| 행인은 동파석에서 팔뚝을 잡고 | 行人扼腕東坡石 |
| 의사는 서장대에서 구슬피 읊조리네 | 義士悲吟西將臺 |
| 수많은 병사는 실정에 어두워 헛되이 귀신 되었고 | 萬甲隔山謾化鬼 |
| 두 신하는 바다에 떠서 재주 없음을 괴로워했네[1] | 兩臣浮海苦非才 |
| 올라오니 당시의 감회를 다할 수 없는데 | 登臨不盡當年感 |
| 서리 기운 하늘에 빗겨 피리소리 애달프네 | 霜氣橫天畫角哀 |

『東林集』 卷1

---

\* 유치호柳致皓(1800~1862) : 조선후기의 문신. 본관은 전주全州. 자는 성신聖臣, 탁수濯叟, 호는 동림거사東林居士이다.

1 두 신하는 현절사에 배향하고 있는 김상헌과 정온을 지칭한다. 원문의 '부해浮海'는 '부해지탄浮海之歎'의 준말. "도가 행해지지 않음을 개탄하다"라는 뜻으로 쓴 말이다. 공자가 "도가 행해지지 않으면 떼배를 타고 바다에 떠 나아겠다"고 한 말에서 연유한 고사성어이다.

# 남한산성 회운을 차운하여
## 次南漢山城會韻

이우상李瑀祥<sup>*</sup>

| | |
|---|---|
| 이리저리 펄럭이는¹ 깃발이 남한산성에 보이고 | 招搖華旆出南城 |
| 장막은 높이 베풀어 있어 해 달처럼 밝은데 | 帘幕高張日月明 |
| 자잘한 일을 마음에 두니 천불도 노쇠하고 | 逞事經心千佛老 |
| 높은 누대에서 바라보니 만산이 평평하네 | 危樓送眼萬山平 |
| 이름 있는 꽃은 중양의 빛깔을 고치지 않았고 | 名花不改重陽色 |
| 좋은 새는 즐거워하는 정을 능히 안다네 | 好鳥能知胥悅情 |
| 동사에 훗날 좋은 모임을 전한다면 | 東史他年傳勝會 |
| 도시인의 그림은 가볍다 비교하리라 | 都民繪畵較還輕 |

『希庵集』 卷2

---

\*  이우상李瑀祥(1801~1877) : 조선후기의 학자. 본관은 여강驪江. 자는 우옥禹玉, 호는 희암希庵이다.
1  원문의 '초요招搖'는 "이리저리 헤매거나 어슬렁어슬렁 걸음"을 뜻하는 말로, "허장성세로 이목을 끌다"는 뜻으로도 쓰인다.

# 남한산성 시에 또 차운하다
## 又次南漢山城韻

조언관趙彦觀[*]

| | |
|---|---|
| 왕공이 가장 험준한 곳에 남성을 세웠는데 | 王公設險最南城 |
| 저물녘에 올라보니 감정을 가누지 못하겠네 | 落日登臨不勝情 |
| 지난 일에 새도 근심하듯이 지저귀며 울고 | 往事鳥啼聲似悒 |
| 충혼은 매가 되어 죽었어도 살아 있는 듯하네 | 忠魂鷹化死猶生 |
| 누가 북쪽에 금과 비단을 세공으로 받칠꼬 | 誰敎北幣金繒貢 |
| 동방에 예의의 명성이 완전히 사라졌네 | 全沒東方禮儀名 |
| 처량하게 송파에 왔다가 가는 길에 | 怊悵松坡來去路 |
| 강물은 쪼개져 불평의 소리를 내누나 | 江流分作不平聲 |

『西坡集』 卷1

---

[*] 조언관趙彦觀(1805~1870) : 조선말기의 유학자. 본관은 한양漢陽, 자는 용빈用賓, 호는 하담河潭이다.

# 남한산성에 올라 감회가 있어
## 登南漢山城有感

권숙權俶*

| | |
|---|---|
| 검을 쥐고 장가 부르며 서장대에 기대니 | 撫劒長歌倚將臺 |
| 병자 정묘년의 물색이 눈앞에 들어오네 | 丙丁物色眼前來 |
| 천추에 상심하는 탄식을 짓게 하는데 | 千秋堪作傷心嘆 |
| 당일엔 어찌 적개[1]의 재주가 없었나 | 當日何無敵愾才 |
| 땅은 옮기지 않았어도 꺾인 창이 많았고 | 地不遷移多折戟 |
| 하늘은 들끓듯 노하여 맑은 우레 진동했네 | 天如沸怒動晴雷 |
| 연운[2] 만리가 찡그린 듯하였건만 | 燕雲萬里猶嚬蹙 |
| 또 석양에 술 한 잔을 올리게 되었네 | 且進斜陽酒一盃 |

『錦厓集』卷1

---

\* 권숙權俶(1806~1877) : 조선후기의 문인. 본관은 안동安東, 자는 숙옥叔玉, 호는 금애錦厓이다.
1 적개敵愾 : 적에게 품는 분노.
2 연운燕雲 : 연운십육주燕雲十六州의 준말. 연燕은 지금의 베이징에 해당한다. 요遼나 금金이 송宋으로 침입하는 전진기지가 되었다.

# 남한산성
## 南漢山城

이이두 李以斗<sup>*</sup>

| | |
|---|---|
| 뾰족한 성 그윽한 길은 하늘을 의지해 열리고 | 尖城冥迴倚天開 |
| 한 선비가 일만 병사를 감당하고자 왔는데 | 一士能當萬甲來 |
| 산꼭대기에서 다시 보니 평야가 드넓으며 | 絶頂更看平野濶 |
| 목을 당겨 거듭 즐기니 큰 강은 에둘렀네 | 控喉重喜大江回 |
| 어떻게 북쪽 기병은 번개처럼 쫓아다녀서 | 如何北騎追奔電 |
| 우리 백성을 우레처럼 신속하게 잡았던가 | 飜使東民攝迅雷 |
| 여러 봉우리 중첩된 산은 안색이 없는데 | 攢巒疊嶂無顔色 |
| 비린내 먼지 씻어내고자 술 한잔 기울이네 | 湔滌腥塵酒一盃 |

『西坡集』 卷1

---

\* 이이두李以斗(1807~1873) : 조선후기의 문신. 본관은 광주廣州. 자는 서칠瑞七, 호는 서파西坡이다.

# 남한산성
## 南漢山城

조상덕趙相悳*

| | |
|---|---|
| 어둡고 침침해 푸른 하늘을 부를 수 없고 | 冥冥不可顧蒼天 |
| 해와 달은 빛이 없는 지 이백년이네 | 日月無光二百年 |
| 바다 구름 멀리 바라보니 서방이 아름다워 | 海雲遙望西方美 |
| 풍천[1]을 울며 외우니 감회가 자연히 이네 | 泣誦風泉感自然 |

『危齋集』 卷1

---

\* 조상덕趙相悳(1808~1870) : 조선말기의 학자. 본관은 한양. 자는 비만庇萬, 호는 위재危齋이다.
1 풍천風泉 : 『시경詩經』의 「회풍檜風」 「비풍匪風」과 「조풍曹風」 「하천下泉」의 병칭이다. 이 두 편의 시는 한 어진 사람이 주周 나라 왕실王室이 쇠망衰亡해 감을 슬퍼한 노래이다.

## 일장성을 바라보며
## 望日長城

신필영 申弼永<sup>*</sup>

| | |
|---|---|
| 흰구름 속에 솟은 외로운 남한산성 | 南漢孤城出白雲 |
| 위태로울 때 이장군<sup>1</sup>의 덕을 많이 보았네 | 臨危多賴李將軍 |
| 산골짝에 요새를 짓는 것이 묘책이긴 하였으나 | 山谿設險雖長策 |
| 한번 싸워 오랑캐 기운 쓸어버린 적 있던가 | 一戰何曾掃虜雰 |

『玉坡集』 洌上紀行絶句百首, 其七

---

\*  신필영申弼永(1810~1865) : 조선후기의 문인. 본관은 평산平山, 자字는 치량穉良, 호는 옥파玉坡, 신흠申欽의 후손이다.
1  이장군李將軍 : 이서李曙(1580~1637)를 지칭함. 이서는 자는 인숙寅叔, 호는 월봉月峯, 시호는 충정忠正이다. 병자호란 때 수어사로 남한산성에서 전사하였다.

## 상사 정자원이 남한산성을 찾아와서 즐겁게 시를 짓다
### 丁上舍子園 見訪於南漢山城 喜賦一詩

남병철南秉哲*

| | |
|---|---|
| 관직을 벗지 못한채 늙어감이 부끄러운데 | 未脫烏紗愧白頭 |
| 회해의 옛사람¹은 높은 누대를 숭상하였네 | 故人淮海尙高樓 |
| 수레에서 내려 먼저 둘도 없는 선비를 물으니 | 下車先問無雙士 |
| 걸상을 내려 처음 만난 제일가는 사람이라네² | 解榻初逢第一流 |
| 깊은 학문으로 당시에 열수³를 논하였고 | 邃學當年論洌水 |
| 예로부터 지조 높은 사람으로 남주에 전해졌네 | 高人自古傳南州 |
| 양호에서 훗날에 전날의 시구를 찾아 | 楊湖他日徵前句 |
| 변함없이 가을바람에 노래하며 쉬어 가게나 | 一路秋風賦去休 |

『圭齋遺藁』 卷2

* 남병철南秉哲(1817~1863) : 조선후기의 문신. 본관은 의령宜寧. 자는 자명字明 또는 원명元明, 호는 규재圭齋·강설絳雪·구당鷗堂·계당桂堂이다.
1 회해淮海 : 중국 서주徐州를 중심으로 한 회수淮水 이북과 해주海州 일대를 말함. 이백李白이 맹호연孟浩然에게 지어 준 〈회해에서 눈을 마주하여 부애에게 주다淮海對雪贈傅藹〉라는 시가 있다.
2 원문의 '해탑解榻'은 "탑상을 푼다"는 뜻으로 정겹게 맞이함을 뜻하는 말로 쓰인다. 후한後漢의 진번陳蕃이 예장 태수豫章太守로 있을 때 특별히 탑상 하나를 마련해 놓고는, 남주南州의 고사高士인 서치徐穉가 찾아올 때만 반갑게 맞으면서 내려놓았다가 그가 돌아가면 다시 올려 놓고 아무에게도 내려 주지 않았던 고사가 있다.
3 열수洌水 : 고려시대에 큰 물줄기가 맑고 밝게 뻗어 내리는 긴 강이라는 뜻으로 붙여진 한강의 다른 이름이다.

# 남한산성을 유람하며
## 遊南漢山城

김붕해 金鵬海[*]

| | |
|---|---|
| 멀리 위에 있는 광성은 성세가 웅장한데 | 遙上廣城城勢雄 |
| 붉은 사다리 푸른 절벽이 허공에 들고 | 丹梯翠壁入虛空 |
| 남쪽 땅의 군건한 성곽은 성인의 치적이고 | 金湯南土聖人治 |
| 북쪽 문의 자물쇠는 유수의 공적이네 | 鎖鑰北門留守功 |
| 절에서 누대를 보니 모두 무위이고 | 寺觀樓臺皆武衛 |
| 의관과 띠 신발은 또한 문풍이라네 | 衣冠帶履又文風 |
| 청유[1]가 너무 늦어 저물녘이라고 하는데 | 淸遊太晩時云暮 |
| 단풍숲은 보지 못하고 기러기만 보았네 | 不見楓林只見鴻 |

『韻堂集』 卷2

---

[*] 김붕해金鵬海(1827~1902) : 조선말기의 문인. 본관은 김해金海. 자는 남익南翼, 호는 운당韻堂이다.
1 청유淸遊 : 속되지 않고 고상하게 놂.

# 남한산성에 올라
## 登南漢山城

우성규禹成圭[*]

| | |
|---|---|
| 보록[1]이 왕가에 오랫동안 지체되었을 때 | 寶籙王家久久遲 |
| 종남산[2]은 웅진에 힘입어 보존되었네 | 終南雄鎭賴扶持 |
| 관악산은 성채 앞의 창과 같이 벌여 있고 | 冠山列若壘前戟 |
| 송파나루는 돌아와 성 밑의 연못이 되었네 | 松渡還爲城下池 |
| 지난 일 이미 사라져 바람물결 고요하고 | 往事已歸風靜浪 |
| 충심은 오히려 혜초 지초에 격분하네 | 忠心尙激蕙歎芝 |
| 지금 그 공적과 죄는 말하기 어렵나니 | 今其功罪難形說 |
| 억지로 꽃 앞에서 술 한 잔 기울이네 | 强把花前酒一巵 |

『景齋集』 卷1

---

[*] 우성규禹成圭(1829~1905) : 조선말기의 유학자. 본관은 단양. 자는 성석聖錫. 호는 경도재景陶齋이다.
[1] 보록寶籙 : 도가道家의 부록符籙. 제왕帝王의 자리에 오를 전조前兆를 말한다.
[2] 종남산終南山 : 중국 섬서성陝西省 서안西安의 동남쪽에 있는 산.

## 남한산성을 지나며
## 南漢山城懷古

남덕진南悳鎭*

| | |
|---|---:|
| 저물녘에 남한을 지나가니 | 斜日過南漢 |
| 성첩은 구름 언덕을 압도하는데 | 城堞壓雲崗 |
| 사대하며 하늘을 두려워하는 자 | 事大畏天者 |
| 약해서 어찌 강자를 대적하겠는가 | 弱何能敵强 |

『四而齋逸稿』 卷1

---

\* 남덕진南悳鎭(1835~1913) : 조선말기의 학자. 본관은 영양英陽, 자는 덕여德汝, 호는 사이재四而齋이다.

## 남한산성에 올라[성이 광릉에 있기 때문에 말구에 언급한 것이다]
### 登南漢山城[城在廣陵 故末句及之]

장석신張錫藎*

| | |
|---|---|
| 솔바람 푸른 물이 높은 누대에 떠 있고 | 松嵐翠滴泛高樓 |
| 하계의 푸르름은 석양이 걷워버렸네 | 下界蒼蒼夕照收 |
| 네 군의 산에 봉황이 떼 지어 날아오르고 | 四郡山來群鳳翥 |
| 다섯 강의 파도에는 노룡이 헤엄치네 | 五江波漲老龍游 |
| 궁궐에 들풀이 깔려 있어 배신은 눈물 흘리고 | 宮潮野草陪臣淚 |
| 관적과 승종[1] 소리에 원객은 근심하는데 | 官笛僧鍾遠客愁 |
| 남쪽 수문 앞에는 붉은 작약이 있어서 | 南水門前紅芍藥 |
| 해마다 꽃이 피는데 누구를 위해 머무는가 | 年年花發爲誰留 |

『果齋文集』卷1

---

\* 장석신張錫藎(1841~1923) : 조선말기의 유학자. 본관은 인동仁同, 자는 순명舜鳴, 호는 과재果齋 또는 일범一帆이다.
1 관적官笛은 피리의 한 종류이며, 승종僧鍾은 사찰에서 스님이 치는 종이다.

# 광릉 도중에 남한산성을 곰곰이 바라보고 감회가 있어
## 廣陵道中粤瞻南漢山城有感

차석우 車錫祐<sup>*</sup>

| | |
|---|---|
| 남한산은 병자년 가을이 가볍지만 | 南漢山輕丙子秋 |
| 외로운 성엔 아직도 진운[1]이 흐르네 | 孤城猶帶陣雲流 |
| 대한황제가 기업[2]을 갖추고 | 大韓皇帝恢基業 |
| 제양공처럼 9세조의 원한을 씻기를[3] | 坐雪齊襄九世讐 |

『海史集』 卷1

---

\* 차석우車錫祐(1846~1911) : 조선말기의 문인, 호는 해사海史이다.
1 진운陣雲 : 진을 친 듯한 모양으로 생긴 구름.
2 기업基業 : 기반이 되는 사업.
3 제양공齊襄公이 9대에 걸쳐 복수한 이야기를 말한다.

# 남한산성에 올라
## 登南漢山城

박광원朴光遠*

| | |
|---|---|
| 동풍이 멀리서 광릉성 위로 불어오고 | 東風遠上廣陵城 |
| 막막한 평원에 전쟁의 기운이 개였는데 | 漠漠平原戰氣晴 |
| 행객은 금나라 오랑캐 원한을 알지 못하고 | 行客不知金虜怨 |
| 오랜 세월 산수는 승평만 말하네 | 百年山水說昇平 |

『鶴山文集』 卷1

* 박광원朴光遠(1848~1900) : 조선말기의 문인, 호는 학산鶴山이다.

# 남한산성 회고
## 南漢山城懷古

권상익權相翊\*

| | |
|---|---|
| 산 넘어 구름을 어르며 뿔처럼 위태로운데 | 跨嶂磨雲獸角危 |
| 번화하고 웅려함은 또 다른 서울이네 | 繁華雄麗又京師 |
| 전왕은 하산의 험준함을 보배로 여기지 않고 | 前王不寶河山險 |
| 태평성대엔 항상 음우[1]시만 생각했다네 | 盛代常思陰雨詩 |
| 큰 강은 동으로 흐르고 영웅은 죽었는데 | 大江東去英雄死 |
| 한 필의 말 북으로 치달리니 천지가 옮기네 | 一馬北馳天地移 |
| 소동파는 언덕 위 돌에서 취하였는데 | 醉度蘇坡坡上石 |
| 한청 문밖에서 다시금 머뭇거리네 | 漢靑門外更躊躅 |

『省齋集』卷1

---

\*　권상익權相翊(1863~1935) : 일제강점기의 독립운동가, 유학자. 본관은 안동安東, 자는 찬수贊粹, 호는 성재省齋이다.

1　음우시陰雨詩 : 『시경詩經』「빈풍豳風」편의 〈치효鴟鴞〉시를 지칭함.
　『시경』에서 '하늘이 흐리고 비 내리기 전에 뽕나무 뿌리 껍질을 벗겨서 창과 문을 단단히 얽어매니, 이제 저 아래의 사람들이 혹시라도 나를 업신여길 수 있겠는가'라고 했다. 공자께서는 '이 시를 지은 사람은 정치의 도리를 알았구나. 국가를 잘 다스릴 수 있다면 누가 감히 업신여기겠는가?'라고 했다. 이제 나라에 내우외환이 없게 되면 그 때에 이르러서는 거리낌 없이 즐기고 태만하고 오만해지는데, 이것은 스스로 재앙을 부르는 것이다. 재앙과 복은 모두 스스로 부르는 것이다詩云'迨天之未陰雨 徹彼桑土 綢繆牖戶 今此下民 或敢侮予' 孔子曰 '爲此詩者, 其知道乎 能治其國家, 誰敢侮之' 今國家閒暇, 及是時般樂怠放, 是自求禍也 禍福無不自己求之者(『孟子』公孫丑, 上).

# 남한산성에 올라
## 登南漢山城

### 유백년柳栢秊*

| | |
|---|---|
| 지팡이 짚고 경승 찾다가 우연히 누대에 오르니 | 遊筇探勝偶臨樓 |
| 골짜기는 산과 물이 끝난 머리맡에 열려 있는데 | 洞闢山窮水盡頭 |
| 뒤에는 흰구름이 솟았고 앞에는 태고적 같으며 | 後聳白雲前太古 |
| 웅장함은 서주를 압도함을 분명 알 수 있다네 | 聊知雄壯壓西州 |

『吾山文集』卷1

---

* 유백년柳栢秊(1870~1945) : 일제강점기의 유학자. 본관은 진주晉州, 자는 맹무 孟茂, 호는 오산 吾山이다.

# 남한산성
## 南漢山城

홍경하洪景夏<sup>*</sup>

| | |
|---|---|
| 험준한 산세에¹ 형성된 남한산에 | 百二形成南漢山 |
| 나라에서 기묘한 계책으로 중관을 설치했네 | 國家奇計設重關 |
| 시냇가에 나무 뒤섞여 다니는 길 험준하고 | 磵邊樹錯行途險 |
| 봉우리에 구름 걷히니 무딘 돌이 보이네 | 峰角雲收露石頑 |
| 차마 병정년의 치욕스런 일을 말 못하는데 | 忍說丙丁羞辱事 |
| 어찌 갑을 시비 사이를 논하겠는가 | 何論甲乙是非間 |
| 지금 부딪쳐 옛날을 생각하며 서생은 한하노니 | 撫今追古書生恨 |
| 오래 앉아 억누르며 돌아갈 길 잊었네 | 久坐撫然却忘還 |

『華雲遺稿』 卷1

---

\*   홍경하洪景夏(1888-1949) : 일제강점기의 유학자. 본관은 남양南陽. 자는 경행敬行. 호는 화운華雲이다.
1   험준한 산세 : 원문의 '백이百二'는 방어防禦가 튼튼하여 적의 지세보다 백배나 유리한 지세를 나타내는 말이다. 이때 '이二'는 곱절의 뜻으로 쓰였다.

# 남한산성에 올라
## 登南漢山城

이규헌 李圭憲*

| | |
|---|---|
| 남한산은 황량한데 수성이 떠 있으며 | 南漢荒凉泛守城 |
| 남아로 이곳에 도착하니 눈물이 종횡하네 | 南兒到此淚縱橫 |
| 병자년 당시의 일에 마음이 상하여 | 傷心丙子當年事 |
| 차마 오랑캐가 넘치던 지역을 볼 수가 없네 | 忍看東夷溢域生 |
| 궁궐의 나무 처량한데 바람 그치지 않고 | 宮樹凄凄風未盡 |
| 서장대 적막한데 전쟁은 누가 평정했나 | 將臺寂寂戰誰平 |
| 올라와서 긴 휘파람 부니 생각이 무궁하고 | 登臨長嘯無窮意 |
| 청구가 해 달처럼 밝기를 노래하여 칭송하네 | 歌頌靑丘日月明 |

『肯堂集』 卷1

---

* 이규헌李圭憲(1896~1976) : 일제강점기의 유학자. 본관은 경주慶州. 자는 성빈聖斌, 호는 긍당肯堂이다.

# 남한산성
## 南漢山城

### 신성규 申晟圭[*]

| | |
|---|---|
| 천고에 상심하여 잊지 못할 누대로 | 千古傷心不忘坮 |
| 한남성곽에서 가장 높이 솟았네 | 漢南城郭尙崔嵬 |
| 산천은 진관의 험준함에 사양치 않으나 | 山川不讓秦關險 |
| 인물은 끝내 관중의 재능 얻기 어려웠네 | 人物終難管仲才 |
| 만리에 숭고한 자취 삼학사는 죽고 | 萬里高踪三士去 |
| 평생 통한을 머금은 두 대군만 돌아왔네 | 百年含痛二君回 |
| 봄바람에 흰머리로 외로운 검을 여나니 | 春風白首開孤釼 |
| 양보음[1] 지었으나 마름질 못해 한이네 | 梁甫吟成恨莫裁 |

『遜庵文集』卷2

---

[*] 신성규申晟圭(1905~1971) : 일제강점기의 유학자. 본관은 평산平山. 자는 성일聖日, 호는 손암遜庵이다.

[1] 양보음梁甫吟 : 초楚나라 지방의 악부곡樂府曲 이름. 양보梁甫는 태산泰山 아래에 있는 작은 산 이름인데, 사람이 죽으면 이 산에 매장하였기 때문에 장가葬歌로 불리기도 한다. 제갈량과 이백이 지은 두 가지의 「양보음」이 전해진다. 제갈량은 춘추시대 제齊나라 재상 안영晏嬰이 공손첩公孫捷·진개강陳開疆·고야자顧冶子 세 명의 용사勇士에게 복숭아 두 개를 가지고 서로 다투게 하여 끝내 모두 자살하게 만들었던 안타까운 일을 서술하였고, 이백은 강태공姜太公 여상呂尙과 역생酈生을 거론하며 지사志士가 포부를 실현하지 못하는 비분강개한 심정을 토로하였다.

# 남한산성[2수]
# 南漢山城[二首]

박형동朴亨東[*]

[첫 번째—]

천길 되는 위험한 바위[1]는 실로 천연 요새이며 危巖千丈信天險
임금이 머무를 당시 만전을 기획했건만 駐蹕當時劃萬全
일이 지난 뒤에 삼호초[2]를 말하지 말게나 事去休言三戶楚
모신[3]은 선단 앞에서 얼굴에 땀을 흘렸다네[원주] 謨臣汗面墠壇前

[원주] 강화단講和壇

『西岡集』 卷1

---

[*]  박형동朴亨東(1906~1984) : 일제강점기의 독립운동가. 본관은 순천, 호는 서강西岡이다.
[1]  원전의 '위암危巖'은 깎아지른 듯하게 절벽을 이룬 높은 바위를 뜻한다.
[2]  삼호초三戶楚 : "초楚나라의 세 가구"라는 뜻으로, 사마천司馬遷은 『사기史記』「항우본기項羽本紀」에서 "초나라에 단 세 집만 남아도 반드시 진秦의 멸망에 초楚가 있을 것이다楚雖三戶, 亡秦必楚."고 하였다.
[3]  모신謨臣 : 일을 꾀하거나 계략을 세우는 데 뛰어난 신하.

[두 번째二]

암담한 근심스런 구름이 전루⁴를 잠갔는데　　暗淡愁雲鎖戰壘
누가 성패를 하늘에 물을 수 있겠는가　　誰將成敗問蒼天
신이 어둠 속에서 묵묵히 도울 뿐이며　　神祇黙佑冥冥裏
끊임없이 변방에서 옛일을 전해오네　　不斷邊疆舊業傳

『西岡集』 卷1

---

4　전루戰壘 : 전쟁의 보루.

## 남한산성에 올라
### 登南漢山城

손창수孫滄壽*

| | |
|---|---|
| 남한산성 드높아 구름에 인접했고 | 南漢山城高接雲 |
| 내가 올 땐 가을비 부슬부슬 내렸네 | 我來秋雨正紛紛 |
| 인왕¹의 지하에 있는 군신상은 | 仁王地下君臣像 |
| 온조왕을 만나면 어떤 말을 할까 | 若逢溫祚語何云 |

『又溪遺稿』 卷1

---

* 손창수孫滄壽(1910~?) : 일제강점기의 유학자. 본관은 밀양, 자는 여갱汝鏗, 호는 우계又溪이다.
1 인왕仁王 : 불법을 수호하는 금강신金剛神.

# 남한산성
## 南漢山城

심상석沈相碩*

| | |
|---|---|
| 천년세월에도 남아 있는 남한산성 | 千載猶餘南漢城 |
| 올라보니 석양에 감회가 떠오르네 | 登臨斜日感懷生 |
| 장릉의 치욕은 영원할 것이며 | 長陵受辱永和日 |
| 조야의 신민들은 피눈물 이루었네 | 朝野臣民血淚成 |

『涵齋存稿』 卷1

* 심상석沈相碩 : 근현대 유학자. 본관은 청송靑松, 자는 덕부德夫, 호는 함재涵齋이다.

3부
# 서장대
西將臺

## 서장대[다시 앞의 운을 사용하대]
## 西將臺 復用前韻

### 김만기 金萬基*

| | |
|---|---|
| 천길 이층의 돈대는 멀리 빛나고 | 千尺層臺逈 |
| 일찍이 수많은 전쟁을 치러 왔는데 | 曾經百戰來 |
| 시련과 위험을 어찌 차마 말할손가 | 艱危那忍說 |
| 문 닫고 재주 없음을 부끄러워하네 | 鎖鑰愧非才 |
| 큰 벌판은 까마득하게 멀기만 하고 | 大野茫茫遠 |
| 긴 강물은 굽이굽이 감돌아 가는데 | 長江曲曲廻 |
| 근심스레 한 자루 칼에 의지하여 | 愀然倚孤劍 |
| 석양에 홀로 이리저리 배회한다네 | 斜日獨徘徊 |

『瑞石集』 卷3

---

\* 김만기金萬基(1633~1687) : 조선중기의 문인. 본관은 광산光山. 자는 영숙永叔, 호는 서석瑞石, 정관재靜觀齋. 서포 김만중의 형이며, 인경왕후의 친정아버지로 숙종의 장인이다.

## 남한산성 장대에 올라 감회가 있어
### 登南漢山城將臺有感

이여 李畬*

| | |
|---|---|
| 철옹벽 천층의 험준한 곳에 있는 | 鐵壁千層險 |
| 원융¹이 통솔하는 백척 높은 돈대 | 元戎百尺臺 |
| 성은 온조왕의 옛 궁터이며 | 城因溫祚舊 |
| 땅은 한양 도읍을 모시고 있다네 | 地是漢都陪 |
| 지난 자취는 아직도 숲속에 남았고 | 往跡森猶在 |
| 전쟁의 암울함은 열리지 않았는데 | 邊塵暗不開 |
| 서생에게 웅검²이 있기에 | 書生有雄劍 |
| 올라서 보다가 다시금 배회한다네 | 登眺更徘徊 |

『睡谷集』 卷2

---

\* 이여李畬(1645~1718) : 조선후기의 문신. 본관은 덕수德水. 자는 자삼子三 또는 치보治甫, 호는 포음浦陰 또는 수곡睡谷. 이식李植의 손자이다.
1 원융元戎 : 군사의 우두머리. 통솔자.
2 웅검雄劍 : 중국 춘추 시대, 오吳나라의 간장干將 부부가 만들어 오왕吳王 합려闔閭에게 바쳤다는, 자웅雌雄 한 쌍으로 된 두 명검名劍의 하나.

# 남한산성 서장대에 올라 감회가 있어
## 登南漢山城西將臺有感

홍세태洪世泰<sup>*</sup>

| | |
|---|---|
| 남한산성 머리맡에 해가 질 무렵 | 南漢城頭落日時 |
| 뿌연 구름 속의 화각<sup>1</sup>은 슬픔에 겨운데 | 黃雲畫角不勝悲 |
| 봉우리 높아 아직도 청방마<sup>2</sup>를 생각나게 하고 | 峰高尙憶靑駹馬 |
| 돈대 멀리 부질없이 백작기<sup>3</sup>를 바라보네 | 臺逈空瞻白鵲旗 |
| 전쟁터의 풍경과 안개는 참담하게 하고 | 戰地風烟餘慘淡 |
| 서리 내린 산하는 굽이굽이 고요하네 | 霜天河岳靜逶迤 |
| 내일 아침 또 조각배 타고 가려는데 | 明朝又欲扁舟去 |
| 차마 삼전도 위의 비석을 읽겠는가 | 忍讀三田渡上碑 |

『柳下集』卷2

---

* 홍세태洪世泰(1653~1725) : 조선후기의 여항시인. 본관은 남양南陽. 자는 도장道長, 호는 창랑滄浪·유하柳下이다.
1 화각畫角 : 옛날 군중軍中에서 쓰던 대나무나 가죽 따위로 만든 나팔의 일종.
2 청방마靑駹馬 : 푸른색의 말. 『한서漢書』에 흉노족 묵특이 한漢나라의 유방劉邦을 백등산白登山에서 포위할 때 "흉노의 기병騎兵들이 동쪽은 청방마靑駹馬, 서쪽은 백마白馬, 남쪽은 성마騂馬, 북쪽은 오려마烏驪馬로 가득차 있었다."는 기록이 있다.
3 『관자管子』「병법편兵法篇」에 군사를 지휘하는 방법 가운데 '작기鵲旗'를 들면 구릉을 행군한다고 하였다.

## 서장대에서 감회를 읊다

[산성에 있다. 연양 이공이 야전에서 적을 물리친 곳이다.]

西將臺感吟 在山城, 卽延陽李公夜戰却敵之地

최석항崔錫恒[*]

| | |
|---|---|
| 한 필의 말로 대장단에 올라서 | 匹馬登臨大將壇 |
| 지난 일 헤아리며 눈물을 참나니 | 思量往事涕堪潸 |
| 천길 성가퀴는 멀리구름과 이었고 | 千尋雉堞連雲逈 |
| 많은 부대의 창과 방패엔 찬 햇빛이 비치네 | 百隊戈矛耀日寒 |
| 호서 경기의 산하는 밖을 금대처럼 둘렀고[1] | 湖甸山河襟帶外 |
| 강도의 봉화불은 사이를 가리켜 보이는데 | 江都烽櫓指點間 |
| 대업을 중흥코자 종당에는 이곳에 터를 잡으니 | 中興大業終基此 |
| 그해의 종묘사직이 힘입어 다시 안정 되었네 | 宗社當年賴再安 |

『損窩遺稿』 卷2

---

[*] 최석항崔錫恒(1654~1724) : 조선 후기의 문신·학자. 본관은 전주. 자는 여구汝久, 호는 손와損窩이다.
[1] 금대襟帶 : 본래 옷깃과 요대라는 뜻으로 사방이 산이나 강으로 둘러싸인 요충지를 표하는 말로 쓰인다.

## 남한산성 서장대에 올라
### 登南漢西將臺

신성하申聖夏*

| | |
|---|---|
| 남한산성은 빗긴 구름 속에 우뚝하고 | 南漢橫雲峻 |
| 서장대는 특별나게 드높다네 | 西臺特地高 |
| 지금은 봉수연기가 오래도록 멈췄지만 | 烽煙今久熄 |
| 옛날엔 전쟁으로 거듭 수고로웠네 | 戰伐昔曾勞 |
| 하늘이 험준한 산골짜기 내려주시어 | 天借山谿險 |
| 나라에선 힘입어 우리를 보장하였는데 | 邦依保障牢 |
| 오랑캐 쳐들어오자 지킬 수 없었으니 | 胡來守不得 |
| 말을 머물고 견고한 해자를 탄식하네 | 駐馬歎堅壕 |

『和菴集』 卷1

---

* 신성하申聖夏(1665~1736) : 조선후기의 문신. 본관은 평산平山. 자는 성보成甫, 호는 화암和庵이다.

# 남한산성 서장대 정보에게 보이다
## 南漢西將臺 示正甫

### 신성하 申聖夏

| | |
|---|---|
| 아침에 천주사를 지나다 머물며 읊조리나니 | 朝過天柱住吟筇 |
| 돈대 위에 올라 옛 자취를 물어보니 | 臺上登臨問舊蹤 |
| 왕도[1]가 천년 세월에 패기는 텅 비었으며 | 紫蓋千年空霸氣 |
| 포위되던 당일에는 오랑캐 봉우리 되었네[2] | 白登當日竟胡峰 |
| 제단과 사당이 아직도 비응령과 마주하고 | 壇祠尙對飛鷹嶺 |
| 나라의 수치는 오히려 입마봉[3]보다 높은데 | 國恥猶高立馬峰 |
| 만 길의 철옹성은 어디에 쓰이는가 | 萬丈鐵城成底用 |
| 도도히 한강으로 흘러 조종암[4]으로 간다네 | 滔滔江漢去朝宗 |

1   왕도王都 : 원문의 '자개紫蓋'는 자줏빛 덮개.로 왕이 거둥할 때 사용하던 일산日傘을 지칭한다. 여기서는 온조왕때 왕도였음을 표현하는 말로 쓰인 것이다.
2   포위되던 … 되었네 : 원문의 백등白登은 중국의 백등산을 지칭함. 호봉胡峰은 가한봉可汗峰을 지칭함. 전한과 흉노 사이에 전쟁이 일어났을 때, 한고조는 흉노를 복속시키기 위해 그 영토를 침공했지만 묵돌 선우의 반격에 오히려 백등산白登山에 고립 당했다. 한고조는 7일간 버티다가 모사 진평의 계책으로 묵돌 선우의 왕비에게 뇌물을 주어 포위가 느슨해진 틈을 타 달아났다.
3   입마봉立馬峯 : 가한봉의 다른 이름.
4   조종암朝宗巖 : 경기도 가평군 하면 대보리에 있는 큰 바위 암벽에 글씨를 새기고, 그 앞에 비석을 세운 후 단을 만들어 제사를 지내면서부터 불린 이름이다. 바위에는 임진왜란 때 명나라가 베풀어준 은혜와 병자호란 때 청나라로부터 당한 굴욕을 잊지 말자는 뜻의 여러 글귀를 가평군수 이제두와 허격, 백해명 등이 새겨 놓았다.

[세상에 전하기를 온조왕이 이곳에 도읍을 정하여 한 장수에게 성을 쌓도록 명하였다. 성이 완성되었는데 모함으로 그 장수를 목 베었다. 그 장수가 형을 집행함에 미쳐 말하기를 "내가 죄가 없는데 죽게 된다면 마땅히 기이한 일이 있을 것이니, 나의 억울함을 풀어달라."고 하였다. 형이 집행되자 매 한 마리가 목구멍에서 나와 고개를 돌아 날다가 돌아와 누대에 앉았다. 이 일로 인하여 누대 위에 사당을 세웠다. 그 고개 이름을 '비응飛鷹'이라 하였다. 신사神祠와 마주하고 있는데 지금도 음사淫祀를 폐지하지 않고 있다. 남쪽으로는 한 봉우리가 있는데 이름이 '가한可汗'이다. 병자년에 오랑캐가 이곳에 올라와서 성 안을 살펴보았다고 한다.]

[俗傳溫祚王開邑於此 命一將築城 城旣成 以讒誅其將 其將臨刑言我以非罪死 當有異事 以明我寃 旣刑 果有一鷹從喉中出 回翔一嶺 來止於臺 因於臺上立祠 名其嶺曰飛鷹 與神祠相對 至今不廢淫祀 南有一峰名可汗 丙子·虜嘗登此以窺覘城中]

『和菴集』 卷2

## 달밤에 익지와 여럿이 함께 천주사를 방문하였다가 서장대에 오르다
### 月夜攜益之諸君 訪天柱寺 仍登西將臺

최창대崔昌大*

| | |
|---|---|
| 서장대엔 낙엽 지니 수많은 봉우리 나오고 | 西臺木落千峰出 |
| 동곽엔 구름 흩어지니 조각달 걸려 있는데 | 東郭雲銷片月懸 |
| 북두칠성 사람 가까이 떨어지듯 위험하고 | 星斗近人危欲墮 |
| 강물은 눈길 따라 끝이 없이 드넓도다 | 江河隨眼浩無邊 |
| 남루에 객이 있는데 술이 어찌 없을손가 | 南樓有客那無酒 |
| 천주사 맑게 개니 옮길 필요가 없고 | 天柱逢晴不用僊 |
| 즉흥적인 풍류는 만고에 뛰어날지니 | 卽事風流堪萬古 |
| 현산¹은 무슨 일로 처량하게 생각되나 | 峴山何事意凄然 |

『昆侖集』 卷5

---

\* 최창대崔昌大(1669~1720) : 조선후기의 문신. 본관은 전주全州. 자는 효백孝伯, 호는 곤륜昆侖. 최명길의 증손이다.
1 현산峴山 : 현수산峴首山이라고도 한다. 지금의 호북성 양번襄樊의 성성城 남쪽에 있는 산인데, 동쪽으로 한수漢水를 굽어보고 있다. 양양襄陽 남쪽의 요새였다.

# 서장대
## 西將臺

### 김춘택 金春澤[*]

| | |
|---|---|
| 사찰[1] 길로 옮기니 수많은 봉우리 푸르고 | 招提路轉萬峰淸 |
| 대장대는 높이 까마득한 곳에 들어가 있네 | 大將臺高入杳冥 |
| 앉아서 동방에 몇 개 고을이 있나 헤아리다 | 坐數東方幾州郡 |
| 북쪽 끝을 돌아다보니 또한 조정이 있네 | 回瞻北極且朝廷 |
| 평생의 천운을 누가 감히 알겠는가 | 百年誰敢知天運 |
| 실로 천리의 지형도 믿기 어렵다네 | 千里眞難恃地形 |
| 끝없는 장풍은 귀밑털 색을 위협하고[2] | 不盡長風危鬢色 |
| 소매 속의 용천검은 별을 찌르려하네 | 龍泉在袖欲衝星 |

『北軒集』 卷6

---

* 김춘택金春澤(1670~1717) : 조선 후기의 문신. 본관은 광산光山. 자는 백우伯雨, 호는 북헌北軒이다.
1 사찰 : 원문의 '초제招提'는 사방四方을 뜻하는 범어 짜투르디샤의 한문 음사音寫로, 불교 사원寺院, 도량道場을 가리키는 말로 쓰인다.
2 끝없는 … 위협하고 : 모진 고난으로 귀밑털이 희어지려함을 표현한 말이다.

## 국청사·천주사로부터 서장대에 올라
### 自國淸天柱登西將臺

신정하 申靖夏<sup>*</sup>

| | |
|---|---|
| 아직도 선조께서 세운 전공을 기억하나니 | 尙憶吾先戰伐功 |
| 쓸모없는 선비는 오늘 저녁 어떤 영웅 생각하나 | 腐儒今夕意何雄 |
| 눈에는 초목동만 보이고 온 시골이 고요한데 | 眼中樵牧千村靜 |
| 발밑의 연기 노을은 사동으로 들어가누나 | 脚底煙霞入寺同 |
| 일은 부질없고 노목만 남았음을 탄식하나니 | 歎息事空餘老木 |
| 등림하여 발은 이미 나는 기러기를 밟았네 | 登臨足已蹋飛鴻 |
| 황폐한 사당에 해 지고 까마귀 솔개 내리는데 | 叢祠日落烏鳶下 |
| 성 위 근심스런 깃발은 바람에 나부끼누나 | 城上愁旌獵獵風 |

『恕菴集』卷1

* 신정하申靖夏(1680~1715) : 조선후기의 문신. 본관은 평산平山. 자는 정보正甫, 호는 서암恕菴. 영의정 신완申琓의 아들이다.

## 서장대
### 西將臺

조하망 曹夏望*

| | |
|---|---|
| 칼은 서장대 백 길의 분위기를 내뿜고 | 劒吐西臺百丈氛 |
| 앉아 보니 천지가 아득하여 구분하기 어려운데 | 坐來天地眇難分 |
| 다락은 천 그루 나무와 세력을 다투고 | 樓譙勢鬪千章木 |
| 나루는 중첩된 구름과 그늘을 이었네 | 浦漵陰連幾疊雲 |
| 회상은 이미 금나라 가한봉을 쫓았지만 | 淮上已縱金可汗 |
| 운중에서는 아직도 이장군을 말하네 | 雲中猶說李將軍 |
| 영웅의 의기는 지금 어디에 있는가 | 英雄意氣今何處 |
| 바로 북쪽 산하엔 저녁노을 졌으리 | 直北山河當夕曛 |

『西州集』卷2

---

\*   조하망曹夏望(1682~1747) : 조선 후기의 문신. 본관은 창녕昌寧. 자는 아중雅仲, 호는 서주西州 이다.

# 서장대
## 西將臺

김진상 金鎭商[*]

| | |
|---|---|
| 고목과 층대는 멀기만 한데 | 古木層臺逈 |
| 근심스런 마음[1] 아득히 밀려오네 | 愁雲莽蒼來 |
| 어쩌다 천리의 나라에 | 如何千里國 |
| 한 사람의 재목도 없었던가 | 曾乏一人才 |
| 들판을 갈라서 긴 강이 달리고 | 野坼長江走 |
| 산에 서린 험준한 성가퀴 둘렸는데 | 山蟠嶮堞廻 |
| 가을바람에 무한한 감회가 일어 | 秋風無恨感 |
| 올라서 바라보며 배회한다네 | 登眺且徘徊 |

『退漁堂遺稿』卷4

---

[*] 김진상金鎭商(1684~1755) : 조선후기의 문신. 본관은 광산光山. 자는 여익汝翼, 호는 퇴어退漁. 김반金槃의 증손이다.
[1] 원문의 '수운愁雲'은 근심을 자아내게 하는 구름을 말하며, 근심스러운 마음을 뜻한다.

# 서장대
## 西將臺

김진상金鎭商

| | |
|---|---|
| 칼을 두드리며 서장대에서 슬피 노래하나니 | 擊劍悲歌西將臺 |
| 지난 날 오랑캐 기병이 몇 겹이나 에워 쌓던고 | 昔年胡騎幾重廻 |
| 그 누가 천만의 신병 몰고 가서 | 誰驅千萬神兵去 |
| 한 번에 성진[1]을 번개처럼 쓸어버렸나 | 一掃腥塵若迅雷 |

『退漁堂遺稿』 卷4

---

1  원문의 '성진腥塵'은 전쟁으로 인한 '비린내 나는 먼지'를 뜻한다.

# 서장대
## 西將臺

김진상金鎭商

| | |
|---|---|
| 좋은 기운과 높은 성이 별궁을 보호하고 | 佳氣高城護別宮 |
| 지형은 예로부터 서린 용처럼 장하건만 | 地形從古壯盤龍 |
| 그 해엔 한스럽게 오랑캐 막을 계책을 놓치고서 | 當年恨失防胡策 |
| 오늘날 구구하게 가한봉을 쌓누나 | 今日區區築汗峯 |

『退漁堂遺稿』 卷4

# 서장대
## 西將臺

김진상金鎭商

| | |
|---|---|
| 엄한 성에서 갑옷 벗고 새벽에 관문을 열었으니 | 嚴城解甲曉開關 |
| 우리나라 신민들 감히 얼굴이나 들었겠나 | 東土臣民敢擧顔 |
| 홀로 서문에 날랜 장수[1]가 있어서 | 獨有西門猿臂將 |
| 전공이 청사에 뚜렷이 나타나 있네 | 戰功靑史見斑斑 |

『退漁堂遺稿』 卷4

---

[1] 원문의 '원비장猿臂將'은 원숭이처럼 팔이 길어서 활을 잘 쏘았던 한나라의 장군 이광李廣을 지칭하던 말인데, 전의되어 '날래고 힘센 장수'를 뜻하는 말로 쓰인다.

# 서장대
## 西將臺

이기진 李箕鎭*

## [첫 번째]

| | |
|---|---|
| 하늘이 어찌 뜻 없이 마련하였으리 | 天豈無心設 |
| 오랑캐 응당 죽이려고 왔었는데 | 虜應送死來 |
| 금과 비단이 도리어 상책이 되니 | 金帛還上策 |
| 세상과 백성 다스림에 누가 재목이었던가 | 經濟熟全才 |
| 성벽은 솟아 천길이나 높은데 | 壁峙千尋屹 |
| 강은 슬퍼하며 만 구비 돌아가네 | 江悲萬折廻 |
| 북풍에 짧은 머리털 휘날리며 | 北風吹短髮 |
| 한번 휘파람 불고 거니누나 | 一嘯且盤徊 |

『重訂南漢志』 卷8 / 『題詠』

---

\* 이기진李箕鎭(1687~1755) : 조선후기의 문신. 본관은 덕수德水. 자는 군범君範. 호는 목곡牧谷. 이식李植의 증손으로 광주유수에 재임시 침과정을 지었다.

## [두 번째]

| | |
|---|---|
| 조공을 바치는 사신 행차 분분한데 | 皮幣年年使盖紛 |
| 졸개들 쓸데없이 구름같이 모였네 | 儲胥無賴積如雲 |
| 침과정 위에서 공연히 머리를 돌이키니 | 枕戈亭上空回首 |
| 가을 날 석실무덤 산처럼 높아라[원주] | 秋日山高石室墳 |

[원주] 김청음에게 부침右屬金淸陰.

『重訂南漢志』 卷8 / 『題詠』

## [세 번째]

| | |
|---|---|
| 눈보라 험한 바람 형세가 어지러운데 | 中雪獰風勢共紛 |
| 생명을 가벼이하다 연운[1]에 떨어졌네 | 鴻毛無奈墮燕雲 |
| 다만 형장에 뿌려지는 피는 마땅한데 | 只應柴市堂堂血 |
| 동창에 한 거친 무덤 넓히지를 못했네[원주] | 不博東窓一穢墳 |

[원주] 삼학사에게 부침右屬三學士.

『重訂南漢志』 卷8 / 『題詠』

1 원문의 '연운燕雲'은 연경燕京의 다른 이름이다.

## 부윤 조사장[재준]과 함께 서장대에 올라 판상의 운을 차운하다
### 同府尹趙士章[載俊] 登西將臺次板上韻

신광수 申光洙[*]

| | |
|---|---|
| 서생이 도착하니 해가 지는데 | 落日書生到 |
| 어느 해 오랑캐 기병이 왔던가 | 何年虜騎來 |
| 외로운 성만 오로지 눈물 흘리며 | 孤城唯有涕 |
| 당대에 재능이 알려지지 않았네 | 一代未聞才 |
| 북쪽엔 금나라 아직 존재하고 | 北事金猶在 |
| 동으로 흐르는 한강은 돌아오지 않는데 | 東流漢不廻 |
| 조선의 삼학사는 | 朝鮮三學士 |
| 천년세월 바라보며 배회하리 | 千古望徘徊 |

『石北集』 卷9

---

[*] 신광수申光洙(1712~1775) : 조선후기의 문인. 본관은 고령高靈, 자는 성연聖淵, 호는 석북石北 또는 오악산인五嶽山人이다.

## 남한 서장대에 올라
### 登南漢西將臺

강세진姜世晉*

[첫 번째一]

장가 부르며 칼을 두들기니 용천검이 애달프고　　　長歌擊釼釼龍哀
어떤 객이 가을날에 서장대에 오르는데　　　　　　　有客秋登西將臺
먼 성곽엔 거친 구름이 끝이 없는 듯하고　　　　　　遼塞荒雲猶不盡
석양엔 무수한 송골매가 날아 맴도네　　　　　　　　夕陽無數鶻飛回

『警弦齋集』卷1

[두 번째二]

하늘이 진한에 중첩된 관문을 설치했고　　　　　　　天設重關鎭漢中
만 사람 중에 어쩔 수 없이 한 사람 봉했네　　　　　萬夫無奈一夫封

* 강세진姜世晉(1717~1786) : 조선후기의 문인. 본관은 진주晉州, 자는 사원嗣源, 호는 경현재警弦齋이다.

누가 진시황제 구산탁¹을 거느리고 　　　　　　誰將秦帝驅山鐸
오랑캐의 입마봉을 깨부술 것인가 　　　　　　搥破胡兒立馬峰

『警弦齋集』 卷1

## [세 번째 三]

온조왕의 백업²은 아득하여 찾기 어렵고 　　　　溫王伯業漭難尋
유□는 소소³하고 옛 사당은 깊숙하네 　　　　遺□翛翛古廟深
지금도 백제의 유민이 있건만 　　　　　　　　至今百濟餘民在
초계⁴는 해마다 마음을 다하지 않네 　　　　　椒桂年年不盡心

『警弦齋集』 卷1

## [네 번째 四]

썰렁한 행궁엔 꽃이 저절로 봄을 맞았고 　　　寥落行宮花自春
성조께서 이곳에 몽진한 것을 생각하니 　　　憶曾聖祖此蒙塵
중번⁵과 거진⁶ 모두 의지할 수 없었고 　　　重藩巨鎭渾無賴

---

1 　구산탁驅山鐸 : 진시황秦始皇이 만리장성을 쌓을 때 구산탁驅山鐸으로 역사役使했는데 백성들이 〈어유하곡魚游河曲〉을 지어 부르며 괴로워했고 귀신들 역시 원한의 소리를 냈다고 한다.
2 　백업伯業 : 패업覇業과 같은 말로, 제후로서 가장 중요한 사업을 뜻한다.
3 　소소翛翛 : 깃털이 찢어진 모양 또는 비오는 소리를 뜻한다.
4 　초계椒桂 : 산초와 계수나무. 모두 향나무이므로 현인賢人에 비유하는 말로 쓰인다.
5 　중번重藩 : 권세가 있는 감사를 지칭하는 말.
6 　거진巨鎭 : 조선 시대, 절제사와 첨절제사가 있는 진영을 지칭하던 말.

오랑캐 기병은 삼일 아침 한강가를 돌았네 　　　　胡騎三朝匝漢濱

『警弦齋集』 卷1

## [다섯 번째五]

묘당의 계책은 종횡으로 진시황을 말하고 　　　廟筭縱橫說帝秦
군사 앞엔 척화신이 결박되어 나왔네 　　　　軍前縛出斥和臣
구리쟁반 성에서 내려와[7] 맹약하던 날 　　　銅盤城下尋盟日
한북의 모든 산이 일색으로 찡그렸네 　　　　漢北群山一色嚬

『警弦齋集』 卷1

## [여섯 번째六]

동옹[8]의 기상과 절의는 천년에 가득하고 　　桐翁氣節凜千霜
상소는 당당하여 해와 달처럼 빛나네 　　　　尺疏堂堂日月光
수승대[9] 아래 동쪽으로 흐르는 물은 　　　　搜勝臺下東流水
만번 굽이쳐도 조종으로 가는 뜻이 영원하네 　萬折朝宗去意長

『警弦齋集』 卷1

7　구리쟁반 … 내려와 : 구리쟁반銅盤에 항복 문서를 받쳐 들고 남한산성에서 나와 항복한 것을 말한다.
8　동옹桐翁 : 동계桐溪 정온鄭蘊을 가리킴.
9　수승대搜勝臺 : 경남 거창군 위천면 황산리에 위치한 명승.

### [일곱 번째七]

| | |
|---|---|
| 삼전도 비석은 이무기를 압도하는데 | 三田石開壓蛟螭 |
| 사람들 말하길 오랑캐왕의 승전비라 하네 | 人說胡皇勝戰碑 |
| 평생토록 동해의 무궁한 치욕인데 | 百年東海無窮恥 |
| 개달과 양해를 나는 알지 못하네 | 犬月羊年我不知 |

『警弦齋集』卷1

## 정시회와 함께 서장대에 올라 지은 연구
### 與鄭時晦登西將臺聯句

이복원李福源[*]

| | |
|---|---|
| 산성에선 가을 회포가 이른데 [수지] | 山郭秋懷早[綏之] |
| 바람 속의 매미[1] 햇살은 썰렁해졌네 | 風蟬竟日涼 |
| 뾰족한 누각은 나무에 떠 있으며 [시회] | 危樓浮積樹[時晦] |
| 둥근 성가퀴는 지는 해를 품었네 | 圓堞抱斜陽 |
| 오랜 객은 등림을 게을리 하고 [수지] | 久客登臨倦[綏之] |
| 맑게 개이자 멀리 바라다보네 | 新晴眺望長 |
| 전쟁을 치른[2] 백년 뒤에 [시회] | 百年戎馬後[時晦] |
| 우리들은 모두 옷깃을 적시네 | 我輩一沾裳 |

『雙溪遺稿』 卷1

---

[*] 이복원李福源(1719~1792) : 조선후기의 문신. 본관은 연안延安. 자는 수지綏之, 호는 쌍계雙溪. 월사 이정구李廷龜의 6대손이다.
[1] 바람속의 매미 : 나뭇잎 속에 몸을 감추고 소리만 내는 매미를 지칭한다.
[2] 원문의 '융마戎馬'는 전쟁에서 쓰는 수레와 말이라는 뜻으로, '군대軍隊'를 이르는 말로 쓰인다.

# 서장대 시판의 운을 차운하여
## 西將臺次板上韻

이민보 李敏輔[*]

### [첫 번째 其一]

| | |
|---|---|
| 산세는 겹겹이 성곽은 우뚝한데 | 山勢層城峻 |
| 강물 끊긴 곳에 들판이 드러나네 | 江流截野來 |
| 철옹성은 본디 험준하였건만 | 金湯固有險 |
| 관중과 제갈량[1]의 재주로도 어려웠네 | 管葛也難才 |
| 오랑캐 비석[2] 세워 공적을 드러내고 | 胡碣揚功立 |
| 연초의 풍성한 잔치 순회하여도 | 燕軺飽宴迴 |
| 서생은 다만 분개할 뿐이며 | 書生徒憤感 |
| 지는 해와 함께 배회할 뿐이네 | 落日與低徊 |

『豊墅集』 卷5

---

[*]  이민보李敏輔(1720~1799) : 조선후기의 문신. 본관은 연안延安. 자는 백눌伯訥, 호는 풍서豊墅. 이단상李端相의 증손이며, 이희조李喜朝의 손자이다.
[1] 관갈管葛 : 춘추 시대 제 환공齊桓公을 도와 패도覇道를 이룩한 관중管仲과 촉한蜀漢의 승상 제갈량諸葛亮의 병칭이다.
[2] 오랑캐 비석 : 삼전도비三田渡碑를 지칭한다.

## [두 번째 其二]

| | |
|---|---|
| 사방을 돌아보고 망연하여 술잔을 잊으니 | 四顧茫然失酒杯 |
| 온 하늘 가을빛 속에 높은 누대에 올랐네 | 一天秋色赴危臺 |
| 산은 험준한 성첩 휘감고 드높이 솟아 있고 | 山縈峻堞巖巖出 |
| 강은 평평한 땅 가르며 세차게 휘도누나 | 江劃平圻滾滾廻 |
| 우리나라 관방은 이와 같이 험고한데 | 東土關防如此險 |
| 서쪽 관문 빗장은 지금까지 열려 있다오[3] | 西門鎖鑰至今開 |
| 영릉[4]에 소나무가 천 자나 자랐다고 하니 | 寧陵見說松千尺 |
| 고개 돌려 찬 구름에 간장이 무너지는 듯 | 回首寒雲膽欲摧 |

『三山齋集』 卷1

---

3 서쪽 … 열려있다오 : 당시에도 여전히 방비가 허술한 것을 이른다.
4 영릉寧陵 : 북벌을 준비하며 복수를 꿈꾸다 이루지 못하고 죽은 효종孝宗과 인선왕후仁宣王后 장씨張氏의 능으로, 경기도 여주군 능서면 왕대리에 있다.

## 서장대에서 유홍지[한정]의 시를 차운하여
## 西將臺 次兪興之[漢禎]韻

김이안金履安*

[첫 번째 其一]

| | |
|---|---|
| 이웃 친구들이 국화주로 초대하기에 | 隣朋相召菊花杯 |
| 장검을 의지해 서장대에 오르나니 | 長劒扶吾上帥臺 |
| 이 곳을 지금 사람은 경승을 찾아 이르지만 | 此地今人探勝至 |
| 예전에는 오랑캐 기병이 노래하며 돌았다네 | 往時胡騎唱歌廻 |
| 하늘 밑 옛 성루는 푸른 구름과 연결되었고 | 天低古壘蒼雲結 |
| 햇빛은 찬 성곽에 비쳐 비단 나무가 열리네 | 日射寒城錦樹開 |
| 어찌하면 푸른 바다 같은 선비를 얻어서 | 安得携如滄海士 |
| 철퇴 한방으로 가한봉을 무너뜨릴꼬 | 金椎一擊汗峰摧 |

『三山齋集』 卷1

* 김이안金履安(1722~1791) : 조선후기의 문인. 본관은 안동安東, 자는 원례元禮. 호는 삼산재三山齋이다.

## 두 번째 [其二]

사방을 둘러보니 망연하여 술잔을 잃어버렸네　　四顧茫然失酒杯
온 하늘의 가을빛이 높은 누대에 닿았는데　　　一天秋色赴危臺
산은 엄준한 성에 얽혀 우뚝우뚝 튀어나왔고　　山縈峻堞嶄嶄出
강물은 평야를 가로질러 넘실넘실 돌아가네　　　江劃平坰滾滾廻
우리나라 관방에서 이같이 험준한 곳이　　　　　東土關防如此險
서문의 자물쇠는 지금도 열려 있다네　　　　　　西門鎖鑰至今開
영릉에서 보면 소나무가 천 길이라 말하는데　　　寧陵見說松千尺
돌아보니 찬 구름이 충심으로 꺾으려 하네　　　　回首寒雲膽欲摧

『三山齋集』 卷1

# 남한산성 서장대에 올라
## 登南漢西將臺

홍양호洪良浩*

| | |
|---|---|
| 회오리바람은 천풍에 따라 정상을 흔들고 | 飄搖絶頂倚天風 |
| 자욱한 아침 아지랑이 햇살 받아 붉은데 | 朝靄空濛日脚紅 |
| 지나가는 사람이 산 밑에서 보게 한다면 | 試使行人山下望 |
| 내 몸은 응당 흰구름 가운데 앉았으리 | 此身應坐白雲中 |

『耳溪集』 卷6

---

* 홍양호洪良浩(1724~1802) : 조선후기의 문신. 본관은 풍산豊山. 초명은 양한良漢. 자는 한사漢師, 호는 이계耳溪이다.

## 남한산성의 서장대에 올라
### 登南漢西將臺

위백규魏伯珪*

| | |
|---|---|
| 청려장 짚고 베인 나무 곁에 이르니 | 藜杖排磨折木傍 |
| 오래된 성에 맑은 가을날의 첫서리 내릴 때인데 | 古城秋霽葉初霜 |
| 강은 큰 들을 에워싸서 한양을 조회하고 | 江環大野朝京邑 |
| 하늘은 높은 산을 만들어 관문 역할 장대하네 | 天作高山壯關防 |
| 일없는 장군은 단풍나무들만 바라보고 | 無事元戎觀錦樹 |
| 공훈 있어 모신 신묘엔 무양¹을 제사 지내는데 | 有功神廟食巫陽 |
| 어찌해서 우리나라 천년 보전할 계책에 | 如何保障千年計 |
| 역사에 향기로운 삼량만 얻었던가² | 只得三良竹帛香 |

『存齋集』 卷1

---

\*   위백규魏伯珪(1727~1798) : 조선후기의 실학자. 본관은 장흥長興. 자는 자화子華, 호는 존재存齋·계항桂巷이다.
1   무양巫陽 : 옛날 신무神巫의 이름이다. 『초사』 「초혼招魂」에 "상제가 무양에게 이르기를 '하토下土에 있는 사람을 불러다 나를 보좌하게 할 테니 그대는 이산離散된 그의 혼백을 찾아 나에게 데려오도록 하라.'고 했다."라는 내용이 나온다.
2   역사에 … 얻었던가 : 삼량은 춘추 시대 때 진 목공秦穆公이 죽으면서 순장殉葬시킨 엄식奄息·중행仲行·겸호鍼虎를 가리키는 말이다. 여기에서는 조선 시대 병자호란 때 청나라와의 화의를 반대한 세 학사인 홍익한·윤집·오달제를 말한다.

## 서장대
### 西將臺

조경 趙璥*

| | |
|---|---|
| 나의 말이 갑자기 슬피 울기에 | 我馬忽悲鳴 |
| 드높은 돈대 반공에 빗겨 있네 | 高臺天半橫 |
| 견고한 성은 험준하였을 뿐으로 | 金湯徒絶險 |
| 호걸 또한 헛된 이름뿐이었네 | 豪傑亦虛名 |
| 세상일엔 부질없이 이를 잡고 | 世事空捫虱 |
| 웅장한 계획은 청영[1]을 본뜸이네 | 雄圖擬請纓 |
| 지금도 박을 두드리며 탄식하고 | 祗今匏繫歎 |
| 한가히 앉아서 구름을 본다네 | 閑坐看雲生 |

『荷棲集』卷2

---

* 조경趙璥(1727~1787) : 조선후기의 문신. 본관은 풍양. 초명은 조준趙㻐. 자는 경서景瑞, 호는 하서荷棲이다.
1 청영請纓 : 결박할 밧줄을 청한다는 말로, 스스로 전쟁터에 나가 적을 격파하고 나라의 은혜에 보답하겠다는 뜻.

# 서장대에서 광성의 시운을 차운하여
## 西將臺 次光城韻

조경 趙絅

| | |
|---|---|
| 한수[1]는 손짓해도 가기 어렵고 | 汗出麾難去 |
| 정월[2]은 불러도 오지 않는데 | 王春喚不來 |
| 강물은 남아서 바다 소리에 조회하며 | 江殘朝海響 |
| 돌은 오래돼도 하늘을 돕는 재료이네[3] | 石老補天材 |
| 벌레와 학은 천년세월 슬피 울고 | 虫鶴悲千古 |
| 섶과 창[4]도 한 차례 꿈이라네 | 薪戈夢一回 |
| 짙푸른 숲에 해가 지려하는데 | 蒼蒼將落日 |
| 나를 비춰가며 함께 배회하누나 | 照我共徘徊 |

『荷棲集』 卷3

---

1   한수汗出 : 가한봉可汗峰을 지칭함.
2   원문의 '왕춘王春'은 '정월'의 이칭임.
3   돌은 … 재료이네 : 태고 때 여와씨가 하늘이 뚫린 것을 보고 오색의 돌을 불려서 하늘을 메웠다는 전설이 있다煉石補天.
4   월越나라 구천句踐이 오吳나라 부차夫差에 당한 패배를 복수하기 위해 와신상담臥薪상담하며 분투하였음을 말한다.

## 경성을 출발하여 남계 길을 취하여 가서 옥정사에서 자고 다음날 서장대에 올라 현판의 운을 차운하다
### 甲辰秋離發京城取路南溪留宿玉井寺翌日登西將臺次懸板韻

김명범金明範*

| | |
|---|---|
| 남한산성 있는 곳에 올라보니 | 登臨南漢處 |
| 하늘이 북풍을 보내오는데 | 天送北風來 |
| 예전의 일을 추억하건대 | 追憶前時事 |
| 어찌 난리를 다스릴 재주 없었을까 | 何無撥亂才 |
| 성루는 천길 우뚝 솟았고 | 城樓千尺屹 |
| 낙수는 한 구비 돌며 흐르며 | 洛水一彎廻 |
| 아래위로 바라보니 비감도 많기에 | 俯仰多悲感 |
| 석양에 홀로 배회한다네 | 斜日獨徘徊 |

『農谷文集』卷1

* 김명범金明範(1730~1808) : 조선 말기의 문신. 본관은 경주慶州. 호는 농곡農谷이다.

# 서장대
## 西將臺

범경문范慶文*

| | |
|---|---|
| 강산을 둘러싸서 병풍처럼 에둘렀고 | 環擁江山繞似屛 |
| 견고한 성은 실속 없이 백겹 모양으로 | 金湯空設百重形 |
| 선왕이 경필[1]하고 행궁이 있었으며 | 先王警蹕行宮在 |
| 삼학사의 풍성[2]은 옛 사당에 멈췄네 | 三士風聲古廟停 |
| 맺힌 한을 풀지 못한 송파도는 희고 | 遺恨未窮松渡白 |
| 남은 수치 고치지 못한 가한봉은 푸른데 | 餘羞難改汗峰靑 |
| 서장대는 낙엽이 배회하는 곳이 되었고 | 西臺落木徘徊處 |
| 게다가 석양에 나팔소리까지 들린다네 | 況復斜陽畫角聽 |

『儉巖集』 卷1

---

* 범경문范慶文(1738~1800) : 조선후기의 여항문인. 본관은 금성錦城. 자는 유문儒文, 호는 검암儉巖이다.
1 경필警蹕 : 황제가 거동할 때 경계하여 통행을 금하는 일을 말한다.
2 풍성風聲 : 바람의 소리. 풍교風敎와 같은 뜻으로 쓰이기도 한다.

## 남한 서장대에 올라 김상국의 판상 운에 차운하다
### 登南漢西將臺 次金相國板上韻

양종해楊宗楷*

| | |
|---|---|
| 누대가 높아 한남부를 압도하는데 | 一臺高壓漢南府 |
| 오랜 기간 일찍이 백전을 겪어왔네 | 浩劫曾經百戰來 |
| 철옹성은 우뚝 솟은 웅장한 진지를 안았으며 | 鐵甕城包雄鎭屹 |
| 굳은 요새엔 하늘이 큰 강을 에둘러 설치하였네 | 金湯天設大江回 |
| 새 정자엔 객이 있어 산하에 눈물 흘리고 | 新亭客有山河涕 |
| 북쪽 성채엔 사람 없어 인재를 닫아놓았네 | 北壘人無鎖鑰才 |
| 백면 서생이 오히려 장한 마음 일으켜 | 白面書生猶激壯 |
| 연새[1]를 바라보며 칼을 들고 배회하네 | 痛看燕塞釰徘徊 |

『遜窩遺稿』 卷1

---

* 양종해楊宗楷(1744~1815) : 조선후기의 문인. 본관은 남원南原, 자는 원칙元則, 호는 둔와遯窩이다.
1 연새燕塞 : 중국 호북성 산해관에 있는 요새要塞.

# 서장대에 올라
## 登西將臺

성근묵成近默<sup>*</sup>

| | |
|---|---|
| 성 위의 근심스런 구름에 대낮도 어두워지고 | 城上愁雲晝欲昏 |
| 흰새 깃든 곳에도 슬퍼한 흔적이 남았네 | 白鳥棲處黯餘痕 |
| 강물은 중간에서 양려협[1]을 갈라놓고 | 江流中坼楊驪峽 |
| 나무 색은 멀리서 유리촌[2]을 이루네 | 樹色遠生兪李村 |
| 땅은 개이빨처럼 섞여 전복[3]을 나누고 | 地錯犬牙分甸服 |
| 산은 새날개처럼 올라 원문[4]을 에웠네 | 山騰鳥翼擁轅門 |
| 취화[5]는 몽진하던 그날을 상상케 하고 | 翠華想像蒙塵日 |
| 서쪽으로 장릉을 바라보니 넋이 끊어질 듯하네 | 西望長陵恰斷魂 |

『果齋集』 卷1

---

* 성근묵成近默(1784~1852) : 조선후기의 문신. 본관은 창녕昌寧. 자는 성사聖思, 호는 과재果齋. 성혼成渾의 후손이다.
1 양려협楊驪峽 : 양주楊州와 여주驪州를 갈라놓은 협곡을 말함.
2 유리촌兪李村 : 유씨와 이씨의 집성촌을 말함.
3 전복甸服 : 하夏나라 제도로 왕성 주위 500리 이내의 땅을 가리킴. 여기서는 기내畿內의 땅을 지칭함.
4 원문轅門 : 장수의 영문營門이나 관서官署의 바깥문을 가리킨다.
5 취화翠華 : 푸른 깃털 장식의 깃발 혹은 수레로, 대가大駕나 제왕의 대칭으로 쓰이는 표현이다.

## 남한산성 서장대 [벽에 걸린 제가의 운을 차운하다]
### 南漢西將臺 謹次壁上諸公韻

홍인모洪仁謨*

| | |
|---|---|
| 드높은 서장대는 멀리 보이고 | 萬丈西臺迥 |
| 가을바람에 술을 들고 찾아오니 | 秋風帶酒來 |
| 종군은 단지 뜻만 품었을뿐이며 | 終軍徒抱志 |
| 제갈량은 잠시 재주를 폈다네 | 諸葛暫施才 |
| 험준한 고개는 천겹으로 극에 달했고 | 峻嶺千重極 |
| 긴 강물은 백 굽이 빙돌아 가는데 | 長江百曲廻 |
| 육지에서 속내 눈물 멈추기 어려워 | 難禁陸沉淚 |
| 성가퀴에 기대어 홀로 배회한다네 | 倚堞獨俳徊 |

『足睡堂集』卷1

---

\* 홍인모洪仁謨(1755~1812) : 조선후기의 문신. 본관은 풍산豊山. 초명은 대영大榮, 자는 이수而壽, 호는 족수거사足睡居士. 영의정 홍낙성洪樂性의 아들이다.

## 남한산성 서장대 [광성 김문충공 시판의 운을 차운하다.]
### 南漢西將臺 謹次光城金文忠公板上韻.

김희순金羲淳<sup>*</sup>

| | |
|---|---|
| 성가퀴 위에 있는 서장대엔 | 有臺緣堞上 |
| 아무 일 없어 구름만 찾아들고 | 無事與雲來 |
| 철옹성은 수도를 방비하려 함이나 | 鐵甕邦留警 |
| 금과 비단으로도 재간이 없었네 | 金繒將不才 |
| 봄 그늘은 행궁 관문에 저물고 | 春陰行闕暮 |
| 저녁 빛은 난만한 산<sup>1</sup>에 둘렀네 | 夕照亂山回 |
| 충신의 절의에 강개<sup>2</sup>하나니 | 忼慨忠臣節 |
| 아이들에게도 아직까지 소문이 자자하네 | 孺童尙灌雷 |

『山木軒集』 卷1

---

\*   김희순金羲淳(1757~1821) : 조선후기의 문신. 본관은 안동安東. 자는 태초太初, 호는 산목山木·경원景源이다.
1   원문의 '난산亂山'은 줄기를 이루지 않고 어지러이 솟아 있는 산들을 말한다.
2   강개忼慨 : 세상의 옳지 못한 일에 대하여 의분을 느끼며 탄식함.

## 서장대
### 西將臺

서영보徐榮輔[*]

| | |
|---|---|
| 저녁의 조망이 누대에서 멀리까지 가능하고 | 晚眺臺能逈 |
| 임금님 은혜로 내가 유람할 수 있다네 | 君恩吾得遊 |
| 가마 타고 치솟은 성가퀴 건너다니며 | 肩輿度危堞 |
| 한껏 멀리 감상함은 초가을 하늘 덕분일세 | 目極依新秋 |
| 산봉우리는 헌릉을 옹위하여 서 있고 | 山繞獻陵樹 |
| 강물은 무도에서 나뉘어 흘러가네 | 江分舞島流 |
| 임금님 계신 도성은 바로 북쪽 방향 | 王城正北望 |
| 정신이 달려가며 홀로 유유하여라 | 神往獨悠悠 |

『竹石館遺集』 卷1

---

[*] 서영보徐榮輔(1759~1816) : 조선후기 문신. 본관은 달성達成. 자는 경재景在, 호는 죽석竹石이다.

## 서장대 운을 차운하여
### 次西將臺韻

서영보 徐榮輔

| | |
|---|---|
| 땅의 형세는 동으로 임해 툭 터지고 | 地勢東臨敞 |
| 층진 누대는 맨 꼭대기 서쪽에 우뚝 | 層臺絶頂西 |
| 초록빛 언덕은 천 이랑으로 광활하고 | 綠陂千頃濶 |
| 드높은 버들은 두 줄로 가지런해라 | 高柳兩行齊 |
| 성가퀴 빙 둘러 있는 성곽이요 | 列雉周遭郭 |
| 달팽이처럼 휘도는 계단이로세 | 盤蝸曲折梯 |
| 쇠한 얼굴로 올라와 바라보는 뜻은 | 衰顔登眺意 |
| 봄 경치가 안개 속에 아득하기 때문이네 | 春物霧中迷 |

『竹石館遺集』 卷2

## 남한 서장대에 올라
### 登南漢西將臺

한이원韓履源*

| | |
|---|---|
| 저 멀리 오호에 백리 바람이 읍하고 | 遙挹五湖百里風 |
| 천길 절벽은 만산 가운데 서 있네 | 千尋壁立萬山中 |
| 오직 사수한 외로운 신하의 계책만 생각하니 | 追惟死守孤臣策 |
| 누가 동방의 지세가 웅장함을 알았으랴 | 誰識東方地勢雄 |

『基谷雜記』卷1

* 한이원韓履源(1766~1827) : 조선후기의 문인. 본관은 청주, 자는 은경殷卿, 호는 기곡基谷이다.

# 서장대에 올라 조망하고 회포를 적다
## 登西將臺騁眺書懷

### 최승우 崔昇羽*

| 높은 누대를 바라보니 온갖 형상이 나타나고 | 一望高臺百態呈 |
| 제관은 시와 술로도 정취를 가누지 못하는데 | 祠官詩酒不勝情 |
| 산에서 나온 푸른 구름엔 용이 기를 내뿜고 | 綠雲出出龍噓氣 |
| 허공의 채색 누각에선 이무기가 정액을 내쏘네 | 彩閣浮空蜃吐精 |
| 도처의 꽃불은 모든 담장을 편안케 하고 | 撲地煙花千堵晏 |
| 하늘에 접한 구름 나무 사방에 평평하네 | 接天雲樹四郊平 |
| 옆 사람은 병정년의 치욕은 말하지 말라 하는데 | 傍人莫說丙丁恥 |
| 감격한 눈물 먼저 떨어져 명나라를 곡하네 | 感淚先零哭大明 |

『耳宰窩集』 卷1

---

\* 최승우崔昇羽(1770~1841) : 조선후기 문신·유학자. 본관은 전주. 자는 사규士逵, 호는 재와睟窩, 초명은 최홍우崔鴻羽이다.

## 중양절 이튿날 남한산성의 서장대에 올라 현판에 적힌 서석 김공[*]의 시에 차운하다
重陽之翌上南漢西將臺步板上瑞石金公韻

### 홍직필洪直弼[*]

| | |
|---|---|
| 호겁[1]이 지나도 산은 그대로이니 | 浩劫山猶在 |
| 맑은 가을날 나그네 절로 찾아 왔네 | 淸秋客自來 |
| 금성탕지의 험한 지형 부질없고 | 金湯空地險 |
| 계책은 인재가 없어 부끄럽다오[2] | 籌策愧人才 |

---

* 김공金公 : 김만기金萬基(1633~1687)로, 본관은 광산光山, 자는 영숙永淑, 호는 서석瑞石, 시호는 문충文忠이다. 김장생金長生의 증손이고 송시열의 문인이다. 1653년(효종4) 별시 문과에 급제하고 벼슬이 대제학을 거쳐 영돈녕부사에 이르렀으며, 딸이 숙종의 정비가 됨에 따라 광성부원군光城府院君에 봉해졌다. 김만기는 1667년(현종8)에 광주부윤을 지냈는데, 남한산성은 광주부윤 관할 지역이었다.
** 홍직필洪直弼(1776~1852) : 조선후기의 문신. 본관 남양(南陽), 초명은 긍필兢弼, 자는 백응伯應, 호는 매산梅山이다.
1 호겁浩劫 : 불교용어로, 인간에게 닥치는 큰 재앙을 이르는바, 여기서는 병자호란을 가리킨 것이다.
2 금성탕지金城湯池의 … 부끄럽다오 : 금성탕지는 쇠로 만든 철옹성과 펄펄 끓는 물로 채워진 해자垓子라는 뜻으로 공격하기 어려운 견고한 요새지를 말하는바, 천혜의 요새인 남한산성을 비유한 것이다. 원문의 '주책籌策'은 본래 숫자를 헤아리는 데에 쓰는 대나무로 만든 산가지인데, 후대에는 이해관계를 헤아려 계책을 세운다는 의미를 갖게 되었다. 『사기史記』 권8 「고조본기高祖本紀」에 한고조漢高祖가 장량張良에 대해 "장막 속에서 작전 계획을 세워 천 리 밖의 승부를 결정짓는 것은 내가 장자방보다 못하다夫運籌策帷帳之中, 決勝於千里之外, 吾不如子房."라고 한 말이 보인다. 인조가 병자호란 때 남한산성에서 농성籠城하였으나, 식량이 떨어지고 강화도가 함락되어 대군大君들이 포로로 잡히는 등 정세가 불리해지자, 결국 농성을 풀고 항복하였으므로 이렇게 말한 것이다.

| | |
|---|---|
| 북쪽을 바라보니 연기와 먼지 자욱하고[3] | 北望烟塵暗 |
| 동쪽으로 한강물은 휘감아 흐르고 있네[4] | 東流江漢廻 |
| 서생이 웅장한 뜻을 품고서 | 書生齎壯志 |
| 검을 어루만지며 홀로 배회하노라 | 撫劒獨徘徊 |

『梅山集』 卷2

---

3 　북쪽을 … 자욱하고 : 청나라가 침략했던 병자호란을 회상하며 이렇게 말한 것이다. 원문의 '연진烟塵'은 봉화 연기와 말발굽 먼지라는 뜻으로 전란戰亂을 의미한다.
4 　동쪽으로 … 있네 : 중국은 지형이 서쪽은 높고 동쪽은 낮기 때문에 모든 강들이 동쪽으로 흘러 바다로 향하여 들어가는데, 이 때문에 '동쪽으로 흐른다東流.'는 말은 모든 속국들이 대국인 중국을 섬기는 것을 비유하는 말로 쓰인다. 한강은 본디 서쪽으로 흐르는 강이지만, 여기서는 명나라를 그리워하는 마음을 표현하기 위하여 동쪽으로 흐른다고 한 것이다.

# 서장대
## 西將臺

조두순趙斗淳[*]

## [첫 번째其一]

| | |
|---|---|
| 깎아지른 높은 성은 지난 일이 슬프고 | 粤絶高城往事哀 |
| 찬 구름 아득한데 새는 허공을 맴도네 | 寒雲漠漠鳥空廻 |
| 용호 많은 군사들 오직 지키려 하였을뿐 | 龍虎千軍惟有守 |
| 왕개미들 사방에서 누가 먼저 쳐들어 왔나 | 蚍蜉四境孰先來 |
| 견고하고 굳게 동쪽에 병풍을 친 나라 | 金湯鐵鎖東屏國 |
| 서장대엔 가을바람에 낙엽이 지는데 | 落木秋風西將臺 |
| 망녕스레 서생들은 작은 칼을 논하거니 | 妄有書生論尺釖 |
| 홀로 밝은 달만 남아 잔속 깊이 비추네 | 獨留明月照深杯 |

『心庵遺稿』卷1

---

[*] 조두순趙斗淳(1796~1870) : 조선후기의 문신. 본관은 양주楊州. 자는 원칠元七, 호는 심암心菴이다.

## [두 번째 其二]

| | |
|---|---|
| 원문[1]에 해가 지니 나팔소리 구슬프고 | 落日轅門畫角哀 |
| 우는 소리 멈추고 기러기떼 맴도는데 | 嗚嗚吹斷鴈羣廻 |
| 낭연[2]이 미치지 못한 채 승위로 호군하고[3] | 狼烟未及乘韋犒 |
| 조도[4]를 먼저 보니 우격[5]이 오네 | 鳥道先看羽檄來 |
| 수많은 말이 홀연 낙엽진 요새에서 거만하고 | 萬馬忽驕黃葉塞 |
| 육룡이 취화대에 깊숙이 머물렀는데 | 六龍深駐翠華臺 |
| 도도히 한강물은 사행길로 흐르고 | 滔滔江漢朝天路 |
| 비참한 장군은 홀로 잔을 건네네 | 惆悵將軍獨渡杯 |

『心庵遺稿』卷1

---

1 원문轅門 : 장수의 영문營門이나 관서官署의 바깥문을 가리킨다.
2 낭연狼烟 : 고대 군사용 경보警報 신호의 일종. 전하는 바에 의하면, 이리의 똥을 햇볕에 말린 다음 태우면 연기가 곧게 한 가닥으로 피어올라 바람이 불어도 변형되지 않는다고 한다. 이 때문에 군중 경보 신호인 봉화烽火로 널리 사용되었다.
3 승위乘韋는 삶아서 만든 네 장의 소가죽이다. 정나라 사람의 꾐에 빠진 목공을 정나라를 차지할려고 활 땅에 이르렀는데 정나라의 상인 현고가 장사차 주나라에 가다가 이들을 만나자 4마리의 소가죽과 12마리의 소를 바쳐 호군하게 하고는 "우리 임금이 주는 것이다"라고 거짓말을 하였다. 이에 진나라의 장수들은 정나라에서 자기들이 공격해오는 것을 미리 알고 있으니 방비를 튼튼히 하였을 것이라고 생각하여 정나라 공격을 포기하였다고 한다. 『좌전左傳』 「희공僖公 33년」.
호군犒軍은 군사들에게 음식을 베풀어 위로함을 뜻한다.
4 조도鳥道 : 새만이 다닐 수 있는 험한 산 길을 의미한다.
5 우격羽檄 : 옛날, 새의 깃털을 꽂아 지급至急의 뜻을 나타내던 격문檄文.

## 서장대
### 西將臺

조두순 趙斗淳

| | |
|---|---|
| 벼랑에서 누가 다시 중흥을 칭송하나 | 磨崖誰復頌中興 |
| 비예[1]는 하늘같아 오를 수 없네 | 睥睨如天不可登 |
| 백년세월 인심은 솟구쳐[2] 성하였으나 | 百世人心森射斗 |
| 당시의 사기는 얼음보다 차가왔네 | 當時士氣冷於氷 |
| 꽃빛의 푸르름은 중강을 띠었고 | 花光綠漲重江帶 |
| 버들의 푸른빛은 큰길을 이었네 | 柳色靑連大道繩 |
| 졸렬한 선비가 어찌 군려의 일을 알꼬 | 儒拙安知軍旅事 |
| 즐겨 소고를 가지고 누대에 의지할 뿐이네 | 好將簫鼓倚樓層 |

『心庵遺稿』 卷7

---

1 비예睥睨 : 성 위에 있는 성가퀴를 말한다.
2 원문의 '사두射斗'는 기운이 솟구쳐서 하늘에 뻗치는 것을 말한다.

임금께서 헌릉·인릉을 배알하고 남한행궁에 행차하였다. 다음날 서장대에 행차하여 대신들을 불러 보고 차를 내려주시고, 어제시를 반포하며 갱제시를 올리라 하였다.
上謁獻陵·仁陵 次南漢行宮 明日 幸西將臺 召見大臣賜茶 仍頒御製 命賡進

조두순 趙斗淳

| | |
|---|---|
| 천부의 금탕으로 우리 성은 웅장하고 | 天府金湯壯我墉 |
| 두 왕릉의 상서로운 기운 푸르름이 짙은데 | 二陵佳氣翠重重 |
| 오호라 병자년간의 일이여 | 嗚呼丙子年間事 |
| 오산의 제일봉이 매우 한스럽네 | 恨殺吳山第一峰 |
| 옥로[1]와 용기[2]가 철옹성에 빛나고 | 玉路龍旂耀鐵墉 |
| 이후로 팔십사년을 거듭해 왔네[원주] | 伊來八十四年重 |
| 풍천[3]을 영모함이 얼마나 많았는가 | 風泉永慕知何恨 |
| 달은 긴 강에 있고 해는 산봉우리에 있네 | 月在長江日在峰 |

[원주] 정종 기해년으로 영릉英陵과 영릉寧陵 두 왕릉을 배알하고 세월이 지나 이때에 이르렀다正宗己亥 謁英寧二陵 歷臨于此.

『心庵遺稿』卷9

1 옥로玉路: 천자가 타는 수레.
2 용기龍旂: 천자의 수레에 꽂는 깃발.
3 풍천風泉: 영조의 어제시에 기인하여 『시경詩經』의 「비풍匪風」과 「하천下泉」을 축약하여 만들어진 신조어. 이 두 편의 시는 한 어진 사람이 주周 나라 왕실王室이 쇠망해 감을 슬퍼한 노래이다. '풍천'은 임진왜란과 병자호란을 거울삼아 명나라를 청나라를 배격하는 존명사상의 근간이 되었다.

# 남한산성 서장대
## 南漢西將臺

김대진金岱鎭[*]

| | |
|---|---|
| 남한산성 꼭대기에 올라보니 | 登臨南漢出 |
| 나그네의 생각도 홀연 우뚝해지네 | 客意忽崢嶸 |
| 본래 백제의 산하이었고 | 百濟山河固 |
| 삼한의 해와 달도 밝았었네 | 三韓日月明 |
| 오산의 구름은 걷히려 하는데 | 吳巒雲欲捲 |
| 마포의 물은 어찌 굽도는가 | 麻浦水何縈 |
| 천지도 지금 허락한다면 | 天地今如許 |
| 미친 노래[1]를 또 부르려네 | 狂歌且自鳴 |

『訂窩集』 卷1

---

[*] 김대진金岱鎭(1800~1871) : 조선후기의 학자. 본관은 의성義城. 자는 태수泰叟, 호는 서계西溪·유산酉山·정와訂窩이다.
[1] 원문의 '광가狂歌'는 곡조나 가사에 맞지 않게 되는대로 마구 소리지르며 부르는 노래를 말한다.

# 서장대
## 西將臺

장심학張心學*

| | |
|---|---|
| 맨 꼭대기에 층루가 있는데 | 絶頂層樓出 |
| 날아오름에 수고를 꺼리지 않네 | 飛登不憚勞 |
| 호흡은 산천을 움직이건만 | 呼吸山川動 |
| 부여잡고 오르니 해와 달이 높네 | 攀援日月高 |
| 검막엔 가을바람이 일찍 불고 | 劍幕秋風早 |
| 시 짓고 술 마심에 백발이 호탕한데 | 詩樽白髮豪 |
| 궁궐만 오로지 굳게 닫혀져 있어 | 重闕專鎖鑰 |
| 은고[1]로 가슴 속에 하명하였네 | 恩誥命襟袍 |

『江海文集』卷2

---

* 장심학張心學(1804~1865) : 조선후기의 문인. 본관은 인동仁同, 자는 재중在中, 호는 강해江海이다.
1 은고恩誥 : 윗사람이 아랫사람에게 내리는 훈계, 또는 임금이 신하에게 내리는 명령을 뜻하는 말이다.

## 남한산성 서장대에 올라 [삼가 서석 김공*의 운을 차운하다]
### 登南漢西將臺 敬次瑞石金公韻

송달수宋達洙**

| | |
|---|---|
| 서장대는 옛날에 진을 쳤던 자취로 | 臺古成陳跡 |
| 깊은 수치는 차마 생각해 내기 어렵네 | 深羞忍想來 |
| 단지 나라의 운명에 따랐을 뿐이니 | 秖應緣國運 |
| 어찌 사람의 재주 없었기 때문인가 | 豈是乏人才 |
| 산은 겹겹이 관문을 우뚝 만들었고 | 山作重關屹 |
| 강은 대지를 기반으로 감도는데 | 江盤大地廻 |
| 어찌하여 험준함만 믿었는가 | 如何徒恃險 |
| 칼을 어루만지며 배회할 뿐이네 | 撫劒一徘徊 |

『守宗齋集』卷1

---

\* 서석 김공 : 김만기金萬基를 지칭함. 조선 후기의 문신으로 본관은 광산. 자는 영숙, 호는 서석·정관재. 김장생金長生의 증손이며 송시열의 문인이다.
\*\* 송달수宋達洙(1808~1858) : 조선후기의 문신. 본관은 은진恩津. 호는 수종재守宗齋. 송시열의 8대손으로, 송치규宋穉圭의 문인이다.

## 서장대에 올라 판상의 시를 차운하여
### 登西將臺次板上韻

최일휴崔日休*

| | |
|---|---|
| 한나라 황실[1]은 지금 어디에 있는가 | 漢室今安在 |
| 강은 헛되이 만 번 굽이쳐 오네 | 江空萬折來 |
| 어찌하여 용기를 낼 선비가 없었으며 | 豈無士賖勇 |
| 어찌하여 장수는 재주가 없었던가 | 其奈將非才 |
| 산은 부끄러운 모습으로 서 있고 | 山帶羞容立 |
| 샘은 울면서 분기로 맴도는데 | 泉鳴憤氣廻 |
| 유유한 근심은 다함이 없어서 | 悠悠愁不盡 |
| 긴 휘파람 불며 홀로 배회 한다네 | 長嘯獨徘徊 |

『蓮泉遺稿』卷1

---

\* 최일휴崔日休(1818-1879) : 조선후기의 문신. 본관은 경주慶州, 자는 경보敬甫, 호는 연천蓮泉이다.
1 한나라 황실 : 춘추전국시대 때 촉나라의 유비는 '한실부흥漢室復興'을 기치로 내세우고 삼국을 통일하려고 하였다.

# 남한 서장대에 올라
## 登南漢西將臺

서찬규徐贊奎*

| | |
|---|---|
| 담쟁이 절벽 부여잡고 더디게 올라오니 | 攀蘿緣壁上來遲 |
| 역력한 풍광은 옛날과 같은데 | 歷歷風光似舊時 |
| 굳건한 나라의 산하에 천길 성곽으로 | 固國山河千仞郭 |
| 임금에게 송백 가지 만년토록 축원하였네 | 祝君松柏万年枝 |
| 충신으로는 자연스레 삼학사를 추천하는데 | 忠臣自有推三彦 |
| 장사로는 어찌 한 사람도 나오지 않는가 | 壯士何無出一奇 |
| 차마 그 당시와 그 일을 말하지 못하겠어 | 忍說當年含忍事 |
| 서생은 강개하여 홀로 시를 읊조릴 뿐이네 | 書生慷慨獨吟詩 |

『臨齋集』 卷1

---

\* 서찬규徐贊奎(1825~1905) : 조선말기의 문신. 본관은 대구, 자는 경양景襄, 호는 임재臨齋이다.

# 남한 서장대에 올라
## 登南漢西將臺

### 정오석鄭五錫*

| | |
|---|---|
| 한성 귀객이 거친 돈대를 기획하고 | 漢城歸客劃蕪臺 |
| 남국의 방어벽을 특별히 열었으며 | 南國屛障特地開 |
| 청구엔 오랫동안 오랑캐 벨 칼이 없었는데 | 靑丘久乏斬胡釖 |
| 밝은 해는 자주 의로운 술잔을 붓게 하네 | 白日頻賒酹義杯 |
| 먼 나루엔 구름 걷혀 물결이 고요하고 | 極浦雲收波浪靜 |
| 위에선 바람을 보내 경종소리 들려오네 | 上方風送磬鍾來 |
| 하늘은 어찌 방추술[1]을 빌려주지 않아서 | 天胡不借防秋術 |
| 괜스레 행인이 주저하며 맴돌게 하는가 | 謾使行人故佇徊 |

『逸軒集』 卷1

---

\* 정오석鄭五錫(1826~1869) : 조선후기의 문인. 본관은 청주淸州. 자는 건숙建叔, 호는 일헌逸軒이다.
1 원문의 '방추防秋'는 당唐나라 때 흉노가 가을에 침입하는 것을 막았다는 고사에서 비롯한 말로, 전의되어 '북적北狄의 침노를 막는 일'을 뜻한다.

# 서장대에 올라
## 登西將臺

### 한장석韓章錫[*]

| | |
|---|---|
| 퉁소 북소리 봄날 한가하게 성 서쪽에서 들려오고 | 簫鼙春閒故壘西 |
| 푸른 봉우리 둘러져 하늘 바닥 재려는 듯 | 蒼峯環合尺天低 |
| 두 왕릉의 고목엔 구름이 처음으로 갈라졌고 | 二陵古木雲初斷 |
| 백제의 청산엔 새들이 목 놓아 울고 있네 | 百濟靑山鳥盡啼 |
| 어기는 자성[1] 가까이에 끼어 통해 있고 | 御氣夾通子城近 |
| 관도는 성가퀴와 가지런히 비스듬히 나왔네 | 官途斜出女墻齊 |
| 취화[2]는 그때의 일을 돌이켜 생각나게 하고 | 翠華回憶當年事 |
| 궁궐의 버들과 꽃을 바라보니 어지럽게 하네 | 宮柳宮花望欲迷 |

『眉山集』卷1

---

[*] 한장석韓章錫(1832~1894) : 조선말기의 문신. 본관은 청주淸州. 자는 치수穉綏・치유穉由, 호는 미산眉山・경향經香이다.
1 자성子城 : 큰 성에 속한 작은 성으로 내성內城 혹은 월성月城을 말함
2 취화翠華 : 천자가 출행出行할 때 쓰던, 물총새의 깃으로 장식한 깃발.

## 남한 서장대에 올라
### 登南漢西將臺

김우金玗*

| | |
|---|---|
| 나라의 운명[1]이 병자년에 어렵게 되어 | 天步艱難丙子年 |
| 수레 타고 이 산 꼭대기를 넘어 갔다네 | 乘輿播越此山巔 |
| 문서를 찢고 할복하며 춘추[2]에 남을 절의인데 | 裂書刳腹陽秋義 |
| 삼학사와 두 분은 입장 바꿔도 그럴 것이리 | 三士二公易地然 |

『鶴南集』 卷1

---

\* 김우金玗(1833~1910) : 대한제국시기의 유학자. 본관은 영광靈光, 자는 경진景振, 호는 학남鶴南이다.
1 원문의 '천보天步'는 한 나라의 운명을 뜻하는 말이다.
2 양추陽秋 : 춘추春秋와 같은 말임.

## 광주 서장대에 올라
登廣州西將臺

이종봉李鍾鳳*

| | |
|---|---|
| 나그네 발걸음 뒤늦게 오른지 삼백년 | 客步遲登三百年 |
| 장가를 부르며 검에 의지해 청천에 묻네 | 長歌倚釼問靑天 |
| 차디찬 오랑캐 다하고 눈비 지났는데 | 冷薄胡盡經雨雪 |
| 가파른 남한산성에 구름 안개 둘러 있네 | 崢嶸漢堞匝雲烟 |
| 먼 산과 둘러친 평야가 모두 아래에 있고 | 遠岫平環皆在下 |
| 큰강이 빗겨 흘러 가장자리 끝이 없는데 | 大江橫帶極無邊 |
| 풍광은 차마 상심한 곳이라 말할 수 없으니 | 風光忍說傷心處 |
| 역시 한 서생이 강개한 때문이리라 | 亦一書生慷慨然 |

『拙軒遺稿』 卷1

---

\* 이종봉李鍾鳳(1836~1903) : 조선말기의 학자, 본관은 경주慶州, 자는 덕서德瑞, 호는 초사蕉史 또는 졸헌拙軒이다.

# 서장대에 올라
## 登西將臺

### 김영한金寗漢*

| | |
|---|---|
| 아스라이 높은 누대 서울을 굽어보고 | 迢遞高臺俯漢京 |
| 천년세월의 광감¹이 눈앞에 생기는데 | 千秋曠感眼前生 |
| 온조왕의 전각엔 청산만 적막하고[원주1] | 靑山寂寞溫王殿 |
| 이서가 쌓은 성의 난석은 들쭉날쭉 하네²[원주2] | 亂石參差李曙城 |
| 오랑캐 기병은 이미 비바람 따라 지나갔고 | 虜騎已隨風雨過 |
| 충신의 넋은 해와 별처럼 밝건만 | 忠魂長與日星明 |
| 회계의 치욕³은 끝내 씻기 어렵기에 | 會稽一恥終難洗 |
| 만절 강⁴ 소리는 오열하며 편치 않다네 | 萬折江聲咽不平 |

\* 김영한金寗漢(1878~1950) : 일제강점기의 문신. 본관은 안동安東. 자는 기오箕五. 호는 동강東江, 급우재及愚齋이다.
1 원문의 '광감曠感'은 아주 뒤늦은 느낌. 길고 아득한 느낌. 후세 사람으로서 존모尊慕하여 세대를 건너뛰어 느끼는 바가 있음. 동시대에 태어나지 못해 서로 만나지 못한 데 대한 감회를 이른다.
2 원문의 '난석亂石'은 '자잘은 산재한 돌'을 뜻하며, '참치參差'는 "길고 짧고 들쭉날쭉하여 같지 않음"을 뜻하는 말이다.
3 회계會稽의 치욕 : 회계산會稽山에서 받은 치욕恥辱이라는 뜻으로, 전쟁에서 진 치욕, 또는 마음에 새겨져 잊지 못하는 치욕을 뜻하는 말로 쓰인다. 월越나라 구천句踐이 회계산에서 오吳의 부차夫差에게 굴욕적인 항복을 한 것을 지칭한다.
4 만절강 : 중국의 황하黃河를 지칭하는 말임. 황하의 강물이 아무리 굽이쳐도 반드시 동쪽으로

[원주1] 숭렬전이 있다. 백제 온조왕有崇烈殿 百濟溫祚王.
[원주2] 인조 때 이완풍 서가 이 성을 쌓았다仁祖時 李完豊曙 築此城.

『及愚齋集』卷7

흐른다는 말이 있는데, 여기서 '만절필동萬折必東'이라 성어가 생겼으며, 절의節義를 나타내는 말로 쓰인다.

# 4월 8일 여러 벗들과 서장대에 올라 함께 읊다
## 四月八日與諸友登西將臺共吟

허혁許赫*

| | |
|---|---|
| 온 성에 버드나무 푸르름을 중첩해서 드리웠고 | 滿城楊柳綠垂重 |
| 문득 봄놀이 오늘까지 늦은 것이 한이 되네 | 却恨春遊此日遲 |
| 우연히 물이 산을 끼고 도는 곳을 지나는데 | 偶過水抱山回處 |
| 바로 연등을 베풀고 욕불하는 때라네 | 正値張燈浴佛時 |
| 풍경 역시 뛰어나 흐르는 눈물 감당하고 | 風景亦殊堪下漏 |
| 문장가 모임 열어 지은 시를 모으고 | 文章齊會合題詩 |
| 조용히 취하니 어찌 바꿀 수 있으랴 | 從容一醉那能易 |
| 다시 자리를 떠나면서 훗날을 기약하네 | 更向離筵語後期 |

『陶村遺集』 卷1

* 허혁許赫(1884~1950) : 일제강점기 유학자. 본관은 김해金海, 자 명건明建, 호는 도촌陶村이다.

## 백제산·정약산·채좌계 등 여러 사람과 함께 서장대에 올라
### 同白霽山鄭藥山蔡左溪諸公登西將臺

강예조姜睿祚<sup>*</sup>

| | |
|---|---|
| 구름 속의 마루 창은 하늘에 닿으려 하고 | 雲裏軒窓欲逼天 |
| 장대는 가장 높은 산마루에 높이 솟아 있네 | 將臺高出最高巓 |
| 푸른산은 말없이 따라와 난간을 돌아가고 | 靑山暗逐欄干轉 |
| 푸른 물은 길게 따라서 바다에 이어지네 | 碧水長隨滄海連 |
| 명승지에 함께 즐김이 실로 우연이 아니고 | 名區同樂誠非偶 |
| 경승지를 서로 찾음 또한 인연이 있다네 | 勝地相求亦有緣 |
| 오래 앉아 있다가 저녁에 돌아갈 길 잊는데 | 坐久忽忘歸路夕 |
| 백구는 저녁 강가의 배에서 나를 기다리네 | 白鷗待我晚江船 |

『晩隱遺稿』 卷1

---

* 강예조姜睿祚(1894~1968) : 일제강점기의 유학자. 본관은 진양晉陽, 자는 성문聖文 호는 만은晩隱이다.

## 전여중・박자명・강자허・상선 이성모와 함께 서장대를 유람하며
## 同全汝中朴子鳴姜子許尚善李聖模遊西將臺

### 성환혁成煥赫[*]

| | |
|---|---|
| 서풍 불어 옛 성이 눈앞에 가득하고 | 西風滿眼古城前 |
| 오랜 친구 만남은 오랜 인연이라네 | 知舊逢迎是宿緣 |
| 몇그루 버드나무엔 매미소리 석양에 들리고 | 數柳蟬淸吹落日 |
| 한 돛배가 강가 멀리서 한줄기 연기를 이끄네 | 一帆江迥曳孤烟 |
| 평생 몇 번이나 행락을 즐길 수 있을까 | 此生細數幾行樂 |
| 세상일은 길게 취해 자는 것만 못한데 | 世事不如長醉眠 |
| 온가족이 동으로 온 것 또한 무슨 뜻일까 | 盡室東來亦何意 |
| 세월은 빨리 지나서 사십[1]이 되었네 | 光陰忽忽二毛年 |

『于亭集』卷1

---

[*] 성환혁成煥赫(1908~1966) : 일제강점기의 유학자. 본관은 창녕昌寧, 호는 우정于亭이다.
[1] 원문의 '이모년二毛年'은 나이 40을 달리 부르는 말이다.

## 남한산성 서대에 올라 서울을 바라보며
### 登南漢山城西臺望京師

정상린鄭祥鱗*

| | |
|---|---|
| 남한 옛 성의 서장대를 | 南漢古城西將臺 |
| 가을바람에 올라오니 장한 회포 열리는데 | 秋風登臨壯懷開 |
| 붉은 계단[1]에서 맨손으로 싸우며 선편을 감당하니 | 丹墀白戰當先篲 |
| 해 밑의 구름은 오색[결재]으로 응대하네 | 日下雲應五色□ |

『杯山集』

---

\* 정상린鄭祥鱗 : 조선 숙종 때 문인. 호는 배산杯山이다.
1  원문의 '단지丹墀'는 '붉은 섬돌'이란 뜻으로, 고대에 대궐의 섬돌은 붉은 칠을 하였다는 데서 대궐의 별칭으로 쓰이는 말이다.

## 남한산성 동장대에서 초부·심계와 함께 지음
### 南漢東將臺 同樵夫心溪賦

이덕무李德懋[*]

| | |
|---|---|
| 공중에 옷 그림자 나부끼니 | 空外飄衣影 |
| 산 아지랑이 연청색으로 물들이네 | 峯嵐抹淺靑 |
| 지대는 첫여름에 놀기 좋고 | 境宜初夏集 |
| 시는 석양에 들어 제격이네 | 詩最夕陽聽 |
| 온갖 나무엔 정화가 넘치고 | 雜樹精華溢 |
| 허물어진 성엔 기세가 멈춰 있네 | 荒城氣勢停 |
| 깃대에 장한 자취 남았으니 | 旗竿留壯蹟 |
| 호방한 생각 깃대처럼 우뚝하리[원주] | 豪想與亭亭 |

[원주] 경오년 봄에 선전관 변영식 구지가 쓴다庚午春卞宣傳永植久之書.

『靑莊館全書』 卷9/『雅亭遺稿』 1

---

[*] 이덕무李德懋(1741~1793) : 조선후기 실학자. 자는 무관懋官, 호는 형암炯庵·아정雅亭·청장관靑莊館·영처嬰處·동방일사東方一士. 이성호李聖浩의 서자庶子로 관직에 크게 오르지는 못했지만 박학다재한 학문, 뛰어난 서체와 문장, 그림으로 이름을 떨쳤다.

## 여강으로부터 돌아와 성문이 술을 동루로 가져와 취한 뒤에 시운을 부르다
歸自驪江 聖文携酒東樓 醉後呼韻

신광수 申光洙*

| | |
|---|---|
| 스무 해 전에 이곳에서 놀았었는데 | 二十年前此地遊 |
| 그대와 함께 흰머리로 동루에 오르니 | 與君頭白上東樓 |
| 삼전도의 석비는 언제 이르렀는가 | 三田石碣何時到 |
| 서장대 앞에서 흠뻑 취하여 있다네 | 西將臺前痛飲留 |

『石北集』 卷9

---

\* 신광수申光洙(1712~1775) : 조선후기의 문인. 본관은 고령高靈, 자는 성연聖淵, 호는 석북石北, 오악산인五嶽山人이다.

4부

# 현절사

顯節祠

# 현절사 시를 차운하여
## 次顯節祠

### 이민보 李敏輔*

| | |
|---|---|
| 오랑캐 말이 겹겹이 에워싸고 옥백을 올렸으니 | 戎馬重圍玉帛修 |
| 존망과 대의는 오직 춘추¹에 달렸네 | 存亡大義一春秋 |
| 무너진 성에서 글을 찢을 때² 풍운도 성냈으며 | 裂書殘堞風雲怒 |
| 궁려³에 피바람 불 때 초목도 근심하였네 | 血濺穹廬草木愁 |
| 그 당시 경권⁴에 의견이 분분하였으며 | 當日經權紛有說 |
| 백년 방취⁵가 함께 같은 무리였다네 | 百年芳臭與同流 |
| 아직도 꺼려지는 건, 제향하며 경건히 우러르는 땅인데 | 猶嫌俎豆虔瞻地 |
| 가한봉이 높이 묘루⁶에 가까이 있다네 | 可汗峯高近廟樓 |

『豊墅集』 卷1

* 이민보 李敏輔(1720~1799) : 조선 후기의 문신. 본관은 연안延安. 자는 백눌伯訥, 호는 풍서豊墅 또는 상와常窩이다.
1  춘추春秋 : 공자가 편찬한 노魯나라의 편년체 사서인데, 전의되어 역사서를 지칭하는 말로 쓰인다.
2  글을 찢을 때[裂書] : 병자호란 때 척화를 주장한 김상헌이 항복문서를 찢은 사실을 말한다.
3  궁려穹廬 : 유목민족의 장막으로 된 막사幕舍.
4  경권經權 : 경법經法과 권도權道를 아울러 이르는 말. 또는 상도常道와 권도權道를 적절히 구사하는 외교적 수완을 말한다.
5  방취芳臭 : 향내와 악취를 아울러 이르는 말. 전의되어 군자의 훌륭한 명성과 소인의 더러운 이름을 뜻하는 말로 쓰인다.
6  묘루廟樓 : 사당의 누대. 여기서는 현절사를 지칭함.

# 현절사
## 顯節祠

조유수趙裕壽[*]

| | |
|---|---|
| 남한산성의 금표는 오현사[1]를 마주하고 | 南城標對五賢祠 |
| 산은 높은 절개를 아는 듯 더욱 높은데 | 山若增高節可知 |
| 새벽 북소리로 신을 맞이할 땐 격조가 높고[2] | 曉皷迎神秋鶴引 |
| 봄날 제사할 땐 두견 소리 구슬프다네[3] | 春窩拜帝夜鵑詩 |
| 높은 제단을 은혜 갚은 땅에 지으니 | 高壇已築酬恩地 |
| 새 사당 지금부터 충절이 현양되리 | 新廟今從顯烈規 |
| 방전[4]에만 극진하여 아쉬움 남는데 | 邦典獨隆天有憾 |
| 오씨 가문의 유복자는 어디에 있는가[5] | 吳家何在腹中兒 |

---

[*] 조유수趙裕壽(1663~1741): 조선후기의 문신. 본관은 풍양豊壤. 자는 의중毅仲, 호는 후계後溪이다.
[1] 오현사五賢祠: 현절사의 다른 이름.
[2] 원문의 '추학인秋鶴引'은 가을의 학을 노래한 시가를 말한다. 추학秋鶴의 소리는 격조가 높은 소리로 인식되어 품격 있는 사람의 고귀한 말을 뜻한다.
[3] 원문의 '야견시夜鵑詩'는 밤에 우는 두견을 노래한 시를 말한다. 일반적으로 밤에 우는 두견의 소리는 구슬픈 정조를 표현하는 말로 쓰인다.
[4] 방전邦典: 나라의 법전. 국법國法과 같은 말이다.
[5] 오씨 … 있는가: 오달제가 청나라에 끌려가면서 모친과 형님, 아내에게 보낸 3편의 시가 전하는데 아내에게 보낸 〈기내寄內〉라는 시만 보인다. "부부의 금슬 은정이 도타운건데/서로 만난 지 두 돌도 못되었네/이제 만 리의 이별을 맞았으니/백년 살자던 기약 그냥 어겼구려/지

『后溪集』卷4

역이 멀어 편지 부치기 어렵고/산맥이 길어 꿈에도 만나지 못하리/내 목숨 접칠 수 없으니/모름지기 뱃속 아이나 보호해 주시오琴瑟恩情重, 相逢未二朞, 今成萬里別, 虛負百年期, 地闊書難寄, 山長夢亦遲, 吾生未可卜, 須護腹中兒."

# 현절사
## 顯節祠

### 홍중성洪重聖[*]

| | |
|---|---|
| 숭정[1] 연간 다섯 신하의 사당[2]으로 | 崇禎日月五臣祠 |
| 사당 밖의 피비린내 초목도 알고 있네 | 祠外餘腥草木知 |
| 심양 옥에서 충심으로 화로[3]를 토론하였고 | 瀋獄膽張和虜議 |
| 연산에선 아내에게 시를 보내며 피를 뿌렸네[4] | 燕山血灑寄妻詩 |
| 늦봄에 옛 사당에서 신마를 맞이하고 | 春深古廟迎神馬 |
| 새벽에 행궁에서 두견새 소리를 듣나니 | 月曉行宮聽子規 |
| 충혼이 굶주린 귀신 됨이 매우 마음 아픈데 | 痛殺忠魂爲餒鬼 |

---

[*] 홍중성洪重聖(1668~1735) : 조선후기의 문신. 본관은 풍산豊山. 자는 군측君則, 호는 운와芸窩이다.
[1] 숭정崇禎 : 중국 명明나라의 마지막 황제인 의종毅宗의 연호로 1628년~1644년간 사용되었다.
[2] 원문의 '오신사五臣祠'는 현절사를 지칭한다. 현절사는 1688년(숙종14) 병자호란의 3학사 윤집尹集·오달제吳達濟·홍익한洪翼漢의 넋을 위로하고 충절을 기리기 위하여 세운 사우이다. 1693년(숙종19)에 현절사라 사액되었다. 1711년(숙종37)에 척화파의 대표이던 좌의정 김상헌金尙憲과 인조의 항복 당일 자결을 꾀하였던 이조참판 정온鄭蘊을 추가로 입향入享했다.
[3] 화로和虜 : 오랑캐와 화해함.
[4] 연산에선 … 뿌렸네 : 오달제가 순절할 때의 고사를 말한 것이다. 오달제는 청나라에 끌려가면서 중국과의 국경에서 임신 중인 아내에게 〈기내 寄內〉라는 시를 지어 부쳤다. 청나라의 용골대는 오달제의 뜻을 꺾기 위해, 처자를 거느리고 청나라에 와 살라고 회유와 협박을 하였으나 끝까지 항변하다가 심양성瀋陽城 서문 밖에서 윤집·홍익한과 함께 처형당하였다.

동계[5] 뒤에도 월초아가 있다네[6]          桐溪後有越椒兒

『芸窩集』 卷4

---

5    동계桐溪 : 정온鄭蘊의 호임.
6    월초아 : 월초는 초楚 나라 사람 투초鬪椒의 자字로, 태어나면서 웅호熊虎의 모습에 시랑豺狼의 소리를 내었으므로 그를 죽이지 않으면 그의 종족 약오씨若敖氏가 멸하게 될 것이라는 말이 있었는데, 후에 과연 초왕楚王을 공격하였다가 실패하여 약오씨가 전멸 당함으로써 제사지낼 후손이 끊겨 그 귀신들이 굶주리게 되었던 것을 말한다. 여기서는 동계 정온의 후손이 끊겼음을 말한 것이다.

# 현절사
## 顯節祠

김종후金鍾厚[*]

| | |
|---|---|
| 나를 보니 머리털 아직 남아 있고 | 看我髮猶在 |
| 하늘과 땅에는 이 사당이 있네 | 乾坤有此祠 |
| 하늘이 정성스런 뜻에 응한 것인데 | 天應爲致意 |
| 공은 어찌 때를 만나지 못했나 | 公豈不逢時 |
| 일은 끝나고 배신은 죽었으며 | 事絶陪臣死 |
| 마음에 남은 것 만고에 알고 있네 | 心留萬古知 |
| 두 노인[1] 욕되게 저절로 나왔기에 | 兩翁忝自出 |
| 눈물 삼키고 절하며 물러나길 더디네 | 呑泣拜辭遲 |

『本庵續集』 卷1

---

[*] 김종후金鍾厚(1721~1780) : 조선 중기의 문신으로 좌의정을 지낸 김종수의 형이다. 본관은 청풍淸風, 자는 백고伯高, 호는 본암本庵이다.
1 두 노인 : 현절사에 배향하고 있는 김상헌金尙憲과 정온鄭蘊을 지칭한다.

# 현절사
## 顯節祠

김이안金履安*

| | |
|---|---|
| 남한산성 포위된 그날 일 창망했으니 | 圍城當日事蒼黃 |
| 우리 선조 도당에서 통곡하였네¹ | 吾祖痛哭於都堂 |
| 천년 동안 망하지 않은 나라 없건만 | 未有千年國不破 |
| 누가 말했나 만력황제² 잊을 수 없다고 | 誰言萬曆帝能忘 |
| 귀신은 응당 간신의 육신을 먹겠지만 | 鬼神應食奸臣肉 |
| 시문에 길이 열사의 심장 찢어진다오³ | 篇翰長摧烈士腸 |

---

\* 김이안金履安(1722~1791) : 조선 후기의 학자, 문신. 본관은 안동安東, 자는 원례元禮, 호는 삼산재三山齋이다.

1 우리 … 하였네 : 김이안의 6대조인 김상헌金尙憲이 병자호란 때 예조판서로서 끝까지 주전론主戰論을 고집한 일을 이른다. 김상헌은 항복 문서를 보고는 통곡하면서 찢어 버리고 관冠을 벗고 대궐 문 밖에 엎드려 적진에 나아가 죽게 해 줄 것을 청하였다. 그 뒤 인조가 항복하자 안동으로 은퇴하였으며, 1639년에는 청나라가 명나라를 공격하기 위해 요구한 출병에 반대하는 소를 올렸다가 청나라에 압송되어 6년 후 풀려 귀국하기도 하였다. 『仁祖實錄』 15年 1月 18日 · 23日.

2 만력황제萬曆皇帝 : 중국 명대明代 신종神宗을 지칭함. 1573~1620년간 재위하였으며, 명나라 멸망의 단초가 된 황제이다.

3 시문에 … 찢어진다오 : 이조참판 정온鄭蘊이 입으로 읊은 절구絶句와 의대衣帶에 쓴 맹세를 이른다. 정온은 의대에 맹세를 쓴 뒤에 차고 있던 칼을 빼어 자결하려 하였으나 중상만 입고 죽지는 않았다. 예조판서 김상헌도 여러 날 동안 음식을 끊고 있다가 이때에 이르러 목을 매었는데 자손들이 구조하여 죽지 않았다. 『仁祖實錄』 15年 1月 28日.

성과 울타리[4] 증설함을 문제 삼다보니      爲問儲胥增設備
오현사 사당은 반이나 황량해졌네      五賢祠宇半荒凉

『三山齋集』 卷1

---

[4] 원문의 '저서儲胥'는 군중軍中에 설치되어 적敵을 막는 데 쓰이는 울타리를 뜻한다.

## 임금이 현절사에 예관을 보내 치제하였는데 여럿이 동행하여 참석하고 돌아온 뒤에 여럿이 시를 지어 차운하였다 [다른 사람을 대신해서 짓다]
## 上遣官賜祭于顯節祠 同諸人往參 歸後諸人有詩 次韻 [代人作]

김이안金履安

| | |
|---|---|
| 측근의 신하가 은혜 말씀 가지고 와서 | 近侍賷恩綍 |
| 여러 공께서 옛 사당에 있으니 | 諸公有古祠 |
| 산하에 의열이 남아 있고 | 山河留義烈 |
| 성곽은 어렵고 위험함을 기억하네 | 城郭憶艱危 |
| 오랑캐 운수가 지금 오히려 왕성하니 | 胡運今猶旺 |
| 인강[1]을 다시 누가 지키겠는가 | 人綱更孰持 |
| 풍천[2]이 성감에 감도니 | 風泉紆聖感 |
| 옛 신하를 보내야함을 알았네 | 要遣舊臣知 |

『三山齋集』 卷1

---

1 인강人綱 : 사람이 지켜야할 강목. 즉 삼강三綱인 충효열忠孝烈을 말한다.
2 풍천風泉 : 풍천은 『시경詩經』 회풍檜風・비풍匪風과 조풍曹風・하천下泉의 병칭이다. 이 두 편의 시는 한 어진 사람이 주周 나라 왕실이 쇠망해 감을 슬퍼한 노래이다.

# 현절사
## 顯節祠

조경趙璥*

| | |
|---|---|
| 해와 달은 어둡기가 그믐과 같고 | 日月昏如晦 |
| 하늘과 땅은 쓸어서 뒤엎으려는 듯 | 乾坤蕩欲傾 |
| 가련하여라 충신열사여 | 可憐忠烈士 |
| 치우쳐서 난리가 생겼도다 | 偏向亂離生 |
| 나라 안의 사람들 기색이 없고 | 海內人無色 |
| 하늘 동쪽 나라엔 소리만 있네 | 天東國有聲 |
| 몸을 온전케 한 저들은 누구인가 | 全軀彼何者 |
| 모진 늙은이는 승평¹에 살아가네 | 頑忍老昇平 |

『荷棲集』卷2

---

\* 조경趙璥(1727~1787): 조선후기의 문신으로 본관은 풍양豊壤. 자는 경서景瑞, 호는 하서荷棲. 초명은 조준趙㻐이었으나 후에 조경趙璥으로 개명하였다.
1 승평昇平: 나라가 안정되어 아무 걱정이 없고 평안함.

# 현절사
## 顯節祠

홍인모 洪仁謨[*]

| | |
|---|---|
| 남한산성 안에는 해와 별이 비치고 | 南漢城中照日星 |
| 충신의 사당에는 단청이 빛나는데 | 忠臣祠宇耀丹靑 |
| 가을산 서리기운 매섭게 이르렀고 | 秋山霜氣稜稜至 |
| 고목에 바람소리 고요히 들려오네 | 古樹風聲肅肅聽 |
| 절의로 천년세월 빛날 삼학사이며 | 節義千秋三學士 |
| 강상으로 만대에 빛날 두 선생인데 | 綱常萬世二先生 |
| 하늘을 한손으로 받치려 하나 힘이 없었고 | 擎天隻手終無力 |
| 오랑캐 먼지 멀리 바라보며 눈물만 떨어졌네 | 遙望胡塵感涕零 |

『足睡堂集』卷1

---

[*] 홍인모洪仁謨(1755~1812) : 조선후기의 문신. 본관은 풍산豊山. 초명은 대영大榮. 자는 이수而壽, 호는 족수거사足睡居士이다.

## 현절사 [2수]
## 顯節祠 [二首]

김희순金羲淳*

[첫 번째其一]

| | |
|---|---|
| 다섯 분이 세운 절의 천년에 우뚝하고 | 五公樹節卓千春 |
| 우리들 어짊을 본받기 부끄럽지 않네 | 不愧吾人本體仁 |
| 천하에 큰 글씨로 역사에 남겼으니 | 天下大書良史筆 |
| 동방에 바로 군신이 있다 할 것이네 | 東方方是有君臣 |

『山木軒集』卷1

* 김희순金羲淳(1757~1821) : 조선후기의 문신. 본관은 안동. 자는 태초太初, 호는 산목山木・경원景源이다.

## [두 번째 其二]

| | |
|---|---|
| 다섯 현인들 의리와 용기가 가상하고 | 五賢嘉義勇 |
| 절의 하나로 강방¹을 바로 잡았네 | 一節秉剛方 |
| 강개하여 살아서 부끄러움이 없고 | 忼慨生無愧 |
| 조용히 죽음을 두려워하지 않았네 | 從容死不忙 |
| 조서 항거하던 무리들 목을 움츠리고 | 抗章羣頸縮 |
| 눈을 씹던² 무리들 마음이 썰렁한데 | 嚙雪衆心凉 |
| 우리나라 사람들 작다고 하지 말라 | 莫以東人小 |
| 집집마다 촌철³의 마음 오래일 것이니 | 家家寸鐵長 |

『山木軒集』 卷1

---

1 강방剛方 : 강직剛直함과 정대正大함을 아우르는 말.
2 눈을 씹던嚙雪 : 전한前漢의 명신名臣인 소무蘇武가 무제武帝를 섬기다가 중랑장中郎將으로 흉노匈奴에 보내졌다가 붙들려 19년간 감옥에 갇혀 있으면서도 굴복하지 않고 눈을 씹고 가죽을 뜯어 먹었다고 한다.
3 촌철寸鐵 : 촌철살인寸鐵殺人의 준말. "한 치도 안 되는 칼만 있어도 곧 사람을 죽일 수 있다"는 뜻임.

# 처음 남한산성에 도착하여 현절사를 배알하며
[삼학사 및 청음 김문정, 동계 정문간을 제향함]
## 初到南城 謁顯節祠 [享三學士及淸陰金文正, 桐溪鄭文簡]

심상규沈象奎[*]

| | |
|---|---|
| 아침에 부절[1]을 앞세우고 신경[2]을 떠나서 | 朝驅前節出神京 |
| 저녁에 사당을 배알하고 숙청을 우러르니 | 夕拜遺祠仰肅淸 |
| 천하가 모두 삼학사를 알고 있음은 | 天下皆知三學士 |
| 동산의 두 선생에게 힘입은 것이라네 | 園中賴有二先生 |
| 지금이 병자년인데 어느 해에 다시 올꼬 | 卽今丙子還何歲 |
| 예부터 회안[원주1] 또한 이 성이었네 | 從古淮安亦此城 |
| 돌아와 극문[3]에 앉으니 아무 일이 없고 | 蜷坐戟門無一事 |
| 침과정 새벽달에 꿈을 이루기 어렵네[원주2] | 枕戈殘月夢難成 |

[원주1] 남한산성은 고려시대 회안으로 봉국군[4]을 두었다南城卽高麗淮安奉國軍.

---

[*] 심상규沈象奎(1766~1838) : 조선후기의 문신.학자. 본관은 청송靑松. 초명은 상여象輿. 자는 가권可權·치교穉敎, 호는 두실斗室·이하彛下. 정조正祖와 친분이 두터워 상규라는 이름과 치교라는 자를 하사받았다.
[1] 부절符節 : 절월節鉞과 같은 말로, 관원에게 어떠한 권한을 수여할 때, 그 관원에게 직권을 대행하는 것을 윤허한다는 상징물이다.
[2] 신경神京 : 수도首都·경성京城과 같은 뜻의 말임.
[3] 극문戟門 : 궁문宮門, 또는 삼품三品 이상 되는 높은 관리의 집에 극戟을 세워놓은 문.
[4] 봉국군奉國軍 : 고려 성종때 광주절도사에 설치되었던 지방군. 1012년에 광주절도사가 안무사

[원주2] 감영에 침과정이 있다營舍有枕戈亭.

『斗室存稿』卷2

로 개편되면서, 지방군 조직에 흡수되었다.

## 현절사에 도착하여 배알하고 삼가 어제시의 운에 차운하다
祇拜顯節祠 敬次御製韻

성근묵成近默[*]

| | |
|---|---|
| 사당을 방문하고자 가려하니 | 欲訪遺祠去 |
| 강개함이 어떠 할런지 | 其如慷慨何 |
| 높새바람 바다에 가지런히 불고 | 高風齊海蹈 |
| 시사는 한정에 온화하다네 | 時事漢廷和 |
| 오늘 하늘을 함께 하고 있으면서 | 此日天同戴 |
| 평생토록 칼을 갈고자 하였는데 | 平生劒欲磨 |
| 삼학사는[1] 삶과 죽음 사이에서 | 三仁生死際 |
| 남긴 한이 누가 더 많았을까 | 遺恨更誰多 |

『果齋集』 卷1

---
[*] 성근묵成近默(1784~1852) : 조선후기의 문신. 본관은 창녕昌寧. 자는 성묵聖思, 호는 과재果齋이다.
[1] 원문의 '삼인三仁'은 '세 명의 어진 사람'이라는 뜻으로, 삼학사를 지칭한다.

# 현절사
## 顯節祠

조두순趙斗淳*

| | |
|---|---|
| 동해에 달 밝은데 한 선비는 멀고 | 東海月明一士遠 |
| 남관¹에 눈물지니 몇 사람이나 같았던고 | 南冠淚濕幾人同 |
| 관방은 다 좋으나 천심이 아득도 하여 | 關防儘好天心邈 |
| 한강물 빗겨 흘러 육지 길이 다하였네 | 江漢橫流地道窮 |
| 국화를 천거하여 새벽이슬 이으려 하고 | 欲薦黃花承曉露 |
| 낙엽을 실컷 보니 가을바람이 일어나네 | 剩看紅葉起秋風 |
| 지금처럼 옥과 비단이 해마다 길에 깔렸건만 | 如今玉帛年年路 |
| 지는 해 아직 서산에 들지 않고 비치고 있네 | 未入西山落照中 |

『心庵遺稿』 卷1

---

* 조두순趙斗淳(1796~1870) : 조선후기의 문신. 본관은 양주楊州. 자는 원칠元七, 호는 심암心庵, 시호는 문헌文獻이다.
1 남관南冠 : 고국故國을 그리워함을 비유한 말이다. 남관은 남방 초楚나라 사람의 관으로, 춘추시대 초나라 종의鍾儀가 진晉나라에 포로로 갇혀 있으면서도 항상 고국을 그리워하여 초나라의 관을 썼던 고사에서 온 말이다. 『좌전左傳』 성공成公 9년.

# 남한산성에서 서장대에 올랐다가 현절사를 배알하다.
[때는 산성에서 내려온 후 다섯 번째 정축년 가을이다.]
### 南漢山城登西將臺 謁顯節祠 [時下城後五丁丑季秋也]

김평묵金平默*

| | |
|---|---|
| 승상의 사당이 있는 이곳을 찾으니 | 丞相祠堂此地尋 |
| 쓸쓸히 찬비가 오래된 단풍 숲에 나리네 | 蕭蕭寒雨老楓林 |
| 평생 북녘을 둘렀지만 천자는 아니었고[1] | 百年北拱非宸極 |
| 먼 서쪽으로 돌아가니 누구의 좋은 소식인고 | 萬里西歸孰好音 |
| 태백 평상에선 거문고로 원량의 꿈[2]을 타고 | 太白床琴元亮夢 |
| 심양 눈 내리는 감옥에선 자경의 마음이었네[3] | 潘陽雪窖子卿心 |
| 눈에는 고래가 바다를 뿜어냄이 보이나니 | 眼看鯨鱷揚溟渤 |
| 주여[4]로 하여금 눈물이 옷깃에 가득케 하네 | 更使周餘淚滿襟 |

『重菴集』卷2

* 김평묵金平默(1819~1891) : 조선후기의 학자. 본관은 청풍淸風. 자는 치장穉章, 호는 중암重菴. 이항로李恒老의 문인이다.
1 원문의 '북공北拱'은 북녘을 두른다는 뜻으로 임금을 받든다는 말이다. '신극宸極'은 북극성을 말하며 천자의 지위를 뜻한다.
2 원량몽元亮夢 : 원량은 도연명을 지칭함. 도연명이 자연으로 돌아가 고결하게 살고자 꿈꿨음을 말한다. 즉, 귀거래하고 싶은 꿈을 뜻한다.
3 자경심子卿心 : 자경子卿은 한漢나라 소무蘇武의 자字이다. 소무가 한문제의 사신으로 흉노땅에 갔다가 억류되어 온갖 고생을 다하였는데 땅속 움막에 갇혀 있을 때 내리는 눈을 받아 먹고, 가죽 담요를 뜯어 먹으며 연명하면서도 절의를 변치 않았다고 한다.
4 주여周餘 : 주周나라의 잔여민殘餘民을 뜻함. 『시경』「운한雲漢」편에 "주나라의 남은 백성이 하나도 없다"라는 시구가 있다.

5부

# 남한정자

南漢亭子

## 침과정
## 枕戈亭

김진상金鎭商*

| | |
|---|---|
| 중주에 오랑캐 아직도 분분하고 | 中州胡羯尙紛紛 |
| 창을 빗겨든 노장의 기세는 구름을 토할듯1 | 老將橫戈氣吐雲 |
| 열사가 어찌 뒤의 일에 관심 가졌으랴 | 烈士何關身後事 |
| 세 충신 북쪽 요새에서 죽어 봉분도 없다네 | 三忠北塞死無墳 |

『退漁堂遺稿』 卷1

---

\* 김진상金鎭商(1684~1755) : 조선후기의 문신. 본관은 광산光山. 자는 여익汝翼, 호는 퇴어退漁
이다.
1 원문의 '토운吐雲'은 '토운생풍吐雲生風'의 준말로 "구름을 토해낸다"는 뜻인데, "기세가 매우
장엄함"을 나타내는 말로 쓰인다.

# 침과정
# 枕戈亭

이만수 李晚秀[*]

| | |
|---|---|
| 구대[1]와 헛된 영화는 포관[2]에 견준다면 | 裘帶浮榮比抱關 |
| 평생 궂은비[3]로 산하에 짐을 진 것이네 | 百年陰雨負河山 |
| 결국 전투와 방어 모두 대책 없음을 알았으니 | 終知戰守俱無策 |
| 우리 가문 버팀목 되어 대의를 돌리려네 | 撐柱吾家大義還 |

『展園遺稿』卷1

---

[*] 이만수李晚秀(1752~1820) : 조선후기의 문신. 본관은 연안延安. 자는 성중成仲, 호는 극옹屐翁·극원屐園이다.
[1] 구대裘帶 : '갖옷과 허리띠'를 뜻함. 경구완대輕裘緩帶의 준말. 진晉나라 장군 양호羊祜가 진중陣中에서 갑옷을 입는 대신, 가볍고 따뜻한 옷輕裘에 허리띠를 헐렁하게 매고緩帶 한가하게 소요했다는 고사에서 나온 말이다.
[2] 포관抱關 : '문지기와 야경꾼'을 뜻함. 포관격탁抱關擊柝의 준말. 미관말직微官末職을 뜻하는 말이다.
[3] 원문의 '음우陰雨'는 '궂은비'라는 뜻으로 "위험한 일이나 곤란한 일"을 나타내는 말로 쓰인다.

## 침과정
## 枕戈亭

임득명 林得明*

| | |
|---|---|
| 온조왕이 옛날에 궁을 세웠다는데 | 溫祚舊時宮 |
| 까마득한 옛일로 모두 살피기 어렵네 | 洪荒難具審 |
| 세월이 흘러 옛길은 헤매게 하고 | 歲月古遙迷 |
| 그루터기 어지러이 서로 베고 누웠네 | 枯株亂相枕 |
| 울창하여 귀신 덤불이 되었고 | 蒼欝鬼魔藪 |
| 살펴보니 분위기 두려워지네 | 一窺氣慘凜 |
| 베어내어 몇 개 서까래 얻었는데 | 芟制得數椽 |
| 이끼가 먹어서 운금¹을 이루었네 | 蘚食成雲錦 |
| 두렵기가 터널의 문설주 같고 | 悾惚疑隧閣 |
| 괴이하여 돌로 쌓은 창고 같으니 | 神怪類石廩 |
| 천년세월의 일을 알지 못하니 | 不知千載上 |
| 얼마나 홍침²을 보게 될꺼나 | 幾遭見興寢 |

* 임득명林得明(1767~1822): 조선후기의 문인, 화가. 본관은 회진會津, 자는 자도子道, 호는 송월헌松月軒이다.
1 운금雲錦: 중국 남경南京에서 생산되는 비단. 무늬가 화려하여 마치 구름과 같다고 해서 이 이름이 붙었다.

| 마을 어른들이 일을 전하는데 | 父老傳此事 |
| 나의 의혹 또한 매우 심하기에 | 我惑亦滋甚 |
| 주저하며 길게 탄식을 하다가 | 躊躇發永嘆 |
| 다시 정자에 나아가 마실뿐이네 | 且就亭下飮 |

『松月漫錄』 冊1

---

2　홍침興寢 : 자고 일어난다는 뜻으로 기거起居와 같은 말이다.

## 옥천정에서 명여를 송별하며
### 玉泉亭送命汝<sup>*</sup>

심상규 沈象奎<sup>**</sup>

| | |
|---|---|
| 오르는 정은 본디 한결 같은데 | 登臨情固一 |
| 늦게 다다르니 흥을 가지런하기 어렵네 | 遲趣興難齊 |
| 물소리 들으면 마음은 항상 멀고 | 聞水心常遠 |
| 구름을 보면 눈은 낮고자 하네 | 看雲眼欲低 |
| 잠시 머무니 소나무 다시 좋아지고 | 少留松更好 |
| 서로 보내니 새는 자주 우는데 | 相送鳥頻啼 |
| 다른 날 밤 서산에 달이 뜨면 | 他夜西山月 |
| 다시 만나 꿈에도 헤매지 않으리 | 重逢夢不迷 |

『斗室存稿』 卷2

---

* 명여命汝 : 김이양金履陽(1755~1845)을 지칭함. 김이양은 조선후기의 문신으로 본관은 안동安東, 자는 명여命汝, 호는 연천淵泉이다.
** 심상규沈象奎(1766~1838) : 조선후기의 문신. 본관은 청송靑松. 자는 가권可權·치교穉敎, 호는 두실斗室·이하彛下이다. 시호는 문숙文肅이다.

# 옥천정에서 저녁에 앉아 즉흥으로 짓다
## 玉泉亭晩坐漫成

심상규沈象奎

| | |
|---|---|
| 동부[1] 그윽하여 골짜기를 에웠고 | 洞府幽幽一壑圍 |
| 소나무 소리 돌기운에 곁옷에도 써늘한데 | 松聲石氣冷重衣 |
| 홀연 물소리 들으니 흰구름 오르고 | 忽聞流水白雲上 |
| 끝없는 석양에 붉은 낙엽이 날리네 | 無限夕陽紅葉飛 |
| 고무담과 서산[2]을 지금 비로소 얻었으니 | 鈷鉧卤山今始得 |
| 각건[3] 쓰고 동쪽 길로 또한 돌아가리 | 角巾東路亦將歸 |
| 돌아가자 아직도 대나무가 뜻과 같으니 | 歸歟猶有竹如意 |
| 꿈에서도 찬샘에 양치질하고 채미를 노래하네[원주] | 夢漱寒泉歌採薇 |

[원주] 가미경은 정자 아래에 있다歌薇逕在亭下.

『斗室存稿』卷2

1　동부洞府 : 신선들이 사는 곳. 선부仙府와 같은 말임.
2　고무담鈷鉧潭 : 중국 영주永州의 서산西山에 있는 연못. 유종원柳宗元이 서산의 고무담을 유람하고 〈고무담서소구기鈷鉧潭西小丘記〉를 지었는데, 이 글에서 석굴에 대해 기록하면서 유석流石의 기괴한 형상을 말하였다.
3　각건角巾 : 조선시대 무동舞童들이 쓰던 복두幞頭의 하나이다. 형태는 모두帽頭가 비스듬히 각이 져 있으며, 포包를 사용하여 만든다.

## 한상서 혜보[치원]가 마침 남한산성에 와서 옥천정에서 머물러 술 마시고, 혜보가 북경에 가기에 차운하여 작별하며 주다
### 韓尙書溪甫[致應]適道南城 留飮玉泉亭 溪甫將赴燕 仍次韻贈別

심상규 沈象奎

| | |
|---|---|
| 남한산성의 서국[원주1]은 몇 칸이나 되나 | 南城西局[원주1]幾何間 |
| 소매 잡으니 옛날의 술 얼룩이 아직도 남았네 | 把袂猶餘舊酒斑 |
| 물소리 들으며 겨우 삼월의 맛을 잊었는데[원주2] | 聞水才忘三月味[원주2] |
| 얼음 마시고 한해 걸러 돌아옴을 먼저 아쉬워하네 | 飮冰先惜隔年還 |
| 작별할 때 풍상¹의 말이 나오지 않고 | 別時不屑風霜語 |
| 마주하니 천석²의 얼굴이 참되게 보이네 | 對處眞生泉石顔 |
| 늙고 병들어 오랫동안 산 밖의 일이 드문데 | 老病久踈山外事 |
| 사행길³ 아득하니 장막을 올리기 어렵네 | 星槎迢遞帳難攀 |

[원주1] 혜보가 일찍이 나를 오랫동안 재촉하여 내국에 천거하였다. 내국은 대궐 서쪽에 있다. 그러기에 서국이라 말한 것이다 溪甫曾與余久捉擧內局 局在禁中西 故亦稱西局.
[원주2] 처음으로 옥천을 얻었는데 지금 50여일이 된다 始得玉泉 今五十餘日.

『斗室存稿』 卷2

1 풍상風霜 : 바람과 서리로 세상살이의 고생과 역경을 비유한 말.
2 천석泉石 : 물과 돌이 어우러진 자연의 경치. 산수의 경치를 말한다.
3 원문의 '성사星槎'는 은하수를 왕래하는 뗏목이라는 뜻으로 외국에 보내는 사신이 타고 가는 배를 말함. 전의되어 사신使臣이나 사행使行을 비유하는 말로 쓰인다.

## 옥천정 석벽에 부치다
### 題玉泉亭石壁

심상규 沈象奎

| | |
|---|---|
| 노송 기암이 구름에 갇히어 있는 곳 | 古松奇石閟雲扃 |
| 지령에 힘입어 천년을 지켜왔네 | 訶護千年賴地靈 |
| 훗날 한가로이 꿈에 들 곳을 찾는다면 | 他日欲尋閒夢處 |
| 맑디맑은 가을 물과 옥천정이리라 | 泠然秋水玉泉亭 |

『斗室存稿』 卷2

## 옥천정에서 재미삼아 짓다
### 玉泉亭戲占

심상규 沈象奎

| | |
|---|---|
| 사람을 경박하게 하는 것은 현도[1]가 아니며 | 令人輕薄非玄度 |
| 나의 침침함을 치료해주는 것은 옥천이네 | 醫我衰葸是玉泉 |
| 미쳐서 스스로 방해 않고 탐내어도 좋기에 | 狂不自妨貪亦好 |
| 하루에도 세 차례 가서 매번 기뻐한다네 | 一朝三往每欣然 |

『斗室存稿』卷2

---

1  현도玄度: 진晉나라 때 사람으로 산택山澤에서 노닐기를 매우 좋아하고, 청담淸談을 즐겼던 동진東晉의 명사 허순許詢의 자字이다.

## 옥천정에서의 작음 모임 [2수]
## 小集玉泉亭 [二首]

심상규沈象奎

군수가 옥천정이 완성되었다는 말을 듣고 재차 남로를 순찰하면서 산성에 올라왔다. 이가용 로선 역시 약속이 있어서 기뻐하며 함께 같은 날에 왔기에 마침내 정자 위에서 마시게 되었다. 이는 산이 생긴 이래 처음으로 이루게 된 것으로 가객들이 와서 낙성을 축하하기에 이르렀다. 더욱 자랑스럽고 기이하여 두 편의 시를 지어 두 사람에 부친다.
[君受聞玉泉之成 再於巡部南路 專上山城 李可用潞先亦有約 又喜同日而來 遂共飮亭上 此是開山初會適成 而得嘉客以落之 尤足詫奇 爲二詩以兩屬之]

### [첫 번째 其一]

나는 옥천 보기를 좋은 친구 생긴 듯이 하는데 　　　我視玉泉好友生
맑은 이야기는 게다가 옥천 소리와 함께 하네 　　　淸譚況並玉泉聲
가려진 빽빽한 숲을 차라리 기다릴 수 없다면 　　　翳然林木寧無待
자유로운 구름 산이 갑절이나 정겨움이 있다네 　　　自在雲山倍有情

『斗室存稿』卷2

### [두 번째 其二]

다른 날 비교 않고 승경을 전하니 　　　未擬他時傳勝槩
오늘 경영하는 비용이 헛되지 않네 　　　不虛今日費經營

술 깨어 그대 머문 곳에 다시 이르면 　　　　酒醒再到留君處
서글픈 텅 빈 못에 단풍만 또렷하리 　　　　惆悵空潭楓葉明

　　　　　　　　　　　　　　　　　『斗室存稿』 卷2

# 남한 옥천정에서 두실의 오언고시를 차운하여
## 南漢玉泉亭 次斗室五古韻

정원용鄭元容*

| | |
|---|---|
| 사람들은 보장받은 땅이라 말하지만 | 人言保障地 |
| 오랑캐의 계획을 반드시 끊어야 하며 | 戎籌須畫斷 |
| 빈틈없이 먼저 배운 바를 준비하고 | 綢繆所先講 |
| 편히 놀다가도 마땅히 와서 간언해야 하네 | 游衍宜來諫 |
| 옛 철인들은 부지런히 닦고 다스려서 | 昔哲勤修繕 |
| 무익함과 미혹함이 적도록 조치하며 | 措設鮮冗幻 |
| 새기고 깎아서 화려한 장식을 숭상하건만 | 雕斲崇華飾 |
| 도리어 숲과 시내의 비방을 샀다네 | 反貽林澗訕 |
| 쌓아 비축하고자 급한 일도 던져두고 | 儲庤拋急務 |
| 명승지를 잘 다닌다고 스스로 판별하며 | 濟勝漫自辦 |
| 내가 각각 때에 따라 말했지만 | 我謂各隨時 |
| 이 논리는 일관되지 않았네 | 斯論非一貫 |
| 투호와 허리띠 풀고¹ 마시는 것이 | 投壺與緩帶 |

---

\* 정원용鄭元容(1783~1873) : 조선후기의 문신. 본관은 동래東萊. 자는 선지善之, 호는 경산經山. 시호는 문충文忠이다.
1 원문의 '완대緩帶'는 허리띠를 늦추어 맨다는 뜻으로, 전의되어 허리띠 풀고 마음껏 즐기면서

| | |
|---|---|
| 반드시 즐길만한 놀이는 아니고 | 未必耽遊玩 |
| 싸워 이김은 큰 계책에 있건만 | 制勝在宏籌 |
| 성루를 마주하니 웃으며 보는 듯하네 | 對壘猶笑看 |
| 용도²를 실로 가슴에 감춰두고 | 龍韜苟藏胷 |
| 거문고와 학이 또한 짝이 되나니 | 琴鶴且可伴 |
| 때는 태평하고 딱 쉴 만도 한데 | 時平正休養 |
| 느슨함과 팽팽함에 어찌 사이가 없겠는가 | 弛張豈無間 |
| 인생에서 뜻에 맞음이 귀한 것으로 | 人生貴適意 |
| 슬픔과 즐거움은 항상 반반이라네 | 苦樂恒相半 |
| 부지런히 일하며 심신을 수고롭게 하다가 | 役役勞形神 |
| 거울 대하여 자주 근심하며 탄식하는데 | 對鏡頻愁歎 |
| 하물며 부독의 피로를 회복하고자 | 況復簿牘疲 |
| 방울 울리며 기러기를 마주하였네 | 鈴鳴對鴈□ |
| 돌을 쓸어내니 이끼 낀 길이 나타나고 | 掃石有蘚逕 |
| 맑은 시내는 꾀꼬리 부르는 듯하며 | 淸澗如惺喚 |
| 정자에 올라 거만하게 휘파람 보내니 | 登亭寄嘯傲 |
| 조금은 벼슬아치³에게 위로가 될만하네 | 少可慰遊宦 |
| 어찌하여 매일 동산을 건너는가 | 豈因日涉園 |
| 방탕한 마음으로 외환을 잊었네 | 蕩情忘外患 |
| 저속한 무리들이 크게 이기고 | 大勝庸俗流 |
| 단지 관가의 밥을 배불리 먹고서는 | 只飽官廚飯 |
| 샘물을 떠다가 향기로운 차를 끓이며 | 酌泉煮香茗 |
| 계속해서 정자를 칭송하는 시를 짓네 | 續題爲亭贊 |

『經山集』卷2

  논다는 뜻으로 쓰이는 말이다.
2 용도龍韜 : 병법兵法인 육도六韜 가운데 하나.
3 원문의 '유환遊宦'은 타향에서 벼슬함을 뜻한다. 또한 출사出仕하다는 뜻으로도 쓰인다.

## 남한산성을 지나다 옥천정에 오르다
### 過南城登玉泉亭

정원용鄭元容

| | |
|---|---|
| 졸졸 옥에 부딪히며 시내는 서동으로 흐르고 | 泠泠戛玉澗西東 |
| 오솔길 쓸쓸한 숲에 도보로 통과하는데 | 幽逕蕭森步屧通 |
| 특별히 소나무 장성하여 끝없이 푸르고 | 特地松長無限翠 |
| 온산의 단풍은 늙었어도 붉은 빛이 넉넉하네 | 滿山楓老更餘紅 |
| 가을 심사는 엷은 노을 연기 속에 드물고 | 秋思淡靄疎烟際 |
| 정자의 뜻은 맑은 물가 절벽 중에 빼어나네 | 亭意淸灣秀壁中 |
| 저물녘 돌난간에 기대어 붓을 드나니 | 夕倚石欄聊點筆 |
| 선방의 옥경소리 바람타고 내려오네 | 禪房玉磬下天風 |

『經山集』 卷3

## 옥천정에서 심상국(상규)의 시를 차운하여
[침과정은 수어문 앞에 있다]
### 玉泉亭次沈相國[象奎]韻[枕戈亭在留守衙門前]

최일휴崔日休*

| | |
|---|---|
| 이곳이 구름에 갇힌 곳이라 말하지 마라[원주1] | 莫言此處閟雲局 |
| 그 안에 가한봉이 지령을 협박하고 있으며 | 其內汗峯嚇地靈 |
| 수어사는 본래 한가롭게 꿈꾸는 벼슬이 아니네 | 守禦元非閒夢窞 |
| 그대에게 청컨대 침과정을 한 번 보게나[원주2] | 請君試看枕戈亭 |

[원주1] 상국의 시에 "구름에 갇혔다"라는 시구가 있기에 말한 것이다相國詩有閟雲局之故云云.
[원주2] 상국이 광주유수로 있을 때 옥천정을 지었는데 그 시에 이르길 "훗날 한가로이 꿈에 들 곳을 찾는다면/ 맑디맑은 가을 물과 옥천정이리라"라 하였다. ○ 그 뒤에 서공 념순이 돌을 깎아 세웠는데 성에서 쫓겨 내려왔던 부끄러움을 잊고, 문득 유람하며 감상하던 곳에 만들었다고 하기에 말한 것이다相國爲廣留時 作玉泉亭 而其詩曰 他日若尋開夢處 冷然秋水玉泉亭 ○其後徐公念淳伐石刻立 頓忘下城之恥 便作遊賞之處 故云云.

『蓮泉遺稿』 卷1

* 최일휴崔日休(1818-1879) : 조선후기의 문신으로 본관은 경주慶州, 자는 경보敬甫, 호는 연천蓮泉이다.

# 옥천정 벽에 있는 시를 차운하여
## 次玉泉亭壁上韻

김영수金永壽[*]

| | |
|---|---|
| 삼일 밤 구름 낀 달이 선경에서 머물고 | 三宵雲月宿禪扃 |
| 옥수[1] 샘의 근원은 신령스럽다 평가되었네 | 玉髓泉源得品靈 |
| 붉은 나무 아래엔 흰 돌 푸른 이끼가 있고 | 白石蒼苔紅樹下 |
| 작은 정자가 삿갓처럼 우뚝 솟아 있네 | 歸然一笠小茅亭 |

『荷亭集』 卷1

---

[*] 김영수金永壽(1829~1899): 조선 말기의 문신. 본관은 광산光山. 자는 복여福汝, 호는 하정荷亭이다.
[1] 옥수玉髓: 유백색을 띤 석영의 미세한 결정의 집합체를 말한다.

# 옥천정에서 여러 사찰을 향해 가며
自玉泉亭轉向諸寺

김영수 金永壽

| | |
|---|---|
| 시내와 산을 두루 밟으니 흥취가 달아오르고 | 踏遍溪山興轉酣 |
| 머리마다 기이한 돌은 가인[1]이 참가하네 | 頭頭奇石可人參 |
| 관문이 본래 험준하여 한 사람이 당해내는데 | 關爲天險當夫一 |
| 풍속에 우리 마을 근고에 세 가지 있다고 하네[2] | 俗有吾州近古三 |
| 나팔소리 가을하늘 구름 성채 북쪽에서 고 | 畵角秋空雲壘北 |
| 거문고는 늦은 봄 물가 정자 남쪽에서 번잡하네 | 繁絃春晚水亭南 |
| 종소리 드문 건너편 골짜기엔 담화가 산만한데 | 疎鍾度壑曇花散 |
| 성중에 암자가 얼마나 되는 알지 못하겠네 | 不辨城中幾佛庵 |

『荷亭集』卷1

---

1 가인可人 : 호감好感이 가는 사람. 본 받을만한 사람. 뛰어난 사람을 뜻한다.
2 풍속에 … 하네 : 소식蘇軾의 〈미주원경루기眉州遠景樓記〉에 "우리 마을의 풍속에 근고에 세 가지가 있으니, 사대부는 경술을 귀하게 여기고 씨족을 중히 여기며, 백성은 관리를 존중하며 법을 두려워하고, 농부는 힘을 합쳐 서로 도우니, 대개 삼대와 한 당 시대의 유풍인 것이다. 이는 다른 마을에서는 미치지 못할 바이다吾州之俗, 有近古者三. 其士大夫貴經術而重氏族 其民尊吏而畏法 其農夫合耦而相助 蓋有三代 漢唐之遺風 而他鄕之所莫及也"라는 구절이 있다.

## 제옥천정석벽시
### 題玉泉亭石壁*

이건필李建弼*

| | |
|---|---|
| 두실상공은 이곳에서 한가롭게 보냈고 | 斗室相公閒此局 |
| 푸른솔 묵은 돌엔 선령이 있어서 | 蒼松老石有仙靈 |
| 지금도 멀리서 맑은 뜻을 알겠거니 | 如今遠識泠然意 |
| 하늘가엔 솟은 산과 정자가 있네 | 天畔飛山又一亭 |

「玉泉亭巖刻文」

---
* 이 칠언절구는 심상규의 〈제옥천정석벽題玉泉亭石壁〉, 풍애폭에 있는 서상조의 시와 같은 운韻으로 지어졌다. 좌측 하단에 새겨진 「石帆題」라는 명문이 확인된다. 석범石帆 이건필李建弼이 심상규의 〈제옥천정석벽〉을 차운하여 지은 것으로 추정된다.
** 이건필李建弼(1830~?) : 조선후기의 서예가이다. 자는 우경右卿, 호는 석범石帆이다. 이상두李相斗의 차남이다. 1846년(헌종12) 진사시에 급제한 이후 1858년(철종9) 평안도 청북암행어사를 지냈다. 이후 제주안핵사를 거쳐 의주부윤을 역임하였다. 글씨가 뛰어나 안변 석광사와 묘향산 극락전의 '향산운사香山雲舍' '서래각西來閣' '청허영각淸虛影閣' 등의 편액을 썼다.

6부

# 남한산사

南漢山寺

## 운수암에 부치다
[암자의 주인은 응상사인데 남한산성 동역으로 부임하였다]
### 題雲水庵 庵主應常師 赴南漢山城董役

허적許㥍<sup>*</sup>

| | |
|---|---|
| 가람은 구름과 시내 사이에 스산하고 | 蘭若蕭條雲水間 |
| 걸상엔 먼지 가득하고 문엔 빗장 걸려는데 | 塵埃滿榻戶長關 |
| 산속의 스님도 잘못 동원되어 | 山僧亦被聲名誤 |
| 한번 송문[1]을 나가서는 영원히 돌아오지 못하네 | 一出松門久未還 |

『水色集』 卷5

---

\* 허적許㥍(1563~1640) : 조선 후기의 문신. 본관은 양천陽川. 자는 자하子賀. 호는 수색水色이다.
1 송문松門 : 외롭고 쓸쓸한 규방閨房을 가리킨다. 백거이白居易의 시에 "송문에는 새벽까지 달이 배회하고 백성에는 하루종일 바람이 소슬하네松門到曉月徘徊 柏城盡日風蕭瑟 …"라는 시구가 있다. 『白樂天詩集』 卷4, 「陵園妾」.

## 차운하여 남한산의 승려 계정에게 주다
### 次贈南漢山僧戒靜

이정구 李廷龜[*]

| | |
|---|---|
| 남한이라 외로운 성이 만 길 산에 섰나니 | 南漢孤城萬仞山 |
| 초루와 성첩이 반공에 높이 솟아 있구나 | 譙樓粉堞半天間 |
| 백년 동안 빼어난 경치 경영해 온 곳에[1] | 百年形勝經營地 |
| 늘상 보는 승려는 그저 아무렇지 않구나 | 見慣居僧只等閑 |

『月沙集』卷18,「倦應錄下」

---

[*] 이정구 李廷龜(1564~1635) : 조선후기 문신. 본관은 연안延安. 자는 성징聖徵, 호는 월사月沙. 한문4대가 중의 한 사람이다.
[1] 백년 … 곳에 : 선조 28년(1595)에 남한산성에 쌓기 시작하여 그 후 여러 차례 증축하였기 때문에 이렇게 말한 것이다.

## 초운상인에게 주다
### 贈楚雲上人

장유 張維*

| | |
|---|---|
| 오거나 가거나 인연 따라 모두 유유하게 | 隨緣來去兩悠悠 |
| 한기 도는 누더기 옷 백로의 가을이로다 | 壞衲寒生白露秋 |
| 어느 쪽으로 가시는가 행적 묻고자 하는데 | 欲向何方問行迹 |
| 한 조각 외로운 구름 초산 머리라 하네 | 孤雲一片楚山頭 |
| 험준한 산세 제압하는 천 길 성가퀴 | 千尋雉堞壓崢嶸 |
| 그 속에 초제가 있어 국청이라 하나니 | 中有招提號國淸 |
| 부처 혼자 속진을 몰아내긴 힘이 부쳐 | 佛力未能排俗累 |
| 급히 병석[1]을 거두어 산성으로 향하노라 [원주] | 急收甁錫向山城 |

[원주] 운사가 추첨에 뽑혀 남한산성에 들어가 지킬 예정이었기 때문에 그렇게 말한 것이다 雲師將被簽入守南漢山城故云.

『谿谷集』 卷33

* 장유張維(1587~1638) : 조선중기의 문신. 본관은 덕수德水. 자는 지국持國, 호는 계곡谿谷·묵소默所이다.
1 병석甁錫 : 승려의 필수품인 병발甁鉢과 석장錫杖을 합친 말로, 승려의 생활이나 모습을 비유할 때 흔히 쓰는 표현이다. 승도僧徒를 지칭하는 말로 쓰이기도 한다.

# 남한산으로 가는 중을 전송하다
## 送南漢僧

정두경鄭斗卿*

| | |
|---|---|
| 남한산성 그 곁으로 한강 물이 감돌거니 | 南漢城邊漢水廻 |
| 눈과 같은 하얀 물결 하늘 닿아 흘러오네 | 白波如雪接天來 |
| 행인들은 하루 종일 배를 타고 오가는데 | 行人盡日皆舟楫 |
| 오직 산승 있어 홀로 잔을 타고 건너누나[1] | 唯有山僧渡一杯 |

『東溟集』卷3

---

\* 정두경鄭斗卿(1597~1673) : 조선중기의 문인・학자・시인. 본관은 온양, 호는 동명東溟이다.
1 오직 … 건너누나 : 승려의 법력法力이 뛰어난 것을 형용한 것이다. 진晉나라 때 기주冀州 출신의 어떤 승려가 항상 나무로 만든 잔을 타고 물을 건너다녔으므로 사람들이 그 승을 배도 화상盃渡和尙이라고 불렀는데, 그는 세세한 행실에 구애되지 않았으며, 신통력이 탁월하였다고 한다.

# 겨울에 국청사에 머물며 북성에 오르다
## 冬棲國淸寺登北城

안중관安重觀*

| | |
|---|---|
| 초겨울에 국청사에 머무니 | 初冬國淸寺 |
| 해는 한남성으로 지는데 | 落日漢南城 |
| 병자 정묘년의 일 지나고 | 去矣丙丁事 |
| 막연하게도 산수는 맑다네 | 漠然山水淸 |
| 누런 구름은 지나는 기러기를 겸하였고 | 黃雲兼鴈逝 |
| 고목은 맑은 종소리를 띠었는데 | 古木帶鍾晴 |
| 칼에 기대어 서북쪽을 바라보니 | 倚劒看西北 |
| 연기 기운이 눈에 가득 생기누나 | 烟氛滿目生 |

『悔窩集』 卷1

---

* 안중관安重觀(1683~1752) : 조선후기의 문신. 본관은 순흥順興. 자는 국빈國賓, 호는 회와悔窩·가주可洲이다.

## 장경사에서 묵다 [을묘년]
## 宿長慶寺 乙卯*

### 황경원黃景源**

| | |
|---|---|
| 남한산성은 지세가 매우 험준하고 | 南漢極天險 |
| 산등성이 이어진 백치¹ 높이의 성이라 | 連岡百雉城 |
| 가까스로 산 위의 절에 올라 | 聊登山上寺 |
| 밤이 다하도록 피리 소리를 듣노라 | 終夜聽笳聲 |
| 황량한 성가퀴엔 자비의 구름² 고요하고 | 荒堞慈雲靜 |
| 싸늘한 초소엔 지혜의 달빛³ 밝구나 | 寒譙慧月明 |
| 말에게 물 먹이는 적을 어찌 막을 수 있었으랴 | 何能防飮馬 |
| 걸려있는 적의 깃발 차마 볼 수 없었으리 | 不忍見懸旌 |
| 옛날 숭정 연간에 | 昔在崇禎世 |

---

\*   을묘년 : 1735년(영조11), 황경원의 나이 27세 때이다.
\*\*  황경원黃景源(1709~1787) : 조선후기의 문신. 본관은 장수長水. 자는 대경大卿, 호는 강한유로江漢遺老. 대제학과 형조·예조·공조의 판서를 역임하고, 판중추부사에 이르렀다. 시호는 문경文景이다.
1   백치百雉 : 치(雉)는 성벽의 높이와 길이의 단위로, 높이 1장丈, 길이 3장丈을 보통 1치로 친다.
2   자비의 구름慈雲 : 넓게 파급되는 석가여래의 자심慈心이 마치 공중에 덮이는 구름과 같다고 하여 이른 말. 이곳이 절이기 때문에 이런 표현을 했다.
3   지혜의 달빛慧月 : 불교 용어로 중생의 번뇌를 깨우치는 지혜가 마치 청량한 달빛 같다고 하여 이른 말이다.

| | |
|---|---|
| 청해에서 구원병을 내었을 때[4] | 青海出援兵 |
| 동쪽 강에선 북소리 진동하고 | 東江金鼓振 |
| 북쪽 항구에는 배들이 늘어섰네 | 北汎舳艫橫 |
| 만 리 길에 군사가 이르기 어려운지라 | 萬里師難至 |
| 하루아침에 맹약이 이루어졌구나 | 一朝盟已成 |
| 충신들은 분노로 배를 찔렀고[6] | 忠臣刎腹怒 |
| 곧은 선비들은 다투어 글을 찢었네[7] | 貞士裂書爭 |
| 조정[8]이 능욕을 당한 것도 이미 서럽거니 | 已傷丹極淪 |
| 황하가 맑아지는 것[9]을 보지 못하는구나 | 未覩黃河清 |
| 법당[10]에는 아직도 한이 남아 있는데 | 招提餘恨在 |
| 성가퀴에는 새벽 기러기만 울며 간다 | 堞堄曉鴻鳴 |

『江漢集』 卷1

---

4  옛날 숭정 연간에 … 때: 남한산성이 포위되었을 때 명 의종明毅宗이 원군을 파견한 사실을 가리킨다. 남공철이 지은 「판중추부사…황공 신도비명判中樞府事…黃公神道碑銘」에 의하면 의종은 총병관 진홍범陳弘範에게 조서를 내려, 산동 여러 진의 수군을 통솔하여 가서 구원하라고 하였으나 남한산성이 함락되는 바람에 성공하지 못하였고, 황경원이 이 일을 거론하며 의종을 황단皇壇에 제사를 올려야 한다고 주청하여 실현하였다. 『金陵集』 卷15.
5  맹약: 병자호란 후 청나라와 화친조약을 맺은 사실을 가리킨다.
6  충신들은 … 찔렀고: 이정웅李廷熊·송시영宋時榮·이시직李時稷을 비롯하여 많은 사람들이 병자호란 때 자결한 사실을 가리킨다.
7  곧은 … 찢었네: 병자호란 당시 남한산성의 비국備局에서 최명길崔鳴吉이 항복하겠다는 국서를 쓴 뒤 이를 수정하고 있을 때 예조 판서 김상헌이 밖에서 들어와 그 글을 보고는 통곡하면서 찢어 버리고는 입대入對하여 주벌을 청한 사실을 가리킨다. 이때 김상헌의 말뜻이 절절하였고 말하면서 눈물을 줄줄 흘리므로 입시한 제신들도 모두 눈물을 흘렸고 인조 옆에 앉아 있던 세자의 목 놓아 우는 소리가 문밖까지 들렸다고 한다. 『인조실록』 15년 1월 18일.
8  조정: 원문의 '丹極'은 대궐의 기둥과 서까래 등에 붉은색을 칠했던 데서 온 말이다.
9  황하가 맑아지는 것: 중국의 황하 강이 늘 흐려 맑을 때가 없다는 뜻으로, 아무리 오랜 시일이 지나도 어떤 일이 이루어지기 어려움을 이르는 말. 여기서는 청나라의 중원 지배가 끝나는 것을 의미한다.
10  법당: 원문의 초제招提는 범어梵語 caturdeśa의 음역音譯으로, 사원寺院의 별칭이다. 1624년(인조2)에 남한산성 서문 안에 건립한 국청사國淸寺를 가리키는 것으로 보인다.

**부록 1**

# 남한산성
# 기문記文 · 주련柱聯

# 남한성기
## 南漢城記

장유張維

　남한은 서울에서 동남쪽으로 40리 한강의 남쪽에 있으며, 북으로 광주 옛날 읍치와 5리쯤 거리에 있다. 본래 백제의 옛 도읍이다.
　지지地志를 자세히 살펴보면 백제의 온조왕 13년(BC6)에 위례성에서 이곳으로 도읍을 옮겨 12세世 380여 년을 지내고, 근초고왕 26년(371)에 또 남평양으로 옮겼다. 남평양은 바로 오늘의 서울이다. 근초고왕으로부터 백제·신라·고려를 거치는 천 여년 동안 성의 흥폐를 다시 살피기는 어려우나, 우리 조선이 천명을 받으면서 정치의 방향이 무력을 중하게 여기지 않았다. 산골짜기 성곽을 단단하게 하지 않았으니, 당연히 어찌 일이 없었겠는가.
　임진왜란 이후로 여기에 큰 계산과 굳은 계획을 하는 선비들로 이 성에 뜻을 둔 자가 많았으나, 나라일 책임진 자들이 건의하지 않았으니 어찌 또한 기다릴 바가 있겠는가. 우리 임금께서 즉위하신 다음 해 이괄李适의 난이 있어 나라의 근심을 의논하는 자로서 서울 가까운 곳에 마땅히 안전한 곳이 있어야 한다고 말하는 자가 많았다. 수상首相 이원익李元翼과 연평부원군延平府院君 이귀李貴가 이 성을 보수할 것을 청하였다. 처음에는 청원군淸原君 심기원沈器遠에게 명하여 맡겼다. 노는 사람들을 불러 일을 시키고, 도첩度牒을 가지고 승도들을 부리다가 마침내 상喪을 당하여 총융사의 직책을 떠났다. 완풍부원군完豊府院君 이서李曙가 그 임무를 대신하여 널리 이름 있는 승려를 부르니, 각성覺性과 응성應性 등이 각기 그 무리를 거느리고 구역을 나누어 공사를 하였다. 목사 문희성文希聖, 별장 이일원李一元, 비장 이광춘李光春 등이 감독하였다. 성 둘레의 옛 터가 뚜렷하니 온조가 쌓은 것이다. 이에 증축하며 평평하고 험준함을 짐작하여 높고 낮게 하였다. 갑자년(1624, 인조2) 9월에 시작하여 병인(1626, 인조4) 7월에 완공하니 성의 둘레가 약간 장척丈尺이고 여장女墻¹이 1,700첩이며, 대문은 4개소, 암문暗門이 8개소이다. 안에는 사찰 7개소를 짓고, 관천, 창고 등 갖추지 않은 것이 없다.

대개 남한산성은 안은 평하고, 밖은 높으며 짜임새가 조밀하고, 형세가 웅장하며, 성이 산령에 갓을 씌운 듯 높은 것을 당기고, 평평함을 감싼다. 성중에 샘이 많아 겨울과 여름에도 마르지 않는다. 산골짜기의 여러 물이 합하여 개울을 이루어 동쪽으로 수문을 통하며, 수문 밖은 언덕과 골짜기가 서리고 얽혀져 양의 창자와 같이 꺾이고 꺾긴 것이 수십 리이다. 사면의 산세가 급하고 끊기어 오르지 못한다. 오직 동남쪽 모퉁이는 산 끝이 고르지 못하여 포루砲樓 3개소를 마련하였다. 작은 봉우리가 있어 성안을 굽어보기 때문에 하나의 대臺를 세우고, 용도甬道²를 쌓아 성에 붙였다. 마침내 읍치邑治를 이곳으로 옮기고 아전과 백성과 물건을 쌓으니 은연히 하나의 웅대한 진鎭이 되었다.

『주역』에서는 왕공王公이 험준한 곳을 설치하여 그 나라를 지켰다고 하였다.³ 『춘추전』에서는 거莒나라가 좁고 작음을 믿고 성곽을 보수하지 않았으니 군자가 말하기를 허물 가운데에 큰 것이라고 하였다.⁴ 그러나 낭와囊瓦가 영성郢城을 쌓으니⁵ 심윤수沈尹戍가 심히 나무란 것은 무엇 때문인가. 본말을

---

1 여장女墻 : 성 위의 얕은 담. 여원女垣이라고도 함.
2 용도甬道 : 흙담을 양쪽에 쌓아 올려서 만든 통로, 누각 사이에 만들어 놓은 복도, 정원의 샛길을 지칭한다.
3 왕공이 … 하였다 : 『주역周易』「감괘坎卦 단사彖辭」에 나오는 말이다.
4 『춘추좌전春秋左傳』성공成公 9년에 "외진 것을 믿고 대비하지 않음은 죄 중에서도 큰 죄요, 뜻밖의 사태를 미리 대비함은 대단히 훌륭한 일이다. 거 나라가 외진 것을 믿고 성곽을 수선하지 않은 나머지 12일 사이에 초나라가 세 도시를 함락시켰다. 그러니 방비를 하지 않을 수 있겠는가."라는 군자의 말이 소개되어 있다.

함께 해야 성이 견고해져 백성을 보호할 것이다. 진실로 성을 보호하지 못한다면 무익한 것이다.

생각하면 우리 성상께서 중흥의 운에 응하시어 다시 사람의 도리를 바로 하시며 화난을 징계하고 삼가시어 가시덤불의 유허로 하여금 화려하게 면목을 일신하여 서울의 보루로 삼으셨다. 이는 아마도 기수氣數에 응하는 것이고, 천과 인이 합함이며, 그 성을 쌓아 나라를 지키는 의義를 또한 가히 얻었다 하겠다.

이제부터 안으로는 조정의 대신과 밖으로는 방백과 장수들이 협심하고 진력하여 함께 좋은 계획을 넓혀 인화人和의 자리로 하여금 그 유익함을 얻도록 한다면, 이 성이 묵적墨翟의 계戒를 기다리지 않고도 길이 금탕金湯의 성을 보존할 것이다. 그렇지 못하고 한갓 산악山岳의 험준함과 망루의 견고함을 믿으며, 누가 감히 나를 어찌 하리오 한다면 안될 것이다. 나라에서 이 성을 쌓아 원대한 계획을 세운 까닭이 어찌 그러하겠는가. 감히 이것을 여러 군자에게 고하며, 그 일을 보살피고 수고한 사람은 별도로 아래에 기록한다.

南漢. 在京城東南四十里. 漢水之陰. 北距廣州故治五里而遙. 本百濟舊都也. 按地志百濟溫祚十三年. 自慰禮城移都于此. 歷十二世三百八十餘年. 至近肖古王二十六年. 又移南平壤. 南平壤卽今之京都也. 自肖古之遷. 歷濟. 羅迄麗氏千有餘歲. 城之興廢. 不可復攷. 曁我朝受命. 治蹟大猷. 兵革不用. 其於山谿城郭之固. 宜若無所事也. 壬辰倭難以來. 訏謨石畫之士. 多有意於是城. 而當國者莫克建白. 豈亦有所待歟. 今上踐阼之明年.

---

5 낭와가 … 쌓으니:『춘추좌전』정공定公 4년에 나오는 내용이다. 낭와는 초나라 장왕莊王의 아들이고, 심윤수는 장왕의 증손이다.
6 묵적墨翟의 계 : 기막힌 수성守城의 기계를 말한다. 초楚 나라가 송宋나라를 공격하려 하자 묵적이 초나라에 가서 군사軍師인 공수반公輸般과 공수功守의 기술을 겨뤘는데 끝내는 공격 위주의 공수반이 수비 위주의 묵적을 이길 수 없었던 고사에서 유래한다.『묵자墨子』,「공수公輸」.

有逆适之變. 國家多虞. 議者多言畿輔近地. 宜有保障. 首相李元翼, 延平府院君李貴建言. 請修是城. 初命靑原君沈器遠掌其事. 請役游手. 用度帖以攝僧徒. 尋遭喪去. 摠戎使完豊府院君李曙代其任. 乃廣召諸名僧覺性, 應聖等. 各摠其徒. 分地賦功. 而牧使文希聖, 別將李一元, 裨將李光春等寔監董之. 城之四周. 基址宛然. 蓋溫祚舊築也. 乃因而增之. 酌其夷險. 爲之崇庳. 以甲子九月經始. 丙寅七月工告訖功. 城周若干丈尺. 女墻千七百堞. 設四門. 其暗門倍之. 中刱伽藍七區. 館廨倉庾靡不備具. 大抵南漢之山. 中平而外隆. 襟抱固密. 體勢雄厚. 城冠山巔. 据隆而包平. 城中井泉甚多. 冬夏不竭. 山谷諸水. 合爲大澗. 東注于水門. 門之外. 崖谷盤錯. 羊腸百折者數十里. 四面山勢. 嶄截不可躋攀. 而惟東南隅山脚稍坡陁. 爲設砲樓三. 乾維有小峯. 可瞰城內. 爲建一臺. 築甬道以屬之城. 遂移州治于此. 儲胥民物. 隱然爲一雄鎭. 易稱王公設險. 以守其國. 而春秋傳莒恃陋而不脩城郭. 君子以爲罪之大者. 然囊瓦城郢則沈尹戌譏之甚切何哉. 本末兼擧則城固所以保民. 苟不能衛. 城無益也. 洪惟我聖上. 應運中興. 再正人紀. 懲毖禍難. 委任忠藎. 深惟陰雨之備. 大築斯城. 使千年荊棘之墟. 赫然改觀. 遂爲京都屛衛. 此殆氣數冥應. 天人合發之會. 其於設險守國之義. 亦可謂得矣. 繼自今. 內而廊廟輔弼. 外至封疆將帥之臣. 協心殫慮. 共恢良圖. 要使人和地利兩得其益. 則斯城也不待墨翟之械. 而可以永保金湯矣. 不然徒恃山岳之重阻. 樓櫓之壯固. 而曰孰敢侮予. 抑末也. 國家所以築斯城. 爲遠大計者. 夫豈其然. 敢以是諗諸君子. 其前後幹役有勞諸人. 別記于下.

『谿谷集』卷8,「記」

# 남성신수기
## 南城新修記

서명응徐命膺

우리 임금님 3년 기해(정조3년, 1779) 봄에 수어사守禦使 신 서명응徐命膺이 아뢰기를 "남한南漢은 나라의 보장保障[1]입니다. 성의 장벽[堞]과 성가퀴[堞]가 허물어져서 지금은 하나도 완전한 곳이 없습니다. 보수하기를 청합니다." 하였다. 임금이 이르시길 "자금이 있는가" 하시기에, 신 명응이 답하기를 "원임 수어사 홍국영洪國榮이 쌓아둔 돈이 일만 꿰미이니 만약 쌀 9백석을 보탠다면 보수할 수 있을 것입니다." 하였다. 임금께서 9백석을 윤허하셨다. 이에 신 명응이 전 영장營將 광주부윤廣州府尹 이명중李明中으로 하여금 그 일을 감독하게 하고, 유영별장留營別將 황인영黃仁煐으로 그 공역을 할당하게 하였다. 호방군관戶房軍官 유덕모柳德謨, 병방군관兵房軍官 김낙신金樂愼으로 내외도청內外都廳으로 삼고, 교련관敎鍊官 한광현韓光賢·이언식李彥植을 도감관都監官으로 삼았다. 벽돌을 굽는 자는 양덕세楊德世·안한유安漢維·석치감石致戡·권흥추權興樞·이석신李碩臣이다. 회灰를 굽는 자는 정덕찬鄭德瓚·한광범韓光範·박상풍朴相豊·진광우秦光佑·염혁廉㷥이다. 벽돌과 회를 굽는데 필요한 땔나무를 공급하는 자는 조한광曹漢光·안국태安國泰이며, 벽돌과 회를 운반하는 임무는 이현일李顯一·이운대李運大·이시범李時範으로 남성南城

---

1  보장保障: 적의 공격이나 침탈로부터 막아 주고 보호해주는 '성벽', '요새', '피신처'를 말한다.

의 집사執事와 초관哨官이다. 그리고 현일은 송파별장松坡別將이며, 덕세는 경기집사京畿執事이다. 여러 군교軍校를 선발하여 18명을 비장裨將으로 삼았는데 정광규鄭光奎·김시형金時亨·이동혁李東赫·황도명黃道明·임천표任天杓·정용빈鄭龍彬·이인택李仁宅·이언장李彦章·이인철李仁喆·김희인金熙人·한광성韓光聖·이복형李復亨·이인본李仁本·이석증李碩曾·연덕우延德雨·박상번朴尙蕃·손석복孫錫福·김익수金翊壽 등이 성의 장벽과 성가퀴를 분담하여 수선하고 개축하였다. 각기 성명을 장벽 면에 기록하여 견고하고 완벽하면 상을 주고, 그렇지 않으면 죄로 여기게 하였다. 모두들 용기를 내어 응원하는 북소리를 견딜 수 없을 정도였다. 성중의 부로父老들은 술을 빚고 개를 삶아서 서로 위로하였다. 어린 남녀들도 회를 짊어지고 벽돌을 이고 다투어 역사를 50여 일에 높디 높은 분첩粉堞이 30리에 연이어서 장막을 진열하듯 하고, 금석 같이 견고하였다. 장대將臺와 문루門樓는 단청을 하여 찬란하였다. 이 모두 임금님의 위덕威德이 끼친 것이다. 공역을 마치니 역군役軍이 성의 서쪽에서 바위 두 개를 가져왔는데 바위 위에 "天啓月日"이라 새겨져 있었으며, 나머지는 모두 깎이고 씻기어 분별할 수 없었다. 이에 부윤에게 달려가 고하니 부윤이 말하길 "이는 처음 축성할 때 공적을 기록한 것이다. 그 하나를 남겨두어서 운수를 기다렸던 것이다. 그 운수를 어길 수 있겠는가. 석공을 불러 돌을 다듬어서 명응에게 부탁하기에 기문을 쓰는 바이다.

보국숭록대부 행판중추부사 겸홍문관제학 예문관대제학 지성균관사 규장각제학 서명을이 기문을 짓고, 통정대부 수광주부윤 윤☐☐☐☐ 겸 경기우방어사 이명중李明中[2]이 쓰다.

---

2 이명중李明中 : 본관은 전주全州이고 자는 상취尙聚이다. 1744년(영조20) 강화외성江華外城을 개축하는 데 감조관監造官으로 참여한 공로를 인정받아 제용감 주부濟用監主簿에 임명되었으며, 이어 호조좌랑을 거쳐 호조정랑에 임명되었다. 1778년(정조2)에는 광주부윤廣州府尹에 임명되어 남한산성을 개축하였다.

我 聖上三載 己亥春. 守禦使臣徐命膺奏曰. 南漢 國之保障也. 堞堞剝缺. 今無一完. 請修之. 上曰 有資乎. 臣命膺對曰. 原任守禦使洪國榮峙錢一萬緡. 若益之. 以九百石米. 可修也. 上內許以九百石. 於是 臣命膺令前營將 廣州府尹李明中. 董其事. 留營別將黃仁煐 課其功. 戶房軍官柳德謨 兵房軍官 金樂愼爲內外都廳. 敎鍊官韓光賢 李彦植爲都監官. 燔甓者 楊德世 安漢維 石致城 權興樞 李碩臣也. 燔灰者 鄭德瓆 韓光範 朴相豊 秦光佑 廉㷼 安漢維 梁宗浩也. 其供甓之薪樵則 曹漢光 安國泰 任甕. 灰之搬運則 李顯一 李運大 李時範 是南城執事 哨官 而顯一松坡別將 德世 京畿執事也. 乃選諸校 爲十八神將 鄭光奎 金時亨 李東赫黃道明 任天杓 鄭龍彬 李仁宅 李彦章 李仁喆 金熙人 韓光聖 李復亨 李仁本 李碩曾 延德雨 朴尙蕃 孫錫福 金翊壽 分掌堞堞 以繕以築. 各記姓名於堞面. 堅完則賞. 否則有罪. 衆皆賈勇. 鼛鼓不勝. 城中父老 爲酒烹狗. 相與勞之. 稚童幼女 負灰載甓. 爭相其役. 首尾五十有餘日. 屹屹紛堞. 綿亘三十里. 帳列帷布 石. 堅金固. 將臺門樓. 丹膁焜耀. 皆 聖上威德致之也. 功旣訖役者. 得二巖於城西. 其上有天啓月日刻. 餘皆漫泐. 不辨. 乃走告府尹. 府尹曰. 此始築時. 記功者. 留其一. 以待令數也. 數其可違乎. 召工治石. 屬命膺爲之記.

報國崇綠大夫 行判中樞府使 兼弘文館提學 藝文館大提學 知成均館事 奎章閣提學 徐命膺記.

通政大夫 守廣州府尹 □□□□ 兼京畿右防禦使. 李明中書.

『重訂南漢志』卷8

# 등서장대기
## 登西將臺記

김만기金萬基

성에 장대가 있는 것은 부하들을 격려하고 형세를 살피기 위한 것이다. 반드시 지형이 높은 곳을 선택하는 것은 그 때문이다. 남한산성은 동·남·서쪽에 모두 장대가 있는데, 서봉西峯 위에 있는 것은 더욱 형승이 좋다고 한다. 봉우리 아래에 있는 절은 천주사天柱寺이다. 천주사로부터 가마를 타고 굴곡을 돌아서 송림을 지나 풀밭을 헤치고 올라가면 홀연히 구름 기운이 곁에 있는 지, 나는 새 가까이 있는 지 느끼지 못하고 넓고 환하였다. 안으로는 관청 건물과 창고, 사찰과 마을 집들이 별처럼 줄지어 있고 바둑처럼 섞여 있다. 밖으로는 많은 산들의 앞 축과 긴 강의 띠 두름과 주위 여러 읍의 토양을 모두 다 볼 수 있다.

내가 이곳을 지키면서부터 여러 차례 올라와서 부하들을 사열하였다. 형세를 살피는 것은 지키는 신하의 직책이므로 경치의 훌륭함과 구경하는 즐거움을 느낄 여가가 없었다. 일찍이 나이든 군교와 물러난 군졸에게 물어 사방을 돌아보며 자주 비탄에 잠기는 것을 스스로 어찌 할 수 없었다. 그 서쪽으로는 평야가 연결되어 바로 한강에 닿으니 오랑캐가 일찍이 진을 치고 대장기를 세웠던 곳이다. 비록 한강의 흐름을 기울여도 그날의 비린내는 씻지 못할 것이다. 동쪽으로는 하나의 봉우리가 있으니 이른바 가한可汗이라고 한다. 높고 험준함 것이 성루와 비슷하지만 오랑캐 왕이 말을 세운 곳이라 전하는데, 호시탐탐 엿보며 우리나라에 사람이 없다고 했을 것을 생각하면, 지사의 아픔을 어찌 다하랴.

　북쪽으로 굽어보면 긴 골짜기 뻗어내려 곧게 고읍터로 달린다. 이르기를 이 북문은 포위당했을 적에 3백명의 군사가 전사한 곳이라 한다. 그 왼쪽 편이 죽자 오히려 빈주먹을 펼치니 몸은 들풀에 거름이 되고, 혼은 귀신의 으뜸이 되어 배회하는 것이 어제 일 같아 머리카락이 곤두서 갓을 찌르게 한다. 성안의 유허와 버려진 자취를 돌아 볼 때 김상헌金尙憲·정온鄭蘊 두 선생의 말리던 곳을 아직도 분별할 것 같다. 그 옛날 항서를 찢고 통곡하며 칼을 꽂고 죽기를 구하던 모습이 엊그제 일과 같이 역력하며, 높은 산의 경지를 보며 일어나는 회포가 스스로 가슴 속을 격동시킨다.

　슬프다. 터와 묘가 슬픔을 일으키고 종묘가 공경함을 일으키는 것은 천리의 양심이라. 그 접한 바를 따라 말없이 전율을 느끼면서 태연하게 살아 있는 것이다. 진실로 그러한 발단으로 인하여 실마리를 넓히고 충실하게 하면 인과 예의 열매를 다 쓸 필요가 없을 것이다.

　이 장대에 올라 감개하고 탄식하지 않을 자가 있겠는가. 누구나 이것으로 인하여 더욱 신사臣死의 의義에 힘쓴다면 이 장대에서 어찌 홀로 부하나 사열하고 형세나 찾을 뿐이겠는가. 만약 풍경이나 구경하고 유람이나 탐하면서 다시 감개하고 탄식하는 마음이 없다면 이는 이른바 그 양심을 잃은 자일 것이다. 글로 써서 후인에게 경계하며 또한 고하노라.

城之有將臺. 所以壯儲胥而按形勢也. 故必據地形之高截而宜於眺望控制者. 自古而然矣. 漢山東南西. 皆有將臺. 而據其西峯之頂者. 尤以形勝稱焉. 寺於峯底者曰天柱. 自天柱命籃輿. 盤紆屈曲. 穿松櫪薈蔚而上. 忽不覺其旁雲氣臨飛鳥而曠然豁然. 內而廨宇倉廒寺寮閭井之星羅棋錯. 外而群山之攢蹙. 長江之縈帶. 環數邑之土壤. 擧一覽而盡之. 余自守是土. 已屢躋焉. 閱儲胥審形勢. 乃守臣之職. 而至於景物之勝. 遊覽之樂. 則未能暇也. 蓋嘗問諸老校退卒而環顧指點. 感慨累欷而不能已焉. 其西則曠野

綿延. 直抵江涘. 金虜之所嘗列壘立牙之地. 雖決江漢之經流. 無以洗當日之腥羶. 東有一峯. 名以可汗. 崒崋與城譙若相持. 尙傳胡王之所立馬. 相其眈眈然睥睨. 謂東土無人. 志士之痛曷已. 北俯長谷逶迤. 直走古邑墟. 云是北門劘壘之役. 三百健兒所戰沒之地. 若其左驂已殪. 空弮猶張. 身膏壁草. 魂作鬼雄. 仿像疇昔. 令人髮豎指冠. 顧瞻城中. 遺墟廢址. 金鄭二先生之所止舍. 猶可辨識. 乃其裂書痛哭. 刓刃求死. 歷歷如前日事. 而高山景行之懷. 自激于中. 噫. 墟墓興哀. 宗廟興敬. 是秉彝之良心. 隨其所按而犁然感油然生者也. 苟因其犁然油然之端而擴而充之. 則仁禮之實. 不可勝用矣. 登斯臺也而其有不感慨累欷者乎. 苟能由是而益勉臣死之義. 則其有得於斯臺者. 豈獨閱儲胥審形勢而已哉. 若或玩景物而耽遊覽. 無復感慨累欷之心. 則是所謂牿亡其良心者也. 書以自警. 且諗後人云爾.

『瑞石集』卷5, 記

# 무망루기
## 無忘樓記

이기진 李箕鎭

　숭정崇禎 병자년(1636, 인조14) 겨울에 오랑캐가 크게 우리나라를 침범하여 남한산성을 포위하고 다음해 정월에 성하城下의 맹서가 있었다. 그후 115년에 이르러 한 신하가 수어守禦의 명을 받고 이 성에 비로소 이르렀다. 성첩을 순행하고 서장대에 올라 사방을 돌아보며 천주사를 지나다가 광성光城 김공金公이 지은 시와 글을 보니 그 말이 감개하고 분하여 읽지 못하였다. 또 『병자록丙子錄』을 살펴보니, 인조께서 포위 당한 가운데도 여러 번 성에 올라 친히 군사를 독려하셨다. 그 당시에 오르신 곳이 바로 이 장대이다. 뒤에 숙종 무진년(1688, 숙종14)과 지금 임금 경술년(1730, 영조6)에 모두 영릉에서 돌아오시는 길에 반드시 이곳에 오르셨다.
　슬프도다. 임금님의 느낌을 우러러 알만하다. 난리 때는 말할 틈도 없었지만, 세 성인이 머무신 곳에 하나의 건물을 마련하여 슬프고 잊지 못할 생각을 붙여서 안될 것이 있겠는가.
　또한 무릇 장대에 누각을 세우는 것은 예나 지금이나 같은 것인데, 오직 이 성만이 없어서 매번 사열할 때에는 높은 사다리를 매어 장수가 앉게 되어 비바람이 별안간 오게 되면 가릴 곳이 없으니 무엇으로 군대의 진용을 씩씩하게 하여 외침을 막으리오. 성첩에 가까운 수목을 제거하여 재목으로 쓸만 것을 고르고, 목수를 불러 하나의 누를 대 위에 세우는데 40일이 걸려

낙성하였다. 아래로 3중의 기둥을 두르고 그 가운데 방을 만들어 방진方陣을 본 따서 벽을 만들고, 위로 한층의 각을 만들었는데 네 벽을 통하여 살피고 지휘하기에 편하도록 하였다. 누를 다 짓고 조련할 때에 그 위에 걸터앉아 보니 멀고 가깝고, 높고 깊고, 험하고 평평한 형세가 더욱 드러나며, 산과 들의 아득히 보이는 것들이 치욕의 흔적이 아닌 것이 없다.

　슬프다. 옛 사람은 임금의 원수에 대하여 누우면 창을 베고, 앉으면 쓸개를 매달으며, 아픔을 잊지 않고 한을 먹으며, 오직 잠시라도 마음에 잊을까 두려워하였다. 반드시 이와 같이 한 다음에야 능히 분발하여 자신이 하고자 하는 것을 판별할 것이다.

　옛날 포숙鮑叔이 환공에게 경계하여 말하기를 "거莒 땅에 있을 때를 잊어 버리지 말라"고 하였으니, 환공이 거땅에서 당한 것은 특히 한때의 곤욕이었음에도 그 경계하는 말이 이와 같은데, 하물며 병자년의 일은 천고의 차마 말하지 못할 것이었으니 오히려 더욱 잊을 수 있겠는가. 그러나 그것을 잊은 자가 있으니 몸소 당하고 눈으로 보지 아니했기 때문이다. 한번 이 누에 올라 동쪽으로는 한봉을 바라보고, 서쪽으로는 삼전도비를 바라보며, 임금의 위태로움과 욕됨을 생각하고, 화의和義가 나라를 그릇되게 함을 통탄하고, 어진 사람과 뜻있는 선비들의 의열義烈을 위로하게 한다면, 오가며 가리키는 것들이 면전의 일 같을 뿐만이 아니다. 어찌 크게 슬퍼하며 눈물에 옷깃을 적시지 않는 사람이 있겠는가. 이와 같은 것들은 잊고자 해도 잊지 못할 것들이다. 하물며 보장保障의 책임을 받아 조석으로 이곳에 있는 사람이야 말할 것이 있겠는가. 비록 이로 말미암아 의에 힘쓰고 신하는 죽더라도 적에게 용기있게 하고 임금이 강개한다면, 영릉의 의열을 따라 그때의 원수를 갚을 수 있을 것이니, '무망無忘'이란 뜻이 어찌 크다고 아니하겠는가. 이에 액자를 '무망無忘'이라 써서 누에 다니 그 뜻을 말한 것이다. 밖에는 또 큰 글자로 '서장대西將臺'라 쓰니 옛 이름을 보존하는 것이다. 한성의 형세와 사적 같은 것은 김공의 시문에서 이미 다하였다. 또 청성淸城 김공金公의 시 3수가 절벽에 있는 것도 이제 이곳으로 옮기는 바이다.

　오호라. 뒷날에 나를 이어 부임하는 자는 이 누로 하여금 항상 보존하여 무너지지 않게 한다면 나는 그 '무망無忘'의 의가 또한 더욱 멀수록 궁함이 없을 것임을 안다.

崇禎丙子之冬. 虜大擧犯我. 進圍南漢城. 翌年正月. 遂有城下之盟. 其後百十有五年. 而賤臣者. 受守禦命于是城. 始至巡列堞. 乃陟西將臺. 周覽訖. 仍過天柱寺. 見光城金公所爲詩若文. 其辭多感憤不堪讀. 旣又攷丙子錄. 仁廟於圍中. 屢登城. 親督戰士. 當時所御. 卽是臺也. 後肅考戊辰. 當寧庚戌. 皆於寧陵歸路. 必歷登于此. 噫. 宸衷所感. 亦可以仰見矣. 夫亂離傾覆之際. 姑未暇言. 而三聖之所駐蹕. 而尙可無一棟宇. 以寓其瞻慕之誠乎. 且夫將臺之有樓觀. 古今關防所同然者. 而獨此城闕焉. 每閱武. 輒結高棚. 以坐元戎. 風雨暴至. 將庇蔽之無所. 尙何足以壯軍容. 而禦外侮哉. 屬除近堞林木得可材者. 召匠計工. 起一樓于臺之巓. 閱四旬而告成. 下周三重楹而室其心. 以象乎方陣子壁也. 上設一層閣而通四望. 爲便於瞭察指麾也. 樓旣落. 遂視操. 據其上而臨之. 遠近高深險夷之勢. 益以呈露. 其岡巒原野. 森然而赴矚者. 罔非恥辱之遺跡. 嗚呼. 古人於君父之讐. 臥則枕戈. 居則懸膽. 含痛茹恨. 惟恐頃刻而忘于心者. 必如是而後. 能磨礪奮發. 而辦吾所欲爲耳. 昔鮑叔之戒桓公曰. 無忘在莒. 夫桓公之莒. 特一時困厄耳. 其言尙如此. 況丙丁之事. 乃千古之不忍言. 而猶可忘乎. 然而有忘焉者. 患在不身經而目觀耳. 卽使一登玆樓. 東眺汗峰. 西望胡碣. 想至尊之危辱. 痛和議之誤國. 而弔仁人志士之義烈. 徘徊指點. 不翅若面前事. 其有不悲歌慟哭泣涕而沾襟者乎. 若是者將欲忘而不可得. 況受保障之寄. 而朝夕於斯樓者耶. 雖由是而義勵臣死. 勇敵王愾. 追寧陵之烈. 而復當日之讎. 可也. 無忘之義. 豈不大哉. 遂扁之曰無忘. 揭諸樓中. 所以志也. 外又用大字. 名以西將臺. 存舊稱也. 若一城之形勝事跡. 金公詩文已盡之. 又有淸城金公詩三首. 同在寺壁. 今幷移于此. 嗚呼. 後之繼余而至者. 使斯樓常存而無壞. 吾知其無忘之義. 亦愈遠而無窮也夫.

『牧谷集』卷7,「記」

# 행궁 기둥의 연구
## 楹揭聯句三對

작자미상

| | |
|---|---|
| 성대가 처음으로 삼대[1]의 풍속으로 돌아와서 | 聖代初回三古俗 |
| 대궐 숲에 오래도록 만년의 봄이 머물기를 | 禁林長住萬年春 |
| | |
| 봄은 성인의 작은 마음속에 있고 | 春在聖人方寸裏 |
| 백성은 모두 태화 가운데 원기 있도다 | 民皆元氣太和中 |
| | |
| 모든 백성 노래하고 춤추는 강구연월[2]이요 | 萬民歌舞康衢月 |
| 천리에 뻗친 노을 안개 수성의 봄[3]이로다 | 千里烟霞壽城春 |

『重訂南漢志』卷2上篇,「宮室」

---

1  삼대三代 : 태평성대를 대표하는 중국 고대의 하夏·은殷·주周 3대를 지칭한다.
2  강구연월康衢煙月 : 번화한 큰 거리에 저녁밥 짓는 연기가 달빛을 향해 피어오른다는 뜻으로, 태평한 시대의 평화로운 풍경을 이르는 말.
3  수성壽城의 봄 : 장수長壽하는 곳에 찾아든 봄이란 뜻으로 화평하고 활기찬 모습을 형용한 것이다.

## 한남루 기둥의 연구
### 楹聯四對

작자미상

| | |
|---|---|
| 한 성을 지킴에 용호의 도략을 강하고 | 守一城講龍虎韜 |
| 백리를 지키며 비휴 같은 용사를 보도다 | 鎭百里閱貔貅士 |
| | |
| 대장군은 부하를 위엄과 신의로 다스리고 | 大將軍御下威信 |
| 훌륭한 원님은 임금의 은덕을 선양하네 | 良刺史宣上恩德 |
| | |
| 이 땅은 길쌈과 보장을 겸하지만 | 是地兼繭絲保障 |
| 한가한 날에는 노래하며 투호한다네 | 暇日則雅歌投壺 |
| | |
| 비록 복수하여 수치를 씻지 못할지라도 | 縱未能復讐雪恥 |
| 항상 아픔을 참고 원통함 잊지 말기를 | 恒存着忍痛含冤 |

『重訂南漢志』卷2上篇, 「宮室」

# 좌승당 안쪽 기둥의 연구
## 坐勝堂內楹聯

작자미상

우뚝하게 장성이 되어 세월이 지날수록 더욱 씩씩하고
屹然爲長城老當益壯

언제나 싸움터에 있듯이 하여 평안 중에도 위태함 잊지 않네
常如在戰陣安不忘危

『重訂南漢志』 卷2上篇, 「官廨」

# 좌승당 바깥 기둥의 연구
## 坐勝堂外楹聯

작자미상

술자리 앉아 전략을 의논하여 오히려 보장이 되니
坐籌於樽俎間抑爲保障
승리의 계책은 낭묘 위에 있지 산과 계곡이 아니라네
勝策在廊廟上不以山谿

『重訂南漢志』 卷2上篇, 「官廨」

# 좌승당 바깥 채 기둥의 연구
## 坐勝堂外軒楹聯

작자미상

| | |
|---|---|
| 산은 온조왕의 옛 도읍을 보호하고 | 山護溫祚舊都 |
| 성은 수어청의 전영을 열었도다 | 城開守禦前營 |
| | |
| 앉아서 한남 지방을 진무해도 | 坐鎭漢南地方 |
| 촉나라의 천험을 웅거함보다 낫다 | 勝居蜀中天險 |
| | |
| 평소에는 창칼에 맑은 향기가 돌고 | 居也畵戟淸香 |
| 가벼운 갓옷에 느슨한 띠로 살도다 | 處以輕裘緩帶 |

『重訂南漢志』卷2上篇,「官廨」

# 유차산루 기둥의 연구
## 有此山樓 楹聯

작자미상

| | |
|---|---|
| 호흡은 천제 자리를 통해 달을 잡고 바람을 타니 | 呼吸通帝座握月駕風 |
| 물색은 인간세상이 아니오 동천의 복지로다 | 物色非人間洞天福地 |
| | |
| 한강 가에 아문을 여니 지상의 신선이 되고 | 衙於絳漢地上作神仙 |
| 흰구름으로 떠받드니 산중에 재상이 되도다 | 捧以白雲山中有宰相 |
| | |
| 높은 정취는 사방에 이웃 없으니 백척 누에 눕고 싶고 | 高情四無隣欲臥百尺 |
| 서로 보니 싫지 아니하여 다시 한 층 오르네 | 相看兩不厭更上一層 |
| | |
| 저기 올라 바람을 맞으니 성인의 맑은 기운이요 | 登彼采其風聖之淸者 |
| 아침이 되어 기를 이룸이 있으니 아름답고 상쾌함이여 | 朝來致有氣佳哉爽然 |

『重訂南漢志』卷2, 上篇, 「樓亭」

**부록 2**

# 남한산성 시문詩文 자료일람

## [부록] 남한산성 시문 자료일람 南漢山城詩文資料一覽*

| 連番 | 著者 | 作品題目 | 出典 | 備考 |
|---|---|---|---|---|
| 001 | 姜樸 | 南漢前八絶 | 『菊圃集』卷5 | 南漢山城 |
| 002 | 姜樸 | 南漢後八絶 | 『菊圃集』卷5 | 南漢山城 |
| 003 | 姜世晉 | 登南漢西將臺 | 『警弦齋集』卷1 | 西將臺 |
| 004 | 姜睿祚 | 同白霽山鄭藥山蔡左溪諸公登西將臺 | 『晩隱遺稿』卷1 | 西將臺 |
| 005 | 具崟 | 過南漢山城 | 『明谷集』卷2 | 南漢山城 |
| 006 | 權萬 | 行琴引 | 『江左集』卷3 | 南漢記事 |
| 007 | 權相翊 | 南漢山城懷古 | 『省齋集』卷1 | 南漢山城 |
| 008 | 權聖矩 | 南漢山城 | 『鳩巢集』卷1 | 南漢山城 |
| 009 | 權椒 | 登南漢山城有感 | 『錦厓集』卷1 | 南漢山城 |
| 010 | 金宵漢 | 登西將臺 | 『及愚齋集』卷7 | 西將臺 |
| 011 | 金岱鎭 | 南漢西將臺 | 『訂窩集』卷1 | 西將臺 |
| 012 | 金履安 | 南漢山城 | 『三山齋集』卷1 | 南漢山城 |
| 013 | 金履安 | 上遣官賜祭于顯節祠~ | 『三山齋集』卷1 | 顯節祠 |
| 014 | 金履安 | 西將臺 次兪興之漢禎韻 | 『三山齋集』卷1 | 西將臺 |
| 015 | 金履安 | 顯節祠 | 『三山齋集』卷1 | 顯節祠 |
| 016 | 金萬基 | 登西將臺記 | 『瑞石集』卷5 | 西將臺 |
| 017 | 金萬基 | 西將臺 復用前韻 | 『瑞石集』卷3 | 西將臺 |
| 018 | 金邁淳 | 南漢山城 | 『臺山集』卷1 | 南漢山城 |
| 019 | 金明範 | 甲辰秋離發京城取路南溪留宿玉井寺翌日登西將臺次懸板韻 | 『農谷文集』卷1 | 西將臺 |
| 020 | 金鵬海 | 遊南漢山城 | 『韻堂集』卷2 | 南漢山城 |
| 021 | 金尙憲 | 感意 | 『淸陰集』卷3 | 南漢記事 |
| 022 | 金尙憲 | 白洲李判書寄詩次韻 | 『淸陰集』卷13 | 南漢記事 |
| 023 | 金錫胄 | 遊南漢山城感舊[八首] | 『息庵遺稿』卷5 | 南漢山城 |
| 024 | 金錫胄 | 請南漢山城軍餉變通加增狀 | 『息庵遺稿』卷7 | 書狀 |
| 025 | 金壽恒 | 延陽府院君李公時白 | 『文谷集』卷2 | 南漢記事 |

\* 이 자료 목록은 ①한국고전종합DB, ②한국학종합DB를 이용하여 남한산성과 관련된 항목을 검색한 자료 가운데, 원문을 확인하여 정리한 것으로 작가명 가나다순으로 배열하였다.

| 連番 | 著者 | 作品題目 | 出典 | 備考 |
|---|---|---|---|---|
| 026 | 金時僑 | 宿南漢山城 | 『水西文集』卷1 | 南漢山城 |
| 027 | 金永壽 | 自玉泉亭轉向諸寺 | 『荷亭集』卷1 | 玉泉亭 |
| 028 | 金永壽 | 次玉泉亭壁上韻 | 『荷亭集』卷1 | 玉泉亭 |
| 029 | 金堉 | 丙戌冠帶後 次昇平韻 | 『潛谷遺稿』卷2 | 南漢記事 |
| 030 | 金正喜 | 開元禪房 寓感於古雨今雲之際 ~ | 『阮堂集』卷9 | 南漢山寺 |
| 031 | 金正喜 | 憶吳秀才 時在南漢 | 『阮堂全集』卷10 | 南漢記事 |
| 032 | 金鍾厚 | 顯節祠 | 『本庵續集』卷1 | 顯節祠 |
| 033 | 金地粹 | 望南漢[斥和後]憶丁丑 君父之事而感歎 | 『苕川集』卷2 | 南漢山城 |
| 034 | 金鎭商 | 西將臺[1] | 『退漁堂遺稿』卷4 | 西將臺 |
| 035 | 金鎭商 | 西將臺[2] | 『退漁堂遺稿』卷4 | 西將臺 |
| 036 | 金鎭商 | 西將臺[3] | 『退漁堂遺稿』卷4 | 西將臺 |
| 037 | 金鎭商 | 西將臺[4] | 『退漁堂遺稿』卷4 | 西將臺 |
| 038 | 金鎭商 | 枕戈亭 | 『退漁堂遺稿』卷4 | 枕戈亭 |
| 039 | 金進洙 | 崔雅[東顯]擬過南漢山城 | 『蓮坡詩鈔』卷下 | 南漢山城 |
| 040 | 金春澤 | 途中 望南漢山城 | 『北軒集』卷5 | 南漢山城 |
| 041 | 金春澤 | 西將臺 | 『北軒居士集』卷6 | 西將臺 |
| 042 | 金平默 | 南漢山城登西將臺 謁顯節祠 | 『重菴集』卷2 | 顯節祠 |
| 043 | 金羲淳 | 南漢西將臺 謹次光城金文忠公板上韻 | 『山木軒集』卷1 | 西將臺 |
| 044 | 金羲淳 | 顯節祠[二首] | 『山木軒集』卷1 | 顯節祠 |
| 045 | 金𤤽宇 | 登南漢西將臺 | 『鶴南集』卷1 | 西將臺 |
| 046 | 南悳鎭 | 過南漢山城 | 『四而齋逸稿』卷1 | 南漢山城 |
| 047 | 南龍翼 | 驪江歸路 登南漢新城 | 『壺谷集』卷5 | 南漢山城 |
| 048 | 南秉哲 | 丁上舍子園見訪於南漢山城喜賦一詩 | 『圭齋遺藁』卷2 | 南漢山城 |
| 049 | 柳汶龍 | 南漢山城 | 『槐泉文集』卷1 | 南漢山城 |
| 050 | 柳栢秊 | 登南漢山城 | 『吾山文集』卷1 | 南漢山城 |
| 051 | 劉錫中 | 登南漢山城有感 | 『虛齋集』卷1 | 南漢山城 |
| 052 | 柳成龍 | 南漢山城遇雪[二首] | 『西厓集』卷1 | 南漢山城 |
| 053 | 柳世哲 | 南漢山城 | 『悔堂文集』卷1 | 南漢山城 |
| 054 | 柳致皜 | 秋日登南漢山城 | 『東林集』卷1 | 南漢山城 |
| 055 | 李建弼 | 題玉泉亭石壁詩 | 『巖刻文』 | 玉泉亭 |
| 056 | 李格 | 南漢山城 | 『鶴谷集』卷2 | 南漢山城 |
| 057 | 李景奭 | 南漢山城百濟始祖王祠廟致祭文 | 『白軒集』卷16 | 祭文 |

| 連番 | 著者 | 作品題目 | 出典 | 備考 |
|---|---|---|---|---|
| 058 | 李圭憲 | 登南漢山城 | 『肯堂集』卷1 | 南漢山城 |
| 059 | 李箕鎭 | 西將臺 | 『重訂南漢志』卷8 | 西將臺 |
| 060 | 李德懋 | 南漢東將臺 同樵夫心溪賦 | 『雅亭遺稿』卷1 | 東將臺 |
| 061 | 李東幹 | 追次尙武軒遊南漢山城韻 | 『砧山文集』卷1 | 南漢山城 |
| 062 | 李晩秀 | 日長山伯寄示玉泉亭長句 | 『屐園遺稿』卷1 | 玉泉亭 |
| 063 | 李晩秀 | 枕戈亭 | 『屐園遺稿』卷1 | 枕戈亭 |
| 064 | 李晩用 | 上南城留相室沈公象奎 | 『東樊集』卷1 | 詩 |
| 065 | 李敏求 | 追述亂離寄洪白川景澤 | 『東州集』卷2 | 南漢山城 |
| 066 | 李敏輔 | 西將臺次板上韻 | 『豐墅集』卷5 | 西將臺 |
| 067 | 李敏輔 | 次顯節祠 | 『豐墅集』卷1 | 顯節祠 |
| 068 | 李敏敍 | 南漢次壺谷韻 | 『西河集』卷3 | 南漢山城 |
| 069 | 李福源 | 與鄭時晦登西將臺聯句 | 『雙溪遺稿』卷1 | 西將臺 |
| 070 | 李選 | 次金斯百[錫冑]遊南漢山城韻[六首] | 『芝湖集』卷1 | 南漢山城 |
| 071 | 李昭漢 | ~亭對南漢山城 有感 | 『玄洲集』卷4 | 南漢山城 |
| 072 | 李安訥 | 江都後錄 義賢上人住廣州南漢山城天柱寺~ | 『東岳集』卷18 | 雜錄 |
| 073 | 李安訥 | 九月十四日 希安上人~ | 『東岳集』卷17 | 雜錄 |
| 074 | 李安訥 | 義賢上人曾於去歲八月上旬 自南漢山城來見余~ | 『東岳集』卷18 | 南漢山寺 |
| 075 | 李安訥 | 眞一上人在南漢山城開元寺~ | 『東岳集』卷18 | 南漢山寺 |
| 076 | 李若采 | 登南漢山城詠懷 | 『行休齋集』卷1 | 南漢山城 |
| 077 | 李畬 | 登南漢山城將臺有感 | 『睡谷集』卷2 | 西將臺 |
| 078 | 李堣祥 | 次南漢山城會韻 | 『希庵集』卷2 | 南漢山城 |
| 079 | 李惟泰 | 挽金滄洲仲文 | 『草廬集』卷10 | 南漢記事 |
| 080 | 李宜顯 | 述懷 | 『陶谷集』卷4 | 南漢記事 |
| 081 | 李以斗 | 南漢山城 | 『西坡集』卷1 | 南漢山城 |
| 082 | 李翊相 | 南漢山城 | 『梅澗集』卷1 | 南漢山城 |
| 083 | 李鍾鳳 | 登廣州西將臺 | 『拙軒遺稿』卷1 | 西將臺 |
| 084 | 李夏坤 | 南漢雜詩 八首 | 『頭陀草』冊三 | 南漢山城 |
| 085 | 李夏鎭 | 南漢記事 雙韻五十句 | 『六寓堂遺稿』冊1 | 南漢記事 |
| 086 | 李獻慶 | 南漢山城有感偶吟 | 『艮翁集』卷4 | 南漢山城 |
| 087 | 李玄逸 | 讀懲毖錄有感 己丑 | 『葛庵別集』卷1 | 南漢記事 |
| 088 | 李玄逸 | 詠牕前梅 丙子冬 虜逼南漢 作此以傷 | 『葛庵集』卷1 | 南漢記事 |
| 089 | 李回寶 | 丙子十二月日 南漢山城重圍 | 『石屛集』卷5 | 日記 |

| 連番 | 著者 | 作品題目 | 出典 | 備考 |
|---|---|---|---|---|
| 090 | 李忔 | 南漢山城 | 『雪汀集』 卷3 | 南漢山城 |
| 091 | 林得明 | 枕戈亭 | 『松月漫錄』冊1 | 枕戈亭 |
| 092 | 朴光遠 | 登南漢山城 | 『鶴山文集』 卷1 | 南漢山城 |
| 093 | 朴世堂 | 次李應敎彝仲南漢山城寄僚友詩韻 | 『西溪集』 卷1 | 南漢山城 |
| 094 | 朴世采 | 新齋正對南漢山城有感 | 『南溪集』 卷3 | 南漢記事 |
| 095 | 朴準源 | 過南漢山城 | 『錦石集』 卷2 | 南漢山城 |
| 096 | 朴燦瑛 | 過南漢山城 | 『陽洞遺稿』 卷2 | 南漢山城 |
| 097 | 朴亨東 | 南漢山城二首 | 『西岡文集』 卷1 | 南漢山城 |
| 098 | 范慶文 | 西將臺 | 『儉巖集』 卷1 | 西將臺 |
| 099 | 徐居正 | 諸富村墅 | 『四佳詩集』 卷50 | 日長城 |
| 100 | 徐榮輔 | 西將臺 | 『竹石館遺集』 卷1 | 西將臺 |
| 101 | 徐榮輔 | 南漢山城 | 『竹石館集』 冊一 | 南漢山城 |
| 102 | 徐榮輔 | 西將臺 | 『竹石館遺集』 卷1 | 西將臺 |
| 103 | 徐榮輔 | 次西將臺韻 | 『竹石館遺集』 卷2 | 西將臺 |
| 104 | 徐贊奎 | 登南溪西將臺 | 『臨齋集』 卷1 | 西將臺 |
| 105 | 成近默 | 祗拜顯節祠 敬次御製韻 | 『果齋集』 卷1 | 顯節祠 |
| 106 | 成近默 | 登西將臺 | 『果齋集』 卷1 | 西將臺 |
| 107 | 成近默 | 偕吳汝善[養默] 遊南漢 | 『果齋集』 卷1 | 南漢山城 |
| 108 | 成煥赫 | 同全汝中朴子鳴姜子許尙善李聖模遊西將臺 | 『于亭集』 卷1 | 西將臺 |
| 109 | 孫永光 | 南漢山城 | 『雪松堂逸稿』 卷1 | 南漢山城 |
| 110 | 孫昌壽 | 登南漢山城 | 『又溪遺稿』 卷1 | 南漢山城 |
| 111 | 宋達洙 | 登南漢西將臺 敬次瑞石金公韻 | 『守宗齋集』 卷1 | 西將臺 |
| 112 | 宋處寬 | 奉寄徐剛中 | 『東文選』 卷17 | 日長城 |
| 113 | 肅宗 | 望可汗峰 | 『重訂南漢志』 卷2 | 御製 |
| 114 | 肅宗 | 己丑九月二十八日 望見南漢山城夜操 | 『重訂南漢志』 卷2 | 御製 |
| 115 | 申光洙 | 歸自驪江 聖文携酒東樓 醉後呼韻 | 『石北集』 卷9 | 南漢記事 |
| 116 | 申光洙 | 同府尹趙士章登西將臺次板上韻 | 『石北集』 卷9 | 西將臺 |
| 117 | 申光洙 | 三田渡感吟 | 『石北集』 卷9 | 三田渡 |
| 118 | 申晟圭 | 南漢山城 | 『遜庵文集』 卷2 | 南漢山城 |
| 119 | 申聖夏 | 南漢西將臺 示正甫 | 『和菴集』 卷2 | 西將臺 |
| 120 | 申聖夏 | 登南漢西將臺 | 『和菴集』 卷1 | 西將臺 |
| 121 | 申靖夏 | 自國淸天柱登西將臺 | 『恕菴集』 卷1 | 西將臺 |

| 連番 | 著者 | 作品題目 | 出典 | 備考 |
|---|---|---|---|---|
| 122 | 申楫 | 丙子十二月 行到比安 聞大駕播遷入南漢山城~ | 『河陰集』卷3 | 南漢山城 |
| 123 | 申晉運 | 登南漢山城 | 『晚寤遺稿』卷1 | 南漢山城 |
| 124 | 申弼永 | 望日長城 | 『玉坡集』卷7 | 南漢山城 |
| 125 | 安命夏 | 登南漢山城 | 『松窩集』卷1 | 南漢山城 |
| 126 | 安錫儆 | 南漢山城西將臺無忘樓記 | 『霅橋集』卷4 | 記 |
| 127 | 安鼎福 | 出南門 憶崔遲川當日事 馬上慨然成七絶 | 『順菴集』卷1 | 南漢記事 |
| 128 | 安重觀 | 冬棲國淸寺登北城 | 『悔窩集』卷1 | 南漢山寺 |
| 129 | 楊宗楷 | 登南漢西將臺次金相國板上韻 | 『遯窩遺稿』卷1 | 西將臺 |
| 130 | 英祖 | 登西將臺慷慨 | 『重訂南漢志』卷2 | 御製 |
| 131 | 英祖 | 坐行宮有感 | 『重訂南漢志』卷2 | 御製 |
| 132 | 吳達運 | 望南漢山城 | 『海錦集』卷1 | 南漢山城 |
| 133 | 禹成圭 | 登南漢山城 | 『景齋集』卷1 | 南漢山城 |
| 134 | 魏伯珪 | 登南漢西將臺 | 『存齋集』卷1 | 西將臺 |
| 135 | 魏伯珪 | 再遊南漢 | 『存齋集』卷1 | 南漢山城 |
| 136 | 尹愭 | 登江都南門樓有感 | 『無名子集』卷3 | 南漢記事 |
| 137 | 尹愭 | 宿奉恩寺乘舟 | 『無名子集』卷3 | 詩 |
| 138 | 張錫藎 | 登南漢山城 | 『果齋文集』卷1 | 南漢山城 |
| 139 | 張心學 | 西將臺 | 『江海文集』卷2 | 西將臺 |
| 140 | 張維 | 扈駕南漢城 次金右尹得之韻 | 『谿谷集』卷31 | 南漢山城 |
| 141 | 張維 | 贈楚雲上人 | 『谿谷集』卷33 | 南漢山寺 |
| 142 | 張維 | 扈駕南漢城 次金右尹得之韻 | 『谿谷集』卷31 | 南漢山城 |
| 143 | 鄭斗卿 | 亂後寄徐秀夫 | 『東溟集』卷9 | 南漢記事 |
| 144 | 鄭斗卿 | 李統制顯達挽 二首 | 『東溟集』卷8 | 挽詩 |
| 145 | 鄭斗卿 | 奉送鄭尙書世規君則出按北道 | 『東溟集』卷9 | 南漢記事 |
| 146 | 鄭斗卿 | 送南漢僧 | 『東溟集』卷3 | 南漢山寺 |
| 147 | 鄭斗卿 | 程副摠龍畵蘭引 | 『東溟集』卷8 | 詩 |
| 148 | 鄭百昌 | 登南漢山城 以體府從事巡到 | 『玄谷集』卷4 | 南漢山城 |
| 149 | 丁範祖 | 南漢山城 | 『海左集』卷6 | 南漢山城 |
| 150 | 鄭祥鱗 | 登南漢山城西臺望京師 | 『杯山集』 | 南漢山城 |
| 151 | 鄭栻 | 南漢山城 | 『明庵集』卷3 | 南漢山城 |
| 152 | 丁若鏞 | 荒年水村春詞十首 | 『茶山集』卷7 | 詩 |
| 153 | 鄭五錫 | 登南漢西將臺 | 『逸軒集』卷1 | 西將臺 |

| 連番 | 著者 | 作品題目 | 出典 | 備考 |
|---|---|---|---|---|
| 154 | 鄭蘊 | 南漢山城衣帶中寄諸兒 | 『桐溪續集』卷1 | 書 |
| 155 | 鄭蘊 | 山城 | 『桐溪集』卷1 | 南漢山城 |
| 156 | 鄭元容 | 南漢玉泉亭 次斗室五古韻 | 『經山集』卷3 | 玉泉亭 |
| 157 | 鄭元容 | 過南城登玉泉亭 | 『經山集』卷3 | 玉泉亭 |
| 158 | 正祖 | 南漢雉堞入望 如在眼中 啥此寄城尹 | 『弘齋全書』卷1 | 御製 |
| 159 | 正祖 | 書揭尹忠貞集鄭文簡蘊兩忠臣家廟幷小序 | 『弘齋全書』卷7 | 御製 |
| 160 | 正祖 | 守禦廳出鎭南漢山城綸音 | 『弘齋全書』卷28 | 綸音 |
| 161 | 正祖 | 凝鑾軒 望南漢 | 『弘齋全書』卷7 | 御製 |
| 162 | 鄭弘錫 | 聞南漢山城陷於敵鋒 | 『雲溪集』卷1 | 南漢山城 |
| 163 | 趙璥 | 南城雜詠 | 『荷棲集』卷2 | 南漢山城 |
| 164 | 趙璥 | 西將臺 次光城韻 | 『荷棲集』卷3 | 西將臺 |
| 165 | 趙璥 | 西將臺 | 『荷棲集』卷2 | 西將臺 |
| 166 | 趙璥 | 顯節祠 | 『荷棲集』卷2 | 顯節祠 |
| 167 | 趙斗淳 | 上謁虞鄭陵仁陵 次南漢行宮 明日 幸西將臺 召見大臣賜茶 仍頒御製 命賡進 | 『心庵遺稿』卷9 | 西將臺 |
| 168 | 趙斗淳 | 西將臺 | 『心庵遺稿』卷1 | 西將臺 |
| 169 | 趙斗淳 | 西將臺 | 『心庵遺稿』卷7 | 西將臺 |
| 170 | 趙斗淳 | 顯節祠 | 『心庵遺稿』卷1 | 顯節祠 |
| 171 | 趙相悳 | 南漢山城 | 『危齋集』卷1 | 南漢山城 |
| 172 | 趙相禹 | 聞南漢山城被圍[丙子] | 『時庵集』卷1 | 南漢山城 |
| 173 | 趙相禹 | 聞南漢山城解圍[丁丑] | 『時庵集』卷1 | 南漢山城 |
| 174 | 趙錫胤 | 崇禎丙子十月~過宿南漢山城 | 『樂靜集』卷2 | 南漢山城 |
| 175 | 趙秀三 | 秾琴叟 | 『秋齋集』卷7 | 詩 |
| 176 | 趙彦觀 | 又次南漢山城韻 | 『西坡集』卷1 | 南漢山城 |
| 177 | 趙裕壽 | 南漢山城感舊 | 『后溪集』卷4 | 南漢山城 |
| 178 | 趙裕壽 | 顯節祠 | 『后溪集』卷4 | 顯節祠 |
| 179 | 趙任道 | 聞南漢受圍慨然有作 二首 | 『澗松集』卷2 | 南漢山城 |
| 180 | 趙宗著 | 南漢山城新寺勸善文 | 『南岳集』卷6 | 雜著 |
| 181 | 曺夏望 | 西將臺 | 『西州集』卷2 | 西將臺 |
| 182 | 趙希逸 | 天朝副摠程龍[號飛生] 齎兵部咨 以聯屬國~ | 『竹陰集』卷7 | 南漢記事 |
| 183 | 車錫祐 | 廣陵道中粤瞻南漢山城有感 | 『海史集』卷1 | 南漢山城 |
| 184 | 蔡裕後 | 四時錄奉漁隱 二首 | 『湖洲集』卷3 | 南漢記事 |

| 連番 | 著者 | 作品題目 | 出典 | 備考 |
|---|---|---|---|---|
| 185 | 蔡濟恭 | 鄭生員歌 | 『樊巖集』卷5 | 南漢記事 |
| 186 | 崔尙遠 | 憶南漢山城事有感 | 『香塢文集』卷1 | 南漢山城 |
| 187 | 崔錫恒 | 南漢山城有感 | 『損窩遺稿』卷2 | 南漢山城 |
| 188 | 崔錫恒 | 西將臺感吟 | 『損窩遺稿』卷2 | 西將臺 |
| 189 | 崔昇羽 | 登西將臺騁眺書懷 | 『耳宰窩集』卷1 | 西將臺 |
| 190 | 崔日休 | 登西將臺次板上韻 | 『蓮泉遺稿』卷1 | 西將臺 |
| 191 | 崔日休 | 玉泉亭次沈相國[象奎]韻 | 『蓮泉遺稿』卷1 | 玉泉亭 |
| 192 | 崔昌大 | 月夜攜盃之諸君 訪天柱寺仍登西將臺 | 『昆侖集』卷5 | 西將臺 |
| 193 | 沈象奎 | 小集玉泉亭二首 | 『斗室存稿』卷2 | 玉泉亭 |
| 194 | 沈象奎 | 玉泉亭晚坐漫成 | 『斗室存稿』卷2 | 玉泉亭 |
| 195 | 沈象奎 | 玉泉亭送命汝 | 『斗室存稿』卷2 | 玉泉亭 |
| 196 | 沈象奎 | 玉泉亭戲占 | 『斗室存稿』卷2 | 玉泉亭 |
| 197 | 沈象奎 | 題玉泉亭石壁 | 『斗室存稿』卷2 | 玉泉亭 |
| 198 | 沈象奎 | 初到南城 謁顯節祠 | 『斗室存稿』卷2 | 顯節祠 |
| 199 | 沈象奎 | 韓尙書傒甫[致應]適道南城 留飮玉泉亭 ~ | 『斗室存稿』卷2 | 玉泉亭 |
| 200 | 沈相碩 | 南漢山城 | 『涵齋存稿』卷1 | 南漢山城 |
| 201 | 河潛 | 宿南漢山城 次東陽尉申公翊聖韻 | 『台溪集』卷1 | 南漢山城 |
| 202 | 韓履源 | 登南漢西將臺 | 『基谷雜記』卷1 | 西將臺 |
| 203 | 韓章錫 | 登西將臺 | 『眉山集』卷1 | 西將臺 |
| 204 | 許赫 | 四月八日與諸友登西將臺共吟 | 『陶村遺集』卷1 | 西將臺 |
| 205 | 許穆 | 連谷縣感懷作 二月初八日也 聞南漢解圍 | 『記言』卷63 | 南漢記事 |
| 206 | 許禟 | 題雲水庵 庵主應常師赴南漢山城董役 | 『水色集』卷5 | 詩 |
| 207 | 許禟 | 丙子年冬 隨駕入南漢山城 丁丑二月胡兵回去後 還京上疏 | 『水色集』卷8 | 文 |
| 208 | 洪景夏 | 南漢山城 | 『華雲遺稿』卷1 | 南漢山城 |
| 209 | 洪良浩 | 己丑春 以寧陵獻官赴驪州 宿南漢 | 『耳溪集』卷3 | 南漢山城 |
| 210 | 洪良浩 | 登南漢西將臺 | 『耳溪集』卷6 | 西將臺 |
| 211 | 洪世泰 | 渡松坡 夕抵南漢山城 | 『柳下集』卷11 | 南漢山城 |
| 212 | 洪世泰 | 登南漢山城西將臺有感 | 『柳下集』卷4 | 西將臺 |
| 213 | 洪世泰 | 歷南漢山城抵雙嶺作 | 『柳下集』卷4 | 南漢山城 |
| 214 | 洪世泰 | 望南漢山城有感 | 『柳下集』卷4 | 南漢山城 |
| 215 | 洪仁謨 | 南漢西將臺 謹次壁上諸公韻 | 『足睡堂集』卷1 | 西將臺 |

| 連番 | 著者 | 作品題目 | 出典 | 備考 |
|---|---|---|---|---|
| 216 | 洪仁謨 | 顯節祠 | 『足睡堂集』卷1 | 顯節祠 |
| 217 | 洪重聖 | 南漢山城 | 『芸窩集』卷4 | 南漢山城 |
| 218 | 洪重聖 | 顯節祠 | 『芸窩集』卷4 | 顯節祠 |
| 219 | 洪直弼 | 過三田渡渡上有淸汗碑 | 『梅山集』卷1 | 三田渡 |
| 220 | 洪直弼 | 二月二十九日夜 得一聯~ | 『梅山集』卷1 | 南漢記事 |
| 221 | 洪直弼 | 重陽之翌上南漢西將臺步板上瑞石金公韻 | 『梅山集』卷2 | 西將臺 |
| 222 | 黃景源 | 羅大夫歌 | 『江漢集』卷2 | 南漢記事 |
| 223 | 黃景源 | 北館行 | 『江漢集』卷2 | 南漢記事 |
| 224 | 黃景源 | 宿長慶寺 | 『江漢集』卷1 | 南漢山寺 |
| 225 | 黃景源 | 諭祭文忠公金尙容祠文 | 『江漢集』卷22 | 祭文 |

# 참고문헌

『조선왕조실록(朝鮮王朝實錄)』.
『신증동국여지승람(新增東國輿地勝覽)』.
『중정남한지(重訂南漢誌)』(奎4068).
『국역중정남한지』, 광주문화원, 2005.
『국역중정남한지』, 하남문화원, 2005.
『광주읍지(廣州邑誌)』.
『남한일기(南漢日記)』.
『남한산성 문화유적 지표조사보고서』, 한국토지공사 토지박물관, 2000.
『광주금석문대관』, 광주문화원, 2005.
『남한산성』, 경기농림진흥재단, 2008
홍순석, 『경기도암각문』, 민속원, 2019.
조병로, 「17,8세기 남한산성의 재수축에 관한 일고찰 : 최근에 발견한 금석문을 중심으로」, 『경기사학』 1집, 1997.
노재현 외, 「두실 심상규의 남한산성 옥천정 정원유적」, 『한국전통조경학회지』 35권 4호, 2017.
이승수, 「남한산성과 사랑에 빠지다」(ggnhss.ggcf.mbdev.kr).

역사기행 한시선집
**南漢山城**

초판1쇄 발행   2020년  10월  3일

편  역  홍순석
펴낸이  오경희

편집·디자인    오경희·조정화·오성현·신나래
                박선주·이효진·최지혜·석수연
관리  박정대·임재필

펴낸곳  문예원
창업  홍종화
출판등록  제2007-000260호
주소  서울 마포구 토정로 25길 41(대흥동 337-25)
전화  02) 804-3320, 805-3320, 806-3320(代)
팩스  02) 802-3346
이메일  minsok1@chollian.net, minsokwon@naver.com
홈페이지  www.minsokwon.com

ISBN   979-11-90587-12-9
S E T   979-11-90587-09-9   94810

ⓒ 홍순석, 2020
ⓒ 문예원, 2020, Printed in Seoul, Korea

저작권법에 의해 한국 내에서 보호를 받는 저작물이므로 무단전재와 복제를 금합니다.
이 책 내용의 전부 또는 일부를 이용하려면 반드시 저작권자와 문예원의 서면동의를 받아야 합니다.
이 도서의 국립중앙도서관 출판예정도서목록(CIP)은 서지정보유통지원시스템 홈페이지(http://seoji.nl.go.kr)와
국가자료종합목록 구축시스템(http://kolis-net.nl.go.kr)에서 이용하실 수 있습니다. (CIP제어번호 : CIP2020039412)

※ 책 값은 뒤표지에 있습니다.
※ 잘못된 책은 바꾸어 드립니다.